ARD-Ratgeber Recht
Herausgeber: Dr. Frank Bräutigam

VERSICHERUNGSSCHADEN
WAS TUN?

SWR » ®  **verbraucherzentrale**

Eine Produktion des Südwestrundfunks in Zusammenarbeit
mit den Verbraucherzentralen

In Zeiten knapper Kassen sind auch die Versicherungen gehalten, Schäden
restriktiv zu regulieren. Manche Ablehnungsschreiben erweisen sich als
berechtigt, andere nicht. Kommt es zum Schadensfall, ist die Regulierung
häufig schwierig und langwierig.
Dieser Ratgeber hilft Ihnen Schritt für Schritt bei der Abwicklung eines
Schadensfalls. Er zeigt Ihnen, worauf es bei der Schadensregulierung
ankommt und was Sie in den einzelnen Versicherungssparten unbedingt
beachten müssen. Sich in dem Dschungel von Versicherungspolice,
Produktinformationsblatt und den in schwer verständlichem Deutsch
verfassten Versicherungsbedingungen zurecht zu finden ist sicherlich nicht
einfach. Hier lernen Sie, die Tücken und Lücken im Versicherungsschutz zu
erkennen und gegenüber dem Versicherer zu Ihrem Recht zu kommen.
Neben Tipps und Tricks zu einzelnen Versicherungssparten zeigt der
Ratgeber Ihnen auf, ob der Versicherer die Leistung zu Recht verweigern
darf, wenn die Versicherungsprämie nicht oder nicht rechtzeitig gezahlt
wurde, ob der Versicherer eine vorvertragliche Anzeigepflichtverletzung
behaupten oder aber eine Leistungskürzung vornehmen kann. Für den Fall,
dass die Angelegenheit einmal nicht mit dem Versicherer direkt geklärt
werden kann, erfahren Sie, welche außergerichtlichen und gerichtlichen
Möglichkeiten Sie haben, um doch noch zu Ihrem Recht zu kommen. Im
Glossar finden Sie die wichtigsten Begriffe rund um Versicherungen und
Schadensregulierung, damit Sie die Sprache Ihres Versicherers verstehen
und sprechen können sowie nützliche Adressen zum Thema. Schließlich
soll es am Ende nicht heißen: „Aus Schaden wird man klug", sondern:
„Die Versicherung hat gezahlt."

Dr. Susanne Punsmann arbeitet als Rechtsanwältin und Fachanwältin
für Versicherungsrecht in Düsseldorf. Sie hat mehrere Ratgeber für die
Verbraucherzentrale verfasst.

Dr. Susanne Punsmann

VERSICHERUNGSSCHADEN
WAS TUN?

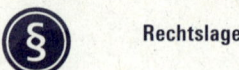 Rechtslage

 Rechtsprechung, Urteil

 Beispiel

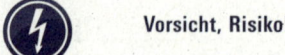 Vorsicht, Risiko!

 Tipp, Ratschlag

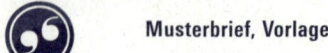 Musterbrief, Vorlage

 Checkliste

 Wichtig

Bibliografische Information der Deutschen Bibliothek
Die Deutsche Bibliothek verzeichnet diese Publikation in der
Deutschen Nationalbibliografie; detaillierte bibliografische Daten sind
im Internet über http://dnb.ddb.de abrufbar.

1. Auflage, November 2012, 8.000 Exemplare
© Verbraucherzentrale NRW, Düsseldorf, www.vz-nrw.de
Printed in Germany.
Redaktionsschluss: November 2012
ISBN 978-3-86336-601-8

LIEBE LESERIN, LIEBER LESER, UND NATÜRLICH AUCH: LIEBE ZUSCHAUERIN, LIEBER ZUSCHAUER DES ARD-RATGEBER RECHT,

das Recht gilt gemeinhin als eine trockene und komplizierte Angelegenheit. Da ist durchaus etwas dran. Trotzdem lautet meine Erfahrung und meine Überzeugung: Hinter jedem schwierigen Paragrafen, hinter jedem Urteil im Juristendeutsch der Gerichte verbergen sich fast immer die Geschichten, Probleme und Schicksale von Menschen – und zwar von Ihnen, liebe Leserinnen und Leser, liebes Publikum. Die schwierigen Paragrafen und ihre Folgen zu erklären, gleichzeitig aber die Geschichten der Menschen dahinter nicht zu vergessen, das ist das erklärte Ziel unserer Sendung „ARD-Ratgeber Recht".

Wohl kaum eine Redaktion im deutschen Fernsehen bekommt so viel Zuschauerpost mit konkreten „Hilferufen". Sie schildern uns Ihre Fälle und bitten uns in Briefen und E-Mails oft um Unterstützung. Dieses Vertrauen in unsere Arbeit ehrt uns sehr, und Ihre Probleme und Fragen sind uns ein wichtiges Anliegen. Allerdings müssen wir Ihnen oft auch antworten, dass wir Ihnen eine konkrete Rechtsberatung im Einzelfall leider nicht geben können und dürfen. Wir haben einen Programmauftrag, der darin besteht, rechtliche Fragen allgemein und leicht verständlich im Fernsehen aufzuarbeiten. Dafür nehmen wir dann gern Ihre konkreten Fälle als Beispiele und sind deshalb weiterhin für jede Zuschrift dankbar. Alles Weitere aber übersteigt in der Regel unsere Möglichkeiten – mit einer Ausnahme: der traditionsreichen Buchreihe zum ARD-Ratgeber Recht.

Damit können wir Ihnen – immer anknüpfend an die Themen unserer Sendungen – umfangreichere Informationen an die Hand geben; mehr, als wir im Fernsehen leisten können. Das Ziel der Reihe ist es, verständliche und erschwingliche Bücher zu den juristischen Themen der Sendung ARD-Ratgeber Recht anzubieten. Unsere erfahrenen Autoren wollen Sie im juristischen Alltagsdschungel an die Hand nehmen und Ihnen Orientierung bieten – mit gut verständlichen Erklärungen, einem klaren Aufbau und einem modernen Design. Hinzu kommen Musterbriefe, Tipps und viele Ratschläge.

Betreut wird die Buchreihe – wie auch die Sendung ARD-Ratgeber Recht – von der ARD-Rechtsredaktion des Südwestrundfunks (SWR) in Karlsruhe, der „Residenz des Rechts". Von dort aus produzieren wir den ARD-Ratgeber Recht und berichten darüber hinaus in den Nachrichtensendungen von ARD und SWR über „alles, was Recht ist". Ich würde mich freuen, wenn Sie diese Buchreihe wie unsere Arbeit auf dem Bildschirm weiterhin so freundlich und kritisch begleiten und uns die Treue halten!

Eine aufschlussreiche und angenehme Lektüre wünscht Ihnen

Dr. Frank Bräutigam,
Leiter der ARD-Rechtsredaktion, Karlsruhe

INHALT

04

OBLIEGENHEITEN, SONDERREGELUNGEN, UNWIRKSAME KLAUSELN

05

RECHTSDURCHSETZUNG

ALLGEMEINES ÜBER SCHADENSREGULIERUNG

01

Der bestmögliche Versicherungsschutz muss das Risiko abdecken und der Versicherungsvertrag darf keinerlei Angriffspunkte bieten. Der Versicherungsnehmer sollte seine Rechte, aber auch seine Pflichten darüber hinaus sehr genau kennen.

BESTMÖGLICHER VERSICHERUNGS-SCHUTZ

Mitunter erleben Sie als Versicherungsnehmer, der seinem Versicherer einen Schaden meldet, eine Ablehnung oder aber nur eine teilweise Regulierung. Manchmal ist das Nein durch die Versicherungs- und/oder Tarifbedingungen, die Sie mit dem Versicherer vereinbart haben, gerechtfertigt.

Rechte und Pflichten
des Versicherers

Oft aber beruft sich der Versicherer – unabhängig von der jeweils betroffenen Versicherungssparte – darauf, dass Sie bei Vertragsabschluss falsche Angaben gemacht hätten, mit der Prämienzahlung im Rückstand gewesen wären, eine Gefahrerhöhung vorgelegen habe oder aber Sie den Schaden grob fahrlässig herbeigeführt hätten. Hier gilt es, die grundsätzlichen Rechte, aber auch die Pflichten des Versicherers zu kennen. Wer wissen möchte, ob die (teilweise) Ablehnung des Versicherers berechtigt ist oder nicht, ist durch die Lektüre dieses Ratgebers ebenso angesprochen wie der, der nach einem negativen Erlebnis in Sachen Versicherungsschutz beim nächsten Mal bestmöglich agieren möchte.

Wer einen Schaden hat, den er von seinem Versicherer reguliert haben möchte, benötigt vor allem eines: einen bestmöglichen, umfassenden Versicherungsschutz, der das tatsächliche Risiko abdeckt, ferner einen Versicherungsvertrag, der zustande gekommen ist, ohne dem Versicherer später Angriffspunkte zu geben, und detaillierte Kenntnisse dessen, was Gegenstand des Versicherungsvertrags ist. Schließlich geht es um die Absicherung von Werten im drei-, vier-, fünf- oder gar sechsstelligen Bereich. All das klingt selbstverständlich und sollte es auch sein, ist es oft aber leider nicht.

SCHADENSREGULIERUNG IN EINZELNEN VERSICHE-RUNGSSPARTEN

02

Der Versicherungsnehmer ist in jeder einzelnen Versiche-rungssparte zu bestimmten Obliegenheiten verpflichtet, genauso ist der Versicherer zu bestimmten Leistungen in den einzelnen Sparten verpflichtet:

- Hausratversicherung
- Wohngebäudeversicherung
- Glasversicherung
- Reiserücktrittskostenversicherung
- Unfallversicherung
- Rechtsschutzversicherungen
- Restschuldversicherung
- Eigene Haftpflichtversicherung
- Lebens- und Sterbeversicherung
- Berufsunfähigkeits(zusatz)versicherung
- Private Kranken(zusatz)versicherung
- Kfz-Versicherung
- Kaskoversicherung

OBLIEGENHEITEN DES VERSICHERTEN

Die einzelnen Versicherungssparten versichern gegen unterschiedliche Risiken; die Versicherungsnehmer müssen unterschiedliche Pflichten – sogenannte Obliegenheiten – erfüllen, um den vollen Versicherungsschutz zu haben; die Versicherer sind abhängig von der Versicherungssparte zu unterschiedlichen Leistungen verpflichtet.

Verletzung von
Obliegenheiten

Verletzt der Versicherte eine der Obliegenheiten, kann der Versicherer den Vertrag kündigen, bevor der Schadensfall eingetreten ist. Wird bei Eintritt des Schadensfalls oder danach eine Obliegenheit vorsätzlich verletzt oder der Versicherungsfall vorsätzlich herbeigeführt, muss der Versicherer nicht leisten. Wird eine Obliegenheit nur einfach fahrlässig verletzt, hat dies keine negativen Folgen für den Versicherungsnehmer. Problematisch ist es, wenn eine Obliegenheit grob fahrlässig verletzt wird. Dann hat der Versicherer das Recht, seine Leistung zu kürzen. Um wie viel Prozent beziehungsweise um welchen Betrag der Versicherer die Leistung kürzen darf, richtet sich danach, wie schwer das Verschulden des Versicherungsnehmers wiegt (siehe Seite 142). Die Pflichten, die den Versicherungsnehmer treffen, können auch für einen Dritten gelten, sofern dieser Repräsentant des Versicherungsnehmers ist, das heißt befugt, selbstständig in einem gewissen, nicht ganz unbedeutenden Umfang für den Versicherungsnehmer zu handeln (vgl. BGH VersR 1993, 828).

In ihrem Kern gleichen sich die meisten Versicherungsverträge einer Sparte: Die Versicherungsbedingungen, die dem Vertrag zugrunde liegen, orientieren sich häufig an den Musterbedingungen, die vom Gesamtverband der Deutschen Versicherungswirtschaft herausgegeben werden. Die hier für Verbraucher relevanten Versicherungssparten ausgeführten Punkte orientieren sich an den aktuellen Musterbedingungen. Diese müssen nicht zwingend mit den Bedingungen identisch sein, die Ihr Versicherer mit Ihnen vereinbart hat. Sehr oft bietet jeder Versicherer für eine Versicherungssparte gegen eine steigende Beitragszahlung mindestens drei Tarife an, die als Basis, Komfort und Top-Tarif oder ähnliches bezeichnet werden und nichts anderes meinen als guter, besserer, bester Versicherungsschutz. Daher sind die Ausführungen als Erläuterung und Ergänzung, aber nicht als Ersatz der eigenen Versicherungsbedingungen zu verstehen.

02

Für alle Versicherungsfälle – unabhängig von ihrer Sparte – sollten stets folgende **10 Punkte** bei der Schadensregulierung berücksichtigt werden:

1. Unternehmen Sie nachweislich alles, um den Schaden abzuwenden oder zu mindern.

2. Setzen Sie sich spätestens jetzt mit Ihrer Versicherungspolice und den zugehörigen Versicherungsbedingungen auseinander und befolgen, was dort zu „Obliegenheiten im Schadensfall" steht.

3. Melden Sie den Schaden umgehend – am besten schriftlich – Ihrem Versicherer. Folgen Sie den Anweisungen des Versicherers. Fragen Sie im Zweifelsfall, was Sie nun zu tun haben.

4. Dokumentieren Sie den Schaden mit Fotos, ziehen Sie Zeugen hinzu.

5. Füllen Sie die Schadensanzeige, die Ihnen der Versicherer nach der Meldung des Versicherungsfalls übersendet, korrekt und wahrheitsgemäß aus. Sind Sie bei vereinzelten Fragen unsicher, reichen Sie die Antwort nach, anstatt dem Versicherer etwas Falsches mitzuteilen. Belegen Sie den entstandenen Schaden zum Beispiel durch eine Rechnung oder durch einen Kostenvoranschlag, gegebenenfalls auch durch Fotos und Zeugenaussagen.

6. Entsorgen Sie die beschädigten Sachen auf keinen Fall, bevor der Versicherer den Schaden reguliert oder die Schadenshöhe anerkannt hat. Sie sind derjenige, der beweisen muss, dass und in welcher Höhe der Schaden eingetreten ist!

7. Schickt der Versicherer einen Außenregulierer zu Ihnen nach Hause, bereiten Sie sich gut auf das Gespräch vor. Setzen Sie sich vorher mit Ihren Rechten und Pflichten aus dem Versicherungsvertrag auseinander und gehen Sie nicht allein in das Gespräch. Wird Ihnen im Gespräch mit dem Schadensregulierer ein Angebot schmackhaft

gemacht, das „nur jetzt und sofort" gilt, erbitten Sie einige Tage Bedenkzeit. Das Angebot wird es auch noch in der nächsten Woche geben, wenn Sie die Gelegenheit hatten, es von einem Sachkundigen prüfen zu lassen.

8. Behauptet der Versicherer, Sie hätten im Antrag auf Abschluss des Vertrags falsche Angaben gemacht oder den Schaden grob fahrlässig herbeigeführt oder aber die Schadensanzeige fehlerhaft ausgefüllt, holen Sie sich Rat von einem Versicherungsberater oder Fachanwalt für Versicherungsrecht ein.

9. Gibt es Streit über die Frage, wie der Schaden eingetreten ist oder wie hoch die Leistung des Versicherers sein soll, leiten Sie bei Gericht ein selbstständiges Beweisverfahren ein. Streiten Sie sich hingegen um Rechtsfragen, ist die Einschaltung des Versicherungsombudsmanns eine kostenfreie Alternative.

10. Führen Sie die Korrespondenz mit dem Versicherer schriftlich, am besten mit Nachweisen (Fax, Einschreiben). Sagen Sie klar, innerhalb welcher Frist (zwei Wochen sind meist angemessen) Sie eine Antwort oder Zahlung erwarten. Fordern Sie einen Vorschuss an, wenn feststeht, dass der Versicherer zahlen muss.

HAUSRATVERSICHERUNG

Die Versicherung leistet bei Schäden, die durch Feuer, Leitungswasser, Blitzschlag, Explosion, Einbruchdiebstahl und Raub am Hausrat eingetreten sind. Bei Hausrat handelt es sich um Sachen, die dem Haushalt des Versicherungsnehmers zur privaten Nutzung (Gebrauch beziehungsweise Verbrauch) dienen, also Mobiliar, Teppiche, Schmuck, elektrische Geräte, Bücher, Bilder, Musikinstrumente, Kleidung, Lebensmittelvorräte etc., aber auch Sachen, die ausgeliehen wurden oder durch Ratenkauf erworben sind. Nicht versichert sind Gebäudebestandteile, also Wände, Decken und Böden, da diese von der Wohngebäudeversicherung umfasst sind. Die Abgrenzung fällt mitunter schwer. Wurden Sachen in einer Mietwohnung durch den Mieter angeschafft (zum Beispiel Teppichböden verlegt und Tapeten verklebt), tritt bei einer Beschädigung die Hausratversicherung ein, ebenso, wenn vom Mieter ein Bodenbelag nur locker verlegt ist (zum Beispiel Klick-Laminat) und problemlos entfernt werden kann.

Andere Risiken als die eingangs aufgeführten sind nur versichert, wenn es ausdrücklich im Versicherungsschein oder den zugrunde liegenden Versicherungsbedingungen steht. Viele Versicherer händigen weitere Klauseln als Ergänzung zu den Versicherungsbedingungen aus. Aufgepasst, die in den Klauseln erfassten Sachen sind nur dann mitversichert, wenn diese einzeln in der Versicherungspolice aufgeführt sind. Dies betrifft insbesondere Fahrraddiebstahl, Schäden durch Überspannung und Hotelkosten.

Was ist bei Vertragsabschluss wichtig?

Vor Abschluss des Vertrags müssen Sie klären, ob der Hausrat im Quadratmetermodell oder im Versicherungssummenmodell versichert wird. Beim Versicherungssummenmodell wird ein möglichst exakter Wert der einzelnen Hausratgegenstände ermittelt, das heißt, alle Hausratgegenstände werden einzeln bewertet. Da dies mit viel Aufwand verbunden ist, gilt weiterhin das Quadratmetermodell als Standard. Hierbei wird die Gesamtfläche der zu versichernden Wohnung (je Quadratmeter) mit einem Wert in Euro (aktuell meistens 650 Euro) multipliziert. Das Ergebnis ist die Versicherungssumme, die dem Versicherungsvertrag zugrunde gelegt wird.

Eine Wohnung ist 100 Quadratmeter groß. Zur Ermittlung der Versicherungssumme wird im Quadratmetermodell die Quadratmeterzahl mit 650 Euro multipliziert, sodass die Versicherungssumme folglich 65.000 Euro beträgt. Wichtig ist, dass der Versicherer in diesem Zusammenhang auf die Einrede der Unterversicherung verzichtet. Manche Versicherer legen einen höheren Wert als 650 Euro pro Quadratmeter zugrunde, teilweise auch in Abhängigkeit davon, ob besonders hochwertiger Hausrat versichert ist.

Hilfreich ist es, einen sogenannten Unterversicherungsverzicht zu vereinbaren. Steigt nämlich der Versicherungswert und rechnet der Versicherer am Tag eines Schadens statt mit 650 Euro mit 750 Euro pro Quadratmeter, läge eine Unterversicherung vor, die den Versicherer berechtigen würde, die Leistung entsprechend (hier um gut 15 Prozent) zu kürzen.

Umzug anzeigen

Bei einem Umzug in eine andere Wohnung geht der Versicherungsschutz der Hausratversicherung mit dem Umzug auf die neue Wohnung über; für die bisherige Wohnung bleibt der Versicherungsschutz aber noch für zwei Monate bestehen. Während der ersten zwei Monate in der neuen Wohnung gilt für den Versicherungsvertrag im Regelfall ein Unterversicherungsverzicht. In dieser Zeit sollte der Versicherungsnehmer dem Versicherer also unbedingt anzeigen, dass er in eine größere Wohnung gezogen ist und den Versicherungsvertrag gegebenenfalls anpassen.

Risiken versichern

Möchten Sie nicht nur den standardmäßigen Versicherungsschutz haben, können Sie sich gegen diverse Risiken für eine höhere Prämie zusätzlich versichern, zum Beispiel Elementarschäden, Fahrraddiebstahl, Überspannungsschäden, Rußschäden, einfacher Diebstahl von Gartenmöbeln und Waschmaschinen, Diebstahl aus Krankenhauszimmern, Trickdiebstahl oder Schäden am Gefriergut, wenn die Kühltruhe versagt.

Weltweiter Schutz

Wer viel verreist, sollte seine Versicherungsbedingungen auf den Stand bringen, dass der Versicherungsschutz der Hausratversicherung weltweit gilt. Nach älteren Versicherungsbedingungen sieht die Außenversicherung, also wenn sich der Hausrat außerhalb der Wohnung befindet, nur Versicherungsschutz für Europa und nicht weltweit vor. Der Schaden, der durch einen Einbruch in das Hotelzimmer in der Dominikanischen Republik entsteht, ebenso wenig abgedeckt wie ein Einbruch in die Ferienwohnung auf den Kanarischen Inseln oder den Kapverden, da diese nach überwiegender Auffassung nur politisch, nicht aber geografisch zu Europa gehören.

Was ist standardmäßig versichert?

Versichert sind Schäden, die durch einen Brand, das heißt durch ein Feuer, das sich von selbst ausbreiten kann, entstehen, zum Beispiel wenn eine umgeknickte Weihnachtskerze erst den Tannenbaum und dann das ganze Wohnzimmermobiliar in Brand setzt. Nicht versichert sind Schäden am Hausrat, wenn dieser lediglich durch Hitze und ohne Feuer verformt wird, Schäden an Elektrogeräten, die einen Kurzschluss haben, ohne dass ein Feuer ausbricht oder Sengschäden, zum Beispiel solche durch Zigarettenglut.

Brand

02

Versichert sind ferner Schäden durch Blitzschlag, aber nur dann, wenn der Blitz direkt in den Gegenstand eingeschlagen ist sowie entsprechende Folgeschäden. Kurzschluss- oder Überspannungsschäden an Geräten, in die der Blitz nicht direkt eingeschlagen ist, sind nicht standardmäßig versichert, können aber meistens gegen Aufpreis versichert werden.

Blitzschlag

Schäden durch Explosion und Implosion sind versichert, wenn beispielsweise der Fernseher implodiert und anschließend defekt ist oder aber wenn der Gasherd explodiert und die Kücheneinrichtung beschädigt.

Explosion

Einbruchdiebstahl (auch der Versuch eines Einbruchs) und zumeist auch Vandalismus sind versichert, wenn in ein Gebäude eingebrochen oder ein verschlossenes Behältnis im Gebäude aufgebrochen wurde. Die Versicherung umfasst den Einbruchdiebstahl in der eigenen verschlossenen Wohnung, im Haus, in der Garage (sofern diese nah am Haus ist), aber die Außenversicherung umfasst auch, wenn im Urlaub ins Hotelzimmer oder in die Ferienwohnung eingebrochen wurde. Nicht versichert ist der „einfache Diebstahl", das heißt, wenn beispielsweise das Portemonnaie an der Supermarktkasse aus

Einbruchdiebstahl (auch der Versuch eines Einbruchs)

der Handtasche entwendet wird oder der Versicherungsnehmer Opfer eines Trickdiebstahls wird. Ein Trickdiebstahl ist beispielsweise gegeben, wenn Fremde in die Wohnung gelassen werden, die vorgeben, sie seien vom Energieversorger und müssten einen Anschluss überprüfen, und das Vertrauen ausnutzen, um in der Wohnung Sachen zu stehlen. Nach den meisten Versicherungsbedingungen gehört zum Einbruchdiebstahl auch nicht der Einbruch in ein Kfz. Manche Hausratversicherer versichern aber im Kofferraum liegenden Hausrat und Trickdiebstahl gegen Aufpreis mit.

Raub

Ein Diebstahl, der mit Gewaltanwendung oder Gewaltandrohung ausgeübt wird, ist als Raub standardmäßig versichert. Dazu zählen Fälle, bei denen ein Versicherungsnehmer mit einem Messer bedroht wird und sein Mobiltelefon herausgibt, aber auch das gewaltsame Entreißen einer Handtasche.

Sturm und Hagel

Versichert sind ferner Schäden durch Sturm und Hagel. Sturm meint einen starken Wind mit mindestens Windstärke 8 beziehungsweise einer Windgeschwindigkeit von mindestens 62 km/h. Ein Sturmschaden ist gegeben, wenn der Sturm eine versicherte Sache direkt (zum Beispiel eine Markise) beschädigt oder aber indirekt beschädigt, wenn beispielsweise ein Baum auf das Haus fällt, Regenwasser eindringen kann und die Wohnzimmermöbel beschädigt. Schäden durch andere Naturgefahren wie beispielsweise Sturmflut, Lawinen oder Schneedruck sind nur versichert, wenn zusätzlich eine Elementarschadenversicherung abgeschlossen ist.

Leitungswasser

Standardmäßig versichert sind ferner Schäden am Hausrat, die durch bestimmungswidrig ausgetretenes Leitungswasser entstehen, zum Beispiel durch einen Rohrbruch oder weil der Schlauch an der Spülmaschine platzt. „Bestimmungswidrig austreten" meint, dass das Wasser aus einem anderen Ausgang kommt als vorgesehen. Der Schaden am eigenen Hausrat ist nicht versichert, wenn er durch überlaufendes

02

Badewasser entsteht, da das Badewasser aus dem Wasserhahn in die Badewanne geflossen und damit gemäß seiner Bestimmung ausgelaufen ist. Wird dadurch der Teppichläufer oder der Badezimmerschrank beschädigt, bleibt der Versicherungsnehmer auf dem Schaden sitzen. Der Schaden, der durch das überlaufende Wasser in der darunterliegenden Nachbarwohnung eintritt, ist gegebenenfalls von der Haftpflichtversicherung zu übernehmen. Schäden, die nicht durch Leitungswasser, sondern durch Grundwasser, Überschwemmung oder einen Rückstau entstehen, sind standardmäßig nicht versichert. Teilweise können Sie sich gegen diese Schäden durch eine Elementarschadenversicherung versichern.

Versichert sind solche Schäden, die an dem Hausrat an den Versicherungsorten eingetreten sind, die im Versicherungsschein aufgeführt ist. Dazu zählt im Regelfall auch der Balkon, die nah beim Haus liegende, privat genutzte Garage und gemeinschaftlich genutzte Waschkeller. Sollen andere Sachen versichert werden, die sich dauerhaft außerhalb der Wohnung befinden, zum Beispiel Sachen, die im Banksafe liegen oder regelmäßig im Schrebergarten benutzt werden, muss dies explizit im Versicherungsschein aufgeführt sein. Versicherungsschutz erhalten Sie ansonsten nur im Rahmen der Außenversicherung. Gemeint ist Hausrat, der sich vorübergehend, das heißt für maximal drei Monate, außerhalb der versicherten Wohnung befindet. Wird beispielsweise eine Kaffeemaschine für einige Wochen mit ins Büro genommen, um die Reparaturzeit der Büro-Kaffeemaschine zu überbrücken und bei einem Einbruchdiebstahl entwendet, zahlt die Hausratversicherung. Befindet sich die Kaffeemaschine des Versicherungsnehmers hingegen dauerhaft auf der Arbeitsstelle, gehört sie nicht zum Hausrat, sodass bei einem Einbruchdiebstahl ins Büro der Hausratversicherer nicht zur Zahlung verpflichtet wäre. Bei der Außenversicherung ist meistens eine maximale Entschädigungssumme vereinbart, zum Beispiel meist zehn Prozent der Versicherungssumme, maximal 10.000 Euro.

Vorsicht

Während der Vertragslaufzeit müssen Sie dem Versicherer Gefahrerhöhungen unbedingt anzeigen. Dies sind alle Veränderungen, die das versicherte Risiko nachteilig verändern. Der wichtigste Fall ist ein Gerüst vor dem Haus, über das ein Einbrecher nicht nur in das Erdgeschoss, sondern auch in eine Wohnung in der höheren Etage einsteigen kann, oder aber wenn die Wohnung über mehrere Wochen (nach den meisten Versicherungsbedingungen: länger als 60 Tage) leer steht.

Welche Obliegenheit muss der Versicherungsnehmer beachten – vor, beim und nach dem Schadensfall?

Vor Eintritt des Versicherungsfalls muss der Versicherungsnehmer

- alle gesetzlichen, behördlichen und vertraglich vereinbarten Sicherheitsvorschriften einhalten
- sämtliche sonstige Pflichten einhalten, die vertraglich vereinbart wurden.

Bei Eintritt des Versicherungsfalls

- Der Versicherungsnehmer muss nach Möglichkeit für die Abwendung und Minderung des Schadens sorgen.
- Er muss dem Versicherer den Schaden unverzüglich anzeigen, gegebenenfalls auch mündlich oder telefonisch.
- Er muss Weisungen des Versicherers zur Abwendung oder Minderung des Schadens einholen und befolgen.
- Schäden durch strafbare Handlungen (insbesondere natürlich einen Einbruchdiebstahl, Raub oder vermutete Brandstiftung) muss er der Polizei melden und sowohl dem Versicherer als auch der Polizei unverzüglich ein Verzeichnis einreichen, auf dem die abhanden gekommenen Sachen aufgelistet sind. Diese sogenannte Stehlgutliste ist ein „Klassiker" für Streitigkeiten mit dem Versicherer.
- Die Schadensstelle sollten Sie nach Möglichkeit so lange unverändert lassen, bis der Versicherer sie oder die beschädigten Sachen freigibt. Wenn Veränderungen unumgänglich sind, zum Beispiel weil ein geplatzter Schlauch der Waschmaschine ersetzt und das ausgetretene Wasser aufgewischt werden muss, sollte das Schadensbild durch Fotos dokumentiert, gegebenenfalls auch durch Zeugen beglaubigt werden. Die beschädigte Sache, also hier der geplatzte Schlauch, ist aufzubewahren, bis der Versicherer ihn besichtigen konnte.
- Dem Versicherer muss soweit möglich unverzüglich jede Auskunft erteilt werden, die dieser benötigt, um den Versicherungsfall als solchen oder aber die Versicherungsleistung festzustellen. Was der Versicherer benötigt, steht im Wesentlichen in dessen Ermessen. Daher sollten entsprechende Auskünfte nicht zurückgehalten werden, nur weil man der Auffassung ist, der Versicherer benötige diese Angaben nicht.

- Ferner müssen Sie dem Versicherer gestatten, sich ein Bild vom Schaden und von dem Umfang der Entschädigungspflicht machen zu können. Nicht selten passiert es, dass Schäden schon repariert oder defekte Sachen ausgetauscht werden, bevor der Versicherer sich ein Bild davon machen konnte. Im Zweifelsfall sollten die defekten Sachen einfach in den Keller oder in die Garage gelegt werden; auf keinen Fall sind sie wegzuwerfen, bevor der Versicherer sein Einverständnis dazu gegeben hat.

02

- Der Versicherungsnehmer muss dem Versicherer die Belege zusenden, die der Versicherer anfordert. Ob hierzu ein Originalbeleg der alten beschädigten Sache erforderlich ist (wenn dieser nicht mehr vorhanden ist, reichen auch gute Fotos oder eine detaillierte Zeugenaussage), regeln die Versicherungsbedingungen. Gleiches gilt auch für neu angeschaffte oder reparierte Sachen. Nach einigen Versicherungsbedingungen reicht für die Schadensregulierung ein Kostenvoranschlag, der von den meisten Versicherern dann zunächst nur ohne Mehrwertsteuer reguliert wird; bei anderen muss eine Rechnung vorgelegt werden.

- Sind Wertpapiere oder sogenannte aufgebotsfähige Urkunden zerstört worden oder abhandengekommen, muss der Versicherungsnehmer unverzüglich ein Aufgebotsverfahren einleiten. Wichtig ist in diesem Zusammenhang, Sparbücher und Ähnliches sofort zu sperren.

Was zahlt die Versicherung im Schadensfall?

Wird eine Sache beschädigt oder zerstört, ersetzt der Versicherer die notwendigen Reparaturkosten, gegebenenfalls zuzüglich einer Wertminderung, wenn die Sache nach der Reparatur weniger wert ist als vor dem Eintritt des Schadensfalls.

Ist eine Reparatur nicht möglich, ersetzt der Versicherer den Betrag, den der Versicherungsnehmer benötigt, um die Sache beziehungsweise einen Ersatz, der von der Art und Qualität so ist wie die beschädigte Sache, neu anzuschaffen. Oft gibt es Streit über die Frage, ob eine Reparatur noch möglich ist oder eine neue Sache angeschafft werden muss. Ein „Klassiker" bei einem Einbruchdiebstahl über die Terrassentür ist die Frage, ob die Terrassentür repariert werden kann oder ein Austausch erforderlich ist. Der Versicherer behauptet meistens, eine Reparatur reiche aus; der hinzugezogene Handwer-

Ersatz

ker will die beschädigte Fensteranlage lieber austauschen, da er bei einer Reparatur nicht garantieren kann, die gleiche Optik und vor allem die gleichen Sicherheitsstandards erzielen zu können wie vor dem Einbruch. Ist keine Einigung mit dem Versicherer erforderlich, müssen Sie im Zweifelsfall ein gerichtliches Gutachten einholen, im Regelfall durch ein sogenanntes selbstständiges Beweisverfahren.

Erstattung

Ist eine Reparatur nicht möglich oder die Sache durch einen Einbruch oder Raub abhandengekommen, erstattet der Versicherer den Wert der Sache. Maßgeblich ist der Wert der Sache bei Eintritt des Versicherungsfalls. Nach nahezu allen Versicherungsbedingungen wird der gleitende Neuwert erstattet, das heißt der Betrag, der heute aufzuwenden ist, damit Sie die beschädigte oder abhanden gekommene Sache neu anschaffen können.

Hat die beim Brand zerstörte Couch bei einem skandinavischen Möbelhersteller vor fünf Jahren 500 Euro gekostet und ist ein gleichwertiges Modell heute nur für 750 Euro erhältlich, erhalten Sie als Versicherungsnehmer vom Hausratversicherer 750 Euro. Eine Ausnahme besteht in alten Versicherungsbedingungen (VHB 74) für technische Geräte, wonach ab einer bestimmten Untergrenze des Werts nur der Zeitwert und nicht der gleitende Neuwert erstattet wird.

Einschränkungen gibt es auch für die Entschädigung von Wertsachen, abhängig auch von der Frage, ob die Sachen aus einem Tresor („Wertschutzschrank") gestohlen wurden oder nicht. Insbesondere für Bargeld, Schmuck und Pelze sind die Entschädigungsgrenzen – am besten vor Eintritt des Versicherungsfalls – zu prüfen, damit im Schadensfall keine Unterversicherung vorliegt, denn nach einigen Versicherungsbedingungen ist selbst die Entschädigungshöhe für ein einzelnes Schmuckstück oft begrenzt, zum Beispiel auf einen Betrag von 750 Euro. Gerade wenn Ihr Goldschmuck gestohlen wird, ist dies oft ein Streitpunkt! Apropos Wertsachen: Es empfiehlt sich, vom Hausrat und insbesondere von wertvollen Schmuckstücken Garantiebelege und Quittungen aufzubewahren und gute Fotos zu machen. „Gute Fotos" sind solche, auf denen das Schmuckstück klar erkennbar ist und nicht auf einer Familienfeier aufgenommen wurde und die Trägerin in weiter Ferne mit einem zwar goldfarbenen, aber nicht näher erkennbaren Halsschmuck zeigt. Diese Unterlagen sollten nicht bei den Schmucksachen aufgehoben werden – Einbrecher freuen sich sonst, auch noch wichtige Informationen für die Hehlerei zu erhalten. Vor allem aber beeinträchtigt dies die eigenen Interessen, wenn der Anspruch gegenüber dem Versicherer geltend gemacht wird.

02

Nicht selten passiert es, dass nach einem Einbruchdiebstahl die entwendeten Sachen wieder auftauchen und die Polizei sich beim Versicherungsnehmer meldet. Hierzu gibt es Regelungen in den Versicherungsbedingungen: Zumeist darf der Versicherungsnehmer innerhalb von zwei Wochen entscheiden, ob er die Sachen behält oder aber die Sachen lieber dem Versicherer gibt und als Gegenleistung die Entschädigung erhalten möchte. Steht der Schaden dem Grunde nach fest und ist nur die Höhe streitig, kann der Versicherungsnehmer verlangen, ein Sachverständigenverfahren durchführen zu lassen. Näheres regeln die jeweiligen Versicherungsbedingungen. Im Regelfall benennen sowohl der Versicherungsnehmer als auch der Versicherer jeweils einen Sachverständigen. Die beiden Sachverständigen benennen ihrerseits einen dritten unabhängigen Sachverständigen als Obmann, der entscheidet, sollten sich die von den Parteien benannten Sachverständigen nicht einig sein. Der Versicherungsnehmer trägt die Kosten „seines" Sachverständigen und die hälftigen Kosten des Obmanns, der Versicherer die Kosten des von ihm benannten Sachverständigen und ebenfalls die hälftigen Kosten des Obmanns.

Steht nicht nur die Leistungspflicht des Versicherers als solche fest, sondern auch die Leistungshöhe, ist die Leistung des

Entwendete Sachen
tauchen wieder auf

Versicherers fällig. Nach Ablauf eines Monats nach Meldung des Schadens kann der Versicherungsnehmer Zinsen verlangen. Näheres regelt der Versicherungsvertrag. § 91 VVG geht aber von mindestens vier Prozent aus; eine Regelung in den Versicherungsbedingungen, wonach der Versicherer weniger als vier Prozent Zinsen zahlt, dürfte daher unwirksam sein. Einen Monat nach der Meldung des Schadens kann der Versicherungsnehmer auch eine Abschlagszahlung in der Höhe fordern, in der er mindestens eine Leistung vom Versicherer zu erwarten hat. Der Zeitraum, in dem der Versicherungsnehmer noch an der Aufklärung des Sachverhalts oder an der Ermittlung der Entschädigungshöhe mitwirken muss, wird hier nicht mitgerechnet.

Folgende Kosten erhalten Sie als Versicherungsnehmer darüber hinaus vom Hausratversicherer erstattet:

Aufräumungskosten

Aufräumungskosten, also Kosten für das Aufräumen und Wegräumen von beschädigten Sachen, sowie die Kosten, die Sie für die Entsorgung zu zahlen haben. Bringen Sie beispielsweise nach einem Leitungswasserschaden die beschädigte Kommode zur Mülldeponie, zahlt der Versicherer Ihnen und Ihren Helfern für das Aufräumen im Regelfall 10 bis 15 Euro pro Stunde und übernimmt die Kosten, die auf der Mülldeponie für die Entsorgung anfallen.

Bewegungs- und Schutzkosten

Bewegungs- und Schutzkosten, das heißt die Kosten, die anfallen, weil zum Zwecke der Wiederherstellung oder Wiederbeschaffung versicherter Sachen andere Sachen bewegt, verändert oder geschützt werden müssen. Dies meint etwa die Kosten, die anfallen, weil der Versicherungsnehmer den Schaden verhindern möchte, zum Beispiel weil er vom Nachbarbalkon Decken greift, um diese über ein Feuer zu werfen und den Brand zu löschen.

Meistens beinhaltet die Hausratversicherung, manchmal aber auch die Wohngebäudeversicherung die Erstattung von Hotelkosten, wenn die Wohnung durch den Versicherungsschaden unbewohnbar wurde. Die Versicherungspolice oder der Versicherungsschein regeln, welcher Betrag pro Tag für Übernachtungskosten (im Hotel eingenommene Mahlzeiten werden nicht bezahlt) gezahlt wird. Auch gibt es eine maximale Anzahl von Tagen, für die Hotelkosten übernommen werden, zum Beispiel 100 Tage.

Hotelkosten

02

Wurde die Wohnung unbenutzbar, werden auch Transport- und Lagerkosten übernommen. In der Zeit, in der die Wohnung wegen eines Brandes saniert wird, hat der Hausratversicherer daher sämtliche Kosten zu übernehmen, die dafür anfallen, dass der Hausrat vorübergehend an einen anderen Ort gebracht werden muss. Diese Kosten können dem Versicherer auch dann in Rechnung gestellt werden, wenn die Arbeiten in Eigenleistungen erbracht werden. Bringt also der Versicherungsnehmer nach einem Wohnungsbrand die unbeschädigten Sachen in die Garage seiner Eltern, so erhält er für diese Arbeiten, das heißt sowohl für das Hinbringen als auch das Abholen, einen Stundenlohn (ca. 10 bis 15 Euro) des Versicherers. Ferner erhält er den ortsüblichen Betrag, den er für die Garagenmiete aufwenden und seinen Eltern dafür geben muss, dass diese ihr Auto während der Zeit draußen parken, damit die Möbel eingelagert werden können.

Transport- und Lagerkosten

Schlossänderungskosten werden vielfach übernommen, wenn Schlüssel für Türen der Wohnung oder aber für Safes, die sich in der Wohnung befinden, abhandengekommen sind. Problematisch sind Schließanlagen in einem Mehrfamilienhaus. Hier empfiehlt es sich, seinen Versicherer auf eine separate Schlüssel(verlust)versicherung anzusprechen.

Schlossänderungskosten

Auch Bewachungskosten können Gegenstand des Versicherungsvertrags sein, wenn die Wohnung nicht mehr bewohn-

Bewachungskosten

bar ist und die Schlösser an der Türe und am Fenster keinen ausreichenden Schutz mehr bieten. Gezahlt werden Bewachungskosten allerdings nur für eine begrenzte Anzahl von Stunden.

Reparaturkosten für Gebäudeschäden

Ersetzt werden auch Reparaturkosten für Gebäudeschäden, die in der Wohnung durch einen Einbruchdiebstahl oder Raub entstanden sind. Üblicherweise zahlt die Hausratversicherung nur für bewegliche Sachen, also Sachen, die der Versicherungsnehmer bei seinem Auszug wieder mitnehmen kann. Alles andere ist Sache der Wohngebäudeversicherung. Eine Ausnahme besteht aber für Schäden, die durch Einbruchdiebstahl und Raub zustande gekommen sind, da dieses Risiko in der Wohngebäudeversicherung nicht mitversichert ist.

Provisorische Maßnahmen

Auch provisorische Maßnahmen werden vom Hausratversicherer bezahlt. Wird also nach einem Einbruchdiebstahl das eingeschlagene Fenster zunächst nur durch ein Holzbrett gesichert, weil der Glaser die neue Scheibe erst bestellen muss, zahlt der Versicherer sowohl Material als auch Arbeitslohn für das Holzbrett als provisorische Maßnahme, wie auch für das später eingebaute Fenster.

Was ist sonst noch bei der Schadensregulierung wichtig?

Versicherer regulieren Schäden in der Hausratversicherung häufig durch einen Außenregulierer, das heißt durch einen Mitarbeiter, der den Versicherungsnehmer zu Hause aufsucht, mit ihm den Schaden bespricht und die Leistungspflicht des Versicherers erörtert. Oft wird dann ein Vergleich über die Höhe der Entschädigung geschlossen, wobei sich der Versicherer seine endgültige Entscheidung, also das „Ob" der Zahlung, oft noch vorbehält und es zunächst nur um das „Wie viel" geht.

Versicherer argumentieren oft mit der Behauptung einer Unterversicherung. Der verunsicherte Versicherungsnehmer wird schließlich so dankbar, dass der Versicherer überhaupt zahlt, dass er oftmals eine schlechtere Leistung akzeptiert, als ihm eigentlich zustehen würde. Das harsche und forsche Vorgehen der Außenregulierer unterstützen die Versicherungsmitarbeiter, die zwar suggerieren, als guter Freund des Versicherungsnehmers nur sein Bestes zu wollen, ihn jedoch „warnen", der „böse" Versicherer könne wegen diesem oder jenem auf die Idee kommen, die Leistung zu kürzen. Die zunächst veranschlagte Leistung des Versicherers wird dann nochmals aufgestockt, um den Versicherungsnehmer zum Unterzeichnen der jetzt vermeintlich guten Abfindungsvereinbarung zu bringen. Typisch ist ein Gesprächsverlauf wie „Eigentlich müssten wir ja nur 13.000 Euro zahlen. Aber weil Sie schon so lange Versicherungsnehmer sind etc. pp., bieten wir Ihnen 15.000 Euro an, aber wirklich nur heute." Der überrumpelte Versicherungsnehmer ist gut beraten, sich Bedenkzeit zu erbitten und den Vergleichsvorschlag mit Fachkundigen zu besprechen. Im Regelfall gilt das Angebot nämlich noch in der nächsten Woche. Haben Sie die Abfindungsvereinbarung einmal unterzeichnet, gibt es kein Zurück. Auch ein zweiwöchiges Widerrufsrecht, wie es dem Versicherungsnehmer bei Abschluss eines Versicherungsvertrags zusteht, wird bei Abschluss eines Vergleichs nicht angenommen.

02

Vorsicht

Gehen Sie gut vorbereitet in das Gespräch! Oftmals treten die Außenregulierer sehr harsch auf und zeigen Ihnen als Versicherungsnehmer all die Fehler auf, die Sie bei Vertragsabschluss oder bei der Schadensregulierung – wenn auch nur im Entferntesten – begangen haben.

Die Ansprüche aus einem Schadensfall sollten sofort geltend gemacht werden. Je länger der Versicherungsfall zurückliegt, desto schwieriger wird im Regelfall der Beweis, dass der Schaden auf dieses oder jenes versicherte Ereignis zurückgeht. Sollte eine Angelegenheit gerichtlich geklärt werden müssen, gilt eine Frist von drei Jahren, die zum Jahresende beginnt. Seit 2009 gilt dies auch bei älteren Versicherungsverträgen, in denen noch eine zweijährige Verjährungsfrist steht. Ist also am 12. März 2012 ein Einbruch in die Wohnung geschehen und es gibt keine Zahlung von dem Versicherer, muss der Versicherungsnehmer seine Ansprüche bis zum 31. Dezember 2015 gerichtlich geltend machen. In der Zeit, in der der Versicherungsnehmer den Anspruch angemeldet hat und der Versicherer prüft, ist die Verjährungsfrist jedoch gehemmt, das heißt, die Verjährungsfrist verlängert sich um die Dauer der Prüfung.

**Konkret und kompakt –
10 Schritte zur erfolgreichen Schadensregulierung**

Die Hausratversicherung zahlt für Schäden, die durch Feuer, Leitungswasser, Blitzschlag, Explosion, Einbruchdiebstahl und Raub am Hausrat (Mobiliar, Teppiche, Kleidung, elektronische Geräte etc.) eingetreten sind. Elementarschäden, Fahrraddiebstahl, Überspannungsschäden, Hotelkosten bei Unbenutzbarkeit der Wohnung etc. können gesondert versichert werden. Hat ein Dritter einen Schaden verursacht, zahlt Ihre Hausratversicherung auch – und zwar den Neuwert der beschädigten Sache.

Ihr Nachbar in der Wohnung über Ihnen hat das Badewasser überlaufen lassen, das nun durch Ihre Decke sickert. Für die in Ihrer Wohnung entstandenen Schäden zahlt Ihre Hausratversicherung.

Ihr Hausratversicherer holt sich dann vom Haftpflichtversicherer des Nachbarn einen Teil des Schadens, genauer gesagt: den Zeitwert, zurück.

Im Schadensfall beachten Sie unbedingt folgende **10 Punkte:**

1. Unternehmen Sie alles, um den Schaden abzuwenden oder zu mindern. Sickert Wasser durch die Decke und vermuten Sie ein geplatztes Rohr, stellen Sie gegebenenfalls auch den Haupthahn ab.
2. Setzen Sie sich spätestens jetzt mit Ihrer Versicherungspolice und den zugehörigen Versicherungsbedingungen auseinander und befolgen, was dort zu „Obliegenheiten im Schadensfall" steht.

3. Melden Sie den Schaden umgehend, spätestens innerhalb einer
    Woche, schriftlich Ihrem Versicherer. Folgen Sie den Anweisungen des
    Versicherers. Fragen Sie im Zweifelsfall, was Sie nun zu tun haben.
    Bei einem Einbruch oder Raub informieren Sie unbedingt die Polizei
    und fertigen Sie möglichst umgehend eine Stehlgutliste an, in der
    Sie tabellarisch die gestohlene Sache, den Anschaffungswert, das
    Anschaffungsjahr sowie den Betrag angeben, den Sie aufwenden
    müssen, um die Sache heute neu zu kaufen.

    Dokumentieren Sie den Schaden mit Fotos, ziehen Sie Zeugen hinzu.

02

Gegenstand	Genaue Bezeichnung	Anschaffungswert	Anschaffungsjahr	Wiederbeschaffungswert
Navigationsgerät	Marke Findfix, Modell 7310	249 Euro	12/2009	319 Euro
Blumenvase	Handarbeit, ca. 35 cm hoch, blau-grün gestreift, auf Kreta im Urlaub gekauft	34 Euro	07/1979	ca. 85 Euro

4. Füllen Sie die Schadensanzeige, die Ihnen der Versicherer nach der
    Meldung des Versicherungsfalls übersendet, korrekt und wahrheitsge-
    mäß aus. Belegen Sie den entstandenen Schaden zum Beispiel durch
    eine Rechnung oder durch einen Kostenvoranschlag. Liegt Ihnen keine
    Originalrechnung beispielsweise vom entwendeten Schmuck vor,
    helfen Fotos (auf denen das Schmuckstück nicht nur aus der Ferne,
    sondern deutlich abgebildet ist) und Zeugenaussagen. Sie haben im
    Regelfall keinen Anspruch darauf, dass der Versicherer Ihnen einen
    Sachverständigen schickt.

5. Entsorgen Sie die beschädigten Sachen auf keinen Fall, bevor der
    Schaden vom Versicherer reguliert ist oder der Versicherer die Scha-
    denshöhe anerkannt hat. Sie sind derjenige, der beweisen muss, dass
    und in welcher Höhe der Schaden eingetreten ist!

6. Bereiten Sie sich gut auf das Gespräch mit dem Schadensregulierer
    der Versicherung vor. Setzen Sie sich vorher mit Ihren Rechten und
    Pflichten aus dem Versicherungsvertrag auseinander. Gehen Sie nicht
    allein in das Gespräch. Wird Ihnen im Gespräch mit dem Schadensre-
    gulierer ein Angebot schmackhaft gemacht, das „nur jetzt und sofort"
    gilt, erbitten Sie einige Tage Bedenkzeit. Das Angebot wird es auch
    noch in der nächsten Woche geben, wenn Sie die Gelegenheit hatten,
    es von einem Sachkundigen prüfen zu lassen.

7. In fast jeder Hausratversicherungspolice ist geregelt, dass Sie den
    Neuwert der Sache erstattet bekommen, also den Betrag, den Sie
    zahlen müssen, um eine gleichwertige Sache neu kaufen zu können.
    Das gilt auch dann, wenn die beschädigte Sache schon älter ist!
    Wird Goldschmuck gestohlen, wird der Goldpreis zum Zeitpunkt des

Einbruchs beziehungsweise Raubs ermittelt. Eine Ausnahme gilt nur dann, wenn der Schaden durch eine Reparatur behoben werden kann. Dann erstattet der Versicherer nur die Reparaturkosten.

8. Behauptet der Schadensregulierer, es läge eine Unterversicherung vor, holen Sie Rat von einem Versicherungsberater oder Fachanwalt für Versicherungsrecht ein. Möglicherweise hat der Hausrat gar nicht den Wert der vom Versicherer ermittelten Versicherungssumme. Gleiches gilt, wenn der Versicherer behauptet, Sie hätten im Antrag auf Abschluss der Versicherung falsche Angaben gemacht oder den Schaden grob fahrlässig herbeigeführt.

9. Gibt es Streit über die Frage, wie der Schaden eingetreten ist oder wie hoch die Leistung des Versicherers sein soll, leiten Sie bei Gericht ein selbstständiges Beweisverfahren ein. Streiten Sie sich hingegen um Rechtsfragen, ist die Einschaltung des Versicherungsombudsmanns eine kostenfreie Alternative.

10. Führen Sie die Korrespondenz mit dem Versicherer schriftlich, am besten mit Nachweisen (Fax, Einschreiben). Sagen Sie klar, innerhalb welcher Frist (zwei Wochen sind meist angemessen) Sie eine Antwort oder Zahlung erwarten. Fordern Sie einen Vorschuss an, wenn feststeht, dass der Versicherer zahlen muss.

Aus Schaden wird man klug. Konnten Sie einen der oben genannten Punkte nicht erfüllen, achten Sie für die Zukunft darauf, dass die Versicherung die Versicherungssumme bestimmt. Vereinbaren Sie zusätzlich einen Unterversicherungsverzicht und machen im Antrag auf Abschluss einer Versicherung wahrheitsgemäße und vollständige Angaben, um für den Ernstfall nicht den Versicherungsschutz zu riskieren. Schließen Sie auch eine Rechtsschutzversicherung ab, die Ihnen bei der Durchsetzung der Rechte gegen den Versicherer hilft. Denn selbst wenn Sie alle Versicherungen, einschließlich der Rechtsschutzversicherung, bei einem Anbieter haben, ändert das nichts an Ihren Rechten: Auch hier hat der Rechtsschutzversicherer, der zwar den gleichen Namen trägt, aber immer ein eigenständiges Unternehmen ist, Ihnen eine Deckungszusage für das Verfahren gegen die Versicherung zu geben, sofern Erfolgsaussichten für das Verfahren bestehen.

WOHNGEBÄUDEVERSICHERUNG

Die Wohngebäudeversicherung leistet bei Schäden, die durch Feuer, Blitz, Sturm, Hagel, Rohrbruch oder auch auslaufendes Leitungswasser am Haus eintreten. Eine zusätzliche Elementarschadenversicherung deckt Schäden ab, die beispielsweise durch Überschwemmung und Starkregen auftreten. Versichert ist das Gebäude, das in der Versicherungspolice genannt ist, einschließlich aller fest mit ihm verbundenen Gegenstände, wie beispielsweise einem fest verklebten Teppichboden. Sollen Nebengebäude wie etwa eine Garage oder ein Gartenhaus mitversichert werden, müssen sich diese auf dem gleichen Grundstück befinden und unbedingt in der Versicherungspolice aufgeführt und in der Versicherungssumme berücksichtigt sein. Gebäudezubehör, das der Instandhaltung des Hauses oder dessen Nutzung zu Wohnzwecken dient, ist ebenfalls versichert, wie zum Beispiel der Blumenkasten am Balkon. Auch sonstige Grundstücksbestandteile wie beispielsweise Zäune sind entsprechend der vielen neueren Versicherungsbedingungen kostenfrei mitversichert.

02

Was ist bei Vertragsabschluss wichtig?

Für eine korrekte Berechnung der Versicherungssumme sind die Fläche des Gebäudes, die Art der Bausubstanz (Massiv- oder Fertigbauweise, Ziegel- oder Strohdach, Ein- oder Mehrfamilienhaus etc.) und die Ausstattung (hochwertige Sanitärausstattung, Fußbodenheizung und Ähnliches) maßgeblich. Für die Berechnung der Versicherungssumme gibt es mehrere Verfahren. Das gebräuchlichste ist die Berechnung nach dem Wert von 1914. Ermittelt wird, was das Haus – fiktiv – im Jahr 1914 in Reichsmark gekostet hätte. Hierzu wird der tatsächliche Neubauwert in Euro durch einen Baupreisindex dividiert. Der Baupreisindex ist eine Anpassung des Versicherungswerts an die Wertsteigerung und wird jährlich vom Statistischen Bundesamt neu ermittelt. So ist sichergestellt, dass sich durch die Wertsteigerung der Immobilie im Laufe der Zeit keine Unterversicherung des Gebäudes ergibt.

Vorsicht

Bei Vertragsabschluss müssen Sie darauf achten, dass die Versicherungssumme korrekt ermittelt wird.

Ist Ihr Haus durch einen Brandschaden zerstört worden, berechnet sich der **Versicherungswert** nach folgender **Formel**:

Wert 1914 x aktueller Baupreisindex:
100 = Wert im aktuellen Jahr in Euro.

Nehmen wir an, Ihr Haus hat im Versicherungsschein einen Wert 1914 von 20.000 Reichsmark. Im Jahr 2011 betrug der Baupreisindex 1232,8. Es ergibt sich folgende Rechnung:

20.000 (Wert 1914) x 1232,8 (aktueller Baupreisindex):
100 = 246.560 EUR (Wert im aktuellen Jahr).

Ist Ihnen diese Berechnung zu kompliziert, können Sie für das Jahr 2011 auch überschlägig den Wert 1914 mit 12 multiplizieren und für das Jahr 2012 mit 12,6, um den Wert im aktuellen Jahr zu ermitteln.

Daneben gibt es noch die Berechnung des Versicherungswerts nach einem Wertgutachten. Sie wird zuweilen bei Luxushäusern angewendet; ferner gibt es die Berechnung nach dem sogenannten umbauten Raum oder aber nach der Wohnfläche (das sogenannte Wohnflächenmodell).

Unabhängig davon, wie der Versicherungswert ermittelt wird, ist wichtig, dass der Versicherungswert den tatsächlichen Wert des Hauses wiedergibt, damit bei Eintritt eines Schadens keine Unterversicherung besteht. Wollen Sie sichergehen, im Schadensfall keine Nachteile zu erleiden, sollte die Versicherungssumme seitens des Versicherers oder eines Versicherungsvertreters ermittelt werden.

Bei Änderungen der Bebauung, also bei Neu-, Um- und Anbauten, ist der Versicherer umgehend zu benachrichtigen. Dies gilt insbesondere auch für Nebengebäude, die häufig erst nach Fertigstellung des Hauptgebäudes und nach Abschluss des Versicherungsvertrags fertiggestellt werden, wie zum Beispiel Garagen oder Gartenlauben. Besonderes Augenmerk verdient auch der Kauf einer gebrauchten Immobilie. Hier tritt der Käufer in den Versicherungsvertrag des ehemaligen Eigentümers (Verkäufers) ein. Renoviert oder saniert der Käufer das Haus und führt es so einer Wertverbesserung zu, muss die Versicherungssumme angepasst werden.

Was ist standardmäßig versichert?

In der obligatorischen Feuerversicherung sind Schäden versichert, die durch einen Brand entstehen, das heißt durch ein Feuer, das sich aus eigener Kraft ausbreiten kann. Sengschäden sind nicht versichert.

Feuerversicherung

02

Ein Sengschaden kann durch eine defekte Elektroleitung ebenso entstehen wie durch Brandstiftung. Ein Sengschaden ist zum Beispiel ein Loch im Parkett, das durch eine herunterfallende Zigarette verursacht wurde.

Versichert ist ferner ein Schaden durch Blitzschlag, wenn der Blitz direkt ins Gebäude einschlägt oder ein vom Blitz getroffener Baum das Gebäude beschädigt. Überspannungsschäden am Stromnetz sind nicht mitversichert. Ebenfalls versichert sind Schäden durch Explosion, also durch das plötzliche Freiwerden von Energie verursacht durch Gase, oder durch Implosion.

Durch die in der Wohngebäudeversicherung standardmäßig enthaltene Sturmversicherung sind auch Schäden versichert, die durch Sturm und Hagel eintreten.

Wohngebäudeversicherung und Sturmversicherung

Gelten noch alte Versicherungsbedingungen, empfiehlt sich eine Anpassung an den aktuell üblichen Versicherungsschutz. Sturmschäden sind Schäden, die durch einen Wind ab Windstärke 8 eintreten, zum Beispiel weil ein Sturm das Dach abgedeckt hat oder ein Baum vom Sturm auf das Haus geworfen wird und eine Hauswand beschädigt. Auch Hagelschäden werden vom Versicherer erstattet, allerdings nicht solche, die dadurch entstehen, dass Hagel durch nicht ordnungsgemäß verschlossene Türen ins Haus dringt.

Vorsicht

Aufgepasst, in ganz alten Versicherungsbedingungen zur Wohngebäudeversicherung sind Schäden durch Hagel noch nicht enthalten.

Leitungswasser-
versicherung

Auch die Leitungswasserversicherung ist üblicherweise in der Verbundenen Wohngebäudeversicherung enthalten. Versichert sind Schäden, die durch Leitungswasser entstehen, das bestimmungswidrig aus dem Rohr der Wasserversorgung oder aus damit verbundenen Einrichtungen ausgetreten ist. Platzt der Zulaufschlauch der Waschmaschine und das austretende Wasser beschädigt die hinter der Waschmaschine liegende Wand und den Fußboden, so tritt die Wohngebäudeversicherung für den Schaden ein. Tritt Wasser aus Wasserbehältern aus, die nicht mit dem Rohrsystem verbunden sind, wie zum Beispiel aus Wasserbetten oder Aquarien, zahlt der Versicherer standardmäßig nicht, sondern nur dann, wenn dieser Punkt explizit in der Versicherungspolice aufgeführt wurde. Gegen Aufpreis gesondert versichert werden können auch Schäden, die durch Überschwemmung, Rückstau, Schneedruck, Lawinen, Erdbeben, Erdfall, Erdrutsch und Vulkanausbruch eintreten (die sogenannte erweiterte Elementarschadenversicherung).

Standardmäßig versichert sind hingegen Frostschäden. Das sind Schäden, die an der Heizung oder einer Sanitäranlage infolge eines plötzlichen, nicht vorhersehbaren Temperatursturzes eintreten. Der Versicherer prüft hier genau, ob ausreichend geheizt und/oder das Wasser abgelassen wurde.

Daneben sind auch Schäden durch Rohrbruch versichert. Versichert sind dabei Heizungs- und Wasserrohre im Haus sowie Wasserzuleitungs- und Heizungsrohre auf dem Grundstück, die das versicherte Haus versorgen. Standardmäßig nicht versichert sind Wasserableitungsrohre, die sich nicht im Haus, sondern auf dem Grundstück befinden. Gegen einen Aufpreis können Sie diese oft mitversichern. Nicht versichert und nach den aktuellen Angeboten der Versicherer auch nicht versicherbar sind Schäden, die durch einen Wassermangel entstehen, der durch den Rohrbruch entstanden ist. Auch nicht versichert sind Schäden an Rohren, die kein Rohrbruch sind, also Schäden durch undichte Rohre oder Rohrverbindungen.

Es gibt mehrere Gerichtsurteile dazu, dass ein Muffenversatz kein Rohrbruch im Sinne der Versicherungsbedingungen ist.

Übrigens sind auch keine Regenrohre versichert, sofern sie nicht zum Beispiel für die Versorgung der Spülung des Gäste-WCs oder Ähnliches als Leitungswasserrohre fungieren. Im Haus liegende Regenrohre können allerdings oft gegen Mehrpreis mitversichert werden.

Welche Obliegenheiten muss der Versicherungsnehmer beachten – vor, beim und nach dem Schadensfall?

Die Obliegenheiten, die der Versicherungsnehmer vor, bei und nach dem Schadensfall zu beachten hat, sind in der Wohngebäudeversicherung identisch mit denen in der Hausratversicherung (siehe Seite 22). Die Obliegenheit, die Versicherungsnehmer am häufigsten vor Eintritt eines Schadensfalls missachten, ist, in Wintermonaten für eine ausreichende Beheizung der Räume zu sorgen und bei Abwesenheit das Wasser abzustellen. Hier darf der Versicherer oftmals wegen einer groben Fahrlässigkeit die Leistung kürzen, sodass der Versicherungsnehmer nur einen Teil der Leistung erhält.

Was zahlt die Versicherung im Schadensfall?

Wird ein Haus völlig zerstört, zahlt der Wohngebäudeversicherer den aktuellen ortsüblichen Neubauwert – vorausgesetzt, der Wiederaufbau des Hauses wird innerhalb von drei Jahren veranlasst und das neue Haus entspricht dem alten Haus hinsichtlich Größe, Aufteilung, Funktion etc. Dies ist die sogenannte strenge Wiederherstellungsklausel, die üblicherweise in den Versicherungsbedingungen zu finden ist. Wird das Haus nicht wieder so aufgebaut, erhält der Versicherungsnehmer nur den Zeitwert erstattet, den das Gebäude

Neubauwert

Tipp

Wichtig ist auch bei der Wohngebäudeversicherung, dass Gefahrerhöhungen dem Versicherer unbedingt anzuzeigen sind. Dies sind alle Veränderungen, die – aus Sicht des Versicherers – das Schadensfallrisiko erhöhen. Häufigster Anwendungsfall ist der Leerstand des Gebäudes, zum Beispiel weil der Eigentümer das Haus verkaufen möchte und schon ausgezogen ist.

02

just vor dem Schadensfall hatte. Hat der Versicherer bereits eine höhere Zahlung geleistet, kann er gegebenenfalls auch einen Teilbetrag zurückfordern.

Reparaturkosten

Wird das Gebäude oder Gebäudezubehör beschädigt, zahlt der Versicherer die notwendigen Reparaturkosten, gegebenenfalls zuzüglich eines Ausgleichs für die Wertminderung. Nach neueren Versicherungsbedingungen erhält der Versicherungsnehmer die Mehrwertsteuer erst dann, wenn er die Reparatur tatsächlich hat durchführen lassen und die Zahlung der Mehrwertsteuer nachweisen kann. Nach den meisten älteren Versicherungsbedingungen ist es für Sie als Versicherungsnehmer auch möglich, gegenüber dem Versicherer nach Kostenvoranschlag abzurechnen. Hier wird der Versicherer zwar in den meisten Fällen auch die Mehrwertsteuer zurückhalten dürfen, sofern diese noch nicht angefallen ist. Es ist dem ihm aber nicht gestattet, den Kostenvoranschlag zu reduzieren, weil der Versicherungsnehmer die Arbeiten in Eigenleistung erbringen will. Nicht selten behaupten Versicherer, dann müsse ein Abzug von 20 oder gar 30 Prozent erfolgen, da der professionelle Handwerker schließlich Lohnnebenkosten zu zahlen habe. Für diese Behauptung aber lassen die meisten Versicherungsbedingungen überhaupt keinen Raum. Behebt der Versicherungsnehmer den Schaden selbst, muss ihm der Versicherer die Kosten der hierfür erforderlichen Materialien sowie für einen Laien einen Stundenlohn von 10 bis 15 Euro zahlen. Ist der Versicherungsnehmer allerdings selbst Fliesenleger oder Maler, kann er vom Versicherer den üblichen Stundensatz verlangen.

Neuwert des Zubehörs

Wird Gebäudezubehör zerstört oder kommt beispielsweise durch einen Sturm abhanden, zahlt der Versicherer den Neuwert des Zubehörs.

Folgende Kosten erhält der Versicherungsnehmer darüber hinaus vom Wohngebäudeversicherer erstattet:

- Aufräumungs- und Abbruchkosten
- Bewegungs- und Schutzkosten
- tatsächlich entstandene Aufwendungen für notwendige Mehrkosten durch behördliche Wiederherstellungsbeschränkungen, also die Aufwendungen, die dadurch entstehen, dass die versicherte und vom Schaden betroffene Sache aufgrund öffentlich-rechtlicher Vorschriften nicht in derselben Art und Güte wiederhergestellt oder wiederbeschafft werden darf, zum Beispiel weil ein Bau mit Asbest nicht mehr zulässig ist
- Mehrkosten durch Preissteigerungen nach Eintritt des Versicherungsfalls

Oftmals ist auch in der Wohngebäudeversicherung der Mietausfall versichert. Das heißt, der Versicherer leistet für den Mietausfall einschließlich fortlaufender Mietnebenkosten, wenn Mieter von Wohnräumen infolge eines Versicherungsfalles zu Recht die Zahlung der Miete ganz oder teilweise eingestellt haben. In diesem Zusammenhang erhält auch der Versicherungsnehmer den ortsüblichen Mietwert von Wohnräumen, wenn er diese selbst bewohnt, aber nach dem Versicherungsfall nicht bewohnen kann. Die Leistung des Versicherers für den Mietausfall ist regelmäßig begrenzt, oftmals auf zwölf Monate.

Mietausfall

Steht der Schaden dem Grunde nach fest und ist nur die Höhe streitig, kann der Versicherungsnehmer ebenso wie in der Hausratversicherung die Durchführung eines Sachverständigenverfahrens verlangen.

Sachverständigenverfahren

Sobald die Leistungspflicht des Versicherers in der Höhe feststeht, ist die Leistung des Versicherers fällig. Hier gilt das zur Hausratversicherung Gesagte, das heißt, der Versicherungsnehmer kann nach Ablauf eines Monats eine Abschlagszahlung in

Höhe der zu erwarteten Schadenszahlung verlangen oder aber Zinsen in Höhe von mindestens vier Prozent geltend machen. Näheres regeln der Versicherungsvertrag, den die Parteien abgeschlossen haben, sowie das Versicherungsvertragsgesetz (VVG).

Was ist sonst noch bei der Schadensregulierung wichtig?

Tipp

Abfindungsvergleiche durch Schadensregulierer sind rechtlich bindend. Nehmen Sie sich die Zeit, den Vergleichsvorschlag des Versicherers zu überdenken und zu besprechen!

Auch Wohngebäudeschäden regulieren Versicherer häufig durch einen Schadensregulierer, der einen Abfindungsvergleich über die Höhe der Leistung des Versicherers abschließen will. Jeder Cent, der dem Versicherungsnehmer weniger vom Versicherer gezahlt werden muss, bedeutet ein Mehr für den Schadensregulierer.

Auch in der Wohngebäudeversicherung sollten Ansprüche aus einem Schadensfall sofort geltend gemacht werden. Für eine gerichtliche Klärung der Angelegenheit hat der Versicherungsnehmer drei Jahre Zeit; die Frist beginnt zum Jahresende. Diese Dreijahresfrist gilt auch für ältere Versicherungsverträge, die noch eine zweijährige Verjährungsfrist vorsehen. Auch die Klagefrist nach § 12 Abs. 3 VVG alte Fassung, die noch in älteren Versicherungsverträgen zu finden ist und den Versicherungsnehmer verpflichtete, gegen eine Ablehnung des Versicherers binnen sechs Monaten gerichtlich vorzugehen, gibt es für Schadensfälle, die im Jahr 2009 oder später eingetreten sind, nicht mehr.

Konkret und kompakt –
10 Schritte zur erfolgreichen Schadensregulierung

Die Wohngebäudeversicherung zahlt für Schäden, die durch Feuer, Leitungswasser, Rohrbruch, Sturm und Hagel eingetreten sind. Weitere Elementarschäden, die Erstattung von Hotelkosten bei Unbenutzbarkeit der Wohnung etc. können gesondert versichert beziehungsweise geregelt werden. Hat ein Dritter den Schaden verursacht, hat zum Beispiel der Nachbar die Glut aus dem Grill in die Mülltonne geworfen, worauf sich die Mülltonne entzündet, zunächst das Haus Ihres Nachbarn

und dann Ihr angrenzendes Haus beschädigt, zahlt Ihre Wohngebäudeversicherung auch – und zwar den Neuwert der beschädigten Sache. Ihr Wohngebäudeversicherer holt sich
dann vom Haftpflichtversicherer des Nachbarn einen Teil des
Schadens, genauer gesagt: den Zeitwert, zurück.

02

Im Schadensfall beachten Sie unbedingt folgende **10 Punkte:**

1. Unternehmen Sie alles, um den Schaden abzuwenden oder zu min-
    dern. Sickert Wasser durch die Decke und vermuten Sie ein geplatztes
    Rohr, stellen Sie gegebenenfalls auch den Haupthahn ab.

2. Setzen Sie sich spätestens jetzt mit Ihrer Versicherungspolice und den
    zugehörigen Versicherungsbedingungen auseinander und befolgen,
    was dort zu „Obliegenheiten im Schadensfall" steht.

3. Melden Sie den Schaden umgehend, spätestens innerhalb einer
    Woche, schriftlich Ihrem Versicherer. Folgen Sie den Anweisungen des
    Versicherers. Fragen Sie im Zweifelsfall, was Sie nun zu tun haben.
    Dokumentieren Sie den Schaden mit Fotos, ziehen Sie Zeugen hinzu.

4. Füllen Sie die Schadensanzeige, die Ihnen der Versicherer nach der
    Meldung des Versicherungsfalls übersendet, korrekt und wahrheitsge-
    mäß aus. Belegen Sie den entstandenen Schaden zum Beispiel durch
    eine Rechnung oder durch einen Kostenvoranschlag. Sie haben im
    Regelfall keinen Anspruch darauf, dass der Versicherer Ihnen einen
    Sachverständigen schickt.

5. Entsorgen Sie die beschädigten Sachen auf keinen Fall, bevor der
    Schaden vom Versicherer reguliert ist oder der Versicherer die Scha-
    denshöhe anerkannt hat. Sie sind derjenige, der beweisen muss, dass
    und in welcher Höhe der Schaden eingetreten ist!

6. Bereiten Sie sich gut auf das Gespräch mit dem Schadensregulierer
    der Versicherung vor. Setzen Sie sich vorher mit Ihren Rechten und
    Pflichten aus dem Versicherungsvertrag auseinander. Gehen Sie nicht
    allein in das Gespräch. Wird Ihnen im Gespräch mit dem Schadensre-
    gulierer ein Angebot schmackhaft gemacht, das „nur jetzt und sofort"
    gilt, erbitten Sie einige Tage Bedenkzeit. Das Angebot wird es auch
    noch in der nächsten Woche geben, wenn Sie die Gelegenheit hatten,
    es von einem Sachkundigen prüfen zu lassen.

7. Haben Sie Arbeiten in Eigenleistung erbracht (die beim Brand in
    Mitleidenschaft gezogenen Wände selbst gestrichen, den Keller nach
    einem Leitungswasserschaden selbst ausgeräumt, damit dieser neu
    gefliest werden kann oder Ähnliches) können Sie hierfür vom Versi-

cherer eine Aufwandsentschädigung verlangen. Üblich sind 10 bis 15 Euro pro Stunde; legen Sie als Fliesenleger die Fliesen selbst, können Sie selbstverständlich den üblichen Stundensatz ansetzen. Ob Sie nach Kostenvoranschlag abrechnen dürfen, steht in Ihren Versicherungsbedingungen. Bei älteren Verträgen ist dies möglich – je neuer der Vertrag ist, desto wahrschenlich ist es, dass der Versicherer die Mehrwertsteuer in Abzug bringen darf, solange diese noch nicht tatsächlich angefallen ist.

8. Behauptet der Schadensregulierer, es läge eine Unterversicherung vor, holen Sie Rat von einem Versicherungsberater oder Fachanwalt für Versicherungsrecht ein. Möglicherweise hat Ihr Wohnhaus gar nicht den Wert der vom Versicherer ermittelten Versicherungssumme. Gleiches gilt, wenn der Versicherer behauptet, Sie hätten im Antrag auf Abschluss der Versicherung falsche Angaben gemacht oder den Schaden grob fahrlässig herbeigeführt.

9. Gibt es Streit über die Frage, wie der Schaden eingetreten ist oder wie hoch die Leistung des Versicherers sein soll, leiten Sie bei Gericht ein selbstständiges Beweisverfahren ein. Streiten Sie sich hingegen um Rechtsfragen, ist die Einschaltung des Versicherungsombudsmanns eine kostenfreie Alternative.

10. Führen Sie die Korrespondenz mit dem Versicherer schriftlich, am besten mit Nachweisen (Fax, Einschreiben). Sagen Sie klar, innerhalb welcher Frist (zwei Wochen sind meist angemessen) Sie eine Antwort oder Zahlung erwarten. Fordern Sie einen Vorschuss an, wenn feststeht, dass der Versicherer zahlen muss.

GLASVERSICHERUNG

Vorsicht

Die korrekte Ermittlung der Versicherungssumme für die Glasversicherung ist ebenso wie für die Wohngebäude- und Hausratversicherung relevant, damit im Schadensfall keine Unterversicherung besteht.

Die Glasversicherung ist wie die Hausrat- und Wohngebäudeversicherung eine Sachversicherung und wird fast immer zusammen mit einem der beiden Versicherungsverträge separat abgeschlossen. In der Police einer Hausratversicherung, die bis Mitte der 1980er-Jahre abgeschlossen wurde, dürfte der Versicherungsschutz für Schäden durch Glasbruch bereits enthalten sein.

Was ist bei Vertragsabschluss wichtig?

Zur Berechnung der Versicherungsprämie orientiert sich der Versicherer zumeist an den Angaben über die Quadratmeterzahl der Wohnung oder des Hauses, die er auch bei Abschluss der Wohngebäude- oder Hausratversicherung abgefragt hat.

02

Obschon die Glasversicherung von vielen Versicherungsberatern für überflüssig gehalten wird, ist ein wichtiger Aspekt
anzumerken: Die Verträge über eine Haftpflichtversicherung
leisten im Regelfall zwar Ersatz für Schäden an gemieteten
Räumen, aber nicht – so die übliche Klausel –, wenn der Schaden anderweitig versicherbar ist. Gemeint sind damit Schäden,
die ein Mieter an der Duschabtrennung oder Glastür in der angemieteten Wohnung anrichtet. Hier zahlt der Haftpflichtversicherer nicht, da für den Mieter die Möglichkeit einer separaten
Glasversicherung besteht. Die Klausel in den Versicherungsbedingungen der Haftpflichtversicherung überrascht und
könnte von den Gerichten daher einmal auf ihre Wirksamkeit
überprüft werden; nichtsdestotrotz bietet die Glasversicherung
gerade für diesen Fall wertvollen Versicherungsschutz.

Was ist standardmäßig versichert?

In der Glasversicherung ist sowohl die Gebäude- als auch die
Mobiliarverglasung versichert. Zur Gebäudeverglasung gehören beispielsweise Glasscheiben von Fenstern und Türen,
Balkonen, Terrassen, Wänden, Wintergärten, Veranden, Log-
gien, Wetterschutzvorbauten, Dächern, Lichtkuppeln, Brüs-
tungen, Duschkabinen, Sonnenkollektoren und Glasbaustei-
ne; zur Mobiliarverglasung gehören Glasscheiben von Bildern,
Schränken, Vitrinen, Stand-, Wand- und Schrankspiegel, Glas-
platten, Glasscheiben und Sichtfenster von Öfen, Elektro- und
Gasgeräten, gegebenenfalls auch Ceranfelder, Aquarien und
Terrarien. Schäden, die an der Mobiliarverglasung entstehen,
werden vom Glasversicherer üblicherweise nur dann ersetzt,
wenn der Schaden an dem Ort aufgetreten ist, der in der Versicherungspolice bezeichnet ist.

Entschädigt wird nur der Bruch des Glases, nicht die Beschädigung von Oberflächen oder Kanten wie zum Beispiel durch
Schrammen oder das Undichtwerden der Randverbindungen
von Mehrscheiben-Isolierverglasungen. Ausgeschlossen ist
auch die Kostenerstattung für Schäden, die durch typischer-

Vorsicht

Nicht von der
Glasversicherung
ersetzt werden
Schäden an
optischen Gläsern
(Brillen), Hohlglä-
sern (zum Beispiel
Vasen), Geschirr,
Beleuchtungskör-
pern und Hand-
spiegeln, Photo-
voltaikanlagen und
Bildschirme von
Fernsehgeräten
oder Computer-
Displays als
Bestandteil eines
elektronischen
Daten-, Ton-, Bild-
wiedergabe- und
Kommunikations-
geräts.

Tipp

Eine Gefahrerhö-
hung muss der
Versicherungsneh-
mer auch in der
Glasversicherung
unbedingt dem
Versicherer anzei-
gen. So ist eine
Gefahrerhöhung
auch in der Glas-
versicherung dann
gegeben, wenn ein
Gebäude dauernd
oder vorüberge-
hend leer steht.

weise in der Hausratversicherung erfassten Risiken eintreten wie Schäden durch Brand, Blitzschlag, Explosion, Implosion, Anprall oder Absturz eines Luftfahrzeugs, Einbruchdiebstahl, Vandalismus, Sturm, Hagel, Überschwemmung, Erdbeben, Erdsenkung, Erdrutsch, Schneedruck, Lawinen oder Vulkanausbruch, soweit für diese Schäden anderweitig Versicherungsschutz besteht. Die Glasversicherung haftet nur subsidiär, also wenn kein anderer Versicherungsschutz greift.

Welche Obliegenheit muss der Versicherungsnehmer beachten – vor, beim und nach dem Schadensfall?

In der Glasversicherung hat der Versicherungsnehmer die gleichen Obliegenheiten zu beachten wie in der Hausrat- und Wohngebäudeversicherung (siehe Seite 37). Insbesondere müssen Sie den Versicherer unverzüglich informieren, den Schadensort nach Möglichkeit unverändert belassen und den Schaden bestmöglich dokumentieren.

Was zahlt die Versicherung im Schadensfall?

Im Versicherungsfall zahlt der Versicherer die Kosten für die Entsorgung der zerstörten und beschädigten Sache, ferner, dass eine Sache gleicher Art und Güte an den Schadenort geliefert und wieder eingesetzt wird. Das vorläufige Verschließen von Öffnungen, also durch Notverglasungen und Notverschalungen, kann der Versicherungsnehmer in Auftrag geben und vom Versicherer als notwendige Kosten geltend machen. Der Versicherer zahlt üblicherweise nicht die Kosten, die anfallen, um die beschädigte Sache farblich an die unbeschädigten Sachen anzugleichen. Näheres hierzu regelt jedoch der Versicherungsvertrag.

Was ist sonst noch bei der Schadensregulierung wichtig?

Fälligkeit und Verzinsung entsprechen in der Glasversicherung den Regelungen in der Hausratversicherung, ebenso die Regelungen zum Versicherungsschutz beim Wohnungswechsel.

Konkret und kompakt –
10 Schritte zur erfolgreichen Schadensregulierung

Die Glasversicherung zahlt für Schäden, die an einem Fenster oder einer Glastür, je nach Bedingungen auch an anderen Gläsern (Ceranfeld, Aquarium etc.) eingetreten sind. Ihr Glasversicherer zahlt den Neuwert, das heißt, den aufzuwendenden Betrag, um das beschädigte Glas neu zu kaufen und es auch einsetzen zu lassen. Die zehn Schritte zur erfolgreichen Schadensregulierung entsprechen denen zur Hausratversicherung (siehe Seite 31 f.).

02

REISERÜCKTRITTSKOSTENVERSICHERUNG

Reisefreudige schließen in Zusammenhang mit einer Reisebuchung häufig eine Reiseversicherung ab. Dies kann in Form einer Einmalpolice erfolgen, sodass sich der Versicherungsschutz tatsächlich nur auf die gebuchte Reise bezieht und zeitlich eng begrenzt ist. Als Alternative bieten einzelne Versicherer Jahrespolicen an, mit denen sämtliche Reisen bis zu einer gewissen Dauer (meistens bis zu sechs Wochen Dauer) versichert sind, die der Versicherungsnehmer während eines Jahres unternimmt. Als Reiseversicherung wird die Reiserücktrittskosten- sowie die Reiseabbruch- und die Reisegepäckversicherung angeboten. Die Reiserücktrittskostenversicherung versichert Stornokosten, die anfallen, wenn eine gebuchte Reise wegen einer unerwarteten schweren Erkrankung oder einer unerwarteten Verschlechterung einer bestehenden Erkrankung abgesagt werden muss. Versichert sind darüber hinaus noch andere Risiken wie zum Beispiel der Tod von nahen Angehörigen, eine schwere Unfallverletzung, Impfunverträglichkeit, Schwangerschaft, Schaden am Eigentum der versicherten Person durch Feuer, Explosion, Elementarereignisse oder vorsätzliche Straftat eines Dritten, sofern der Schaden erheblich ist oder sofern die Anwesenheit der versicherten Person zur Aufklärung erforderlich ist, aber auch

Jahrespolicen

der Verlust des Arbeitsplatzes der versicherten Person oder eines Mitreisenden aufgrund einer unerwarteten betriebsbedingten Kündigung des Arbeitsplatzes durch den Arbeitgeber, die unerwartete Aufnahme eines Arbeitsverhältnisses oder die unerwartete Zuweisung eines Studienplatzes.

Was tun bei Eintritt des Versicherungsfalls?

Ist der Versicherungsfall eingetreten, sind Sie als Versicherungsnehmer oder die versicherte Person verpflichtet,

- den Schaden möglichst gering zu halten und unnötige Kosten zu vermeiden
- den Schaden dem Versicherer unverzüglich anzuzeigen, insbesondere das Schadenereignis und den Schadenumfang darzulegen
- dem Versicherer jede zumutbare Untersuchung über Ursache und Höhe ihrer Leistungspflicht zu gestatten
- jede sachdienliche Auskunft wahrheitsgemäß zu erteilen
- Originalbelege einzureichen und die behandelnden Ärzte von ihrer Schweigepflicht zu entbinden, soweit die Kenntnis der Daten für die Beurteilung der Leistungspflicht erforderlich ist.

Ferner sind Sie als Versicherungsnehmer beziehungsweise als versicherte Person unter anderem verpflichtet,

- die Reise unverzüglich nach Eintritt des versicherten Rücktrittsgrundes zu stornieren, um die Stornokosten möglichst gering zu halten
- den Versicherungsnachweis und die Buchungsunterlagen mit der Stornokosten-Rechnung dem Versicherer einzureichen; bei Stornierung eines Objekts eine Bestätigung des Vermieters über die Nichtweitervermietbarkeit des Objekts beizubringen
- eine schwere Unfallverletzung, eine unerwartete schwere Erkrankung, Impfunverträglichkeit oder Schwangerschaft durch ein ärztliches Attest mit Angabe von Diagnose und Behandlungsdaten nachzuweisen
- eine psychische Erkrankungen durch das Attest eines Facharztes für Psychiatrie zu belegen

Problematisch ist stets die Frage, ob und wann man von einer unerwartet schweren Erkrankung ausgehen muss. Vielfach wird der Beginn der Erkrankung noch gar nicht als Grund dafür gesehen, die Reise zu stornieren. Schließlich hofft der Versicherungsnehmer auf eine Heilung bis zum Beginn der Reise, auf die er sich freut. Dies kann aber ohne Rücksprache mit dem Arzt den Versicherungsschutz kosten. Muss die Reise später krankheitsbedingt storniert werden, fragt der Versicherer beim Arzt nach, ob dieser nach einer Reisefähigkeit gefragt wurde und ab wann er die versicherte Person nicht mehr für reisefähig hielt.

Oftmals werden die ärztlichen Stellungnahmen in der Arztpraxis „zwischen Tür und Angel" ausgefüllt und nennen als ersten Tag, an dem feststand, dass die Reise nicht möglich ist, das Datum der ersten Behandlung. Damit ist der Versicherungsnehmer seinen Versicherungsschutz los. Der Versicherungsnehmer muss darauf achten, dass der Arzt tatsächlich das Datum der Erstmitteilung über eine mögliche Reiseunfähigkeit für die geplante Reise einträgt. Der Versicherungsnehmer muss dann zeitnah, möglichst noch am selben Tag, die Reise stornieren, um die Stornokosten so gering wie möglich zu halten. Andernfalls darf der Versicherer die Leistung kürzen und muss nur die Stornokosten tragen, die angefallen wären, wenn der Versicherungsnehmer sofort storniert hätte. Da sich die Stornokosten des Reiseveranstalters danach richten, wann die Reise storniert wird, kann es hier um 20 bis 90 Prozent des Reisepreises gehen.

Eine unerwartet schwere Erkrankung wird der Versicherungsnehmer immer dann annehmen müssen, wenn eine stationäre Behandlung erfolgt. Sobald er also ins Krankenhaus muss, ist die Reise sofort zu stornieren.

Rücksprache mit dem Arzt

02

Stationäre Behandlung

Als unerwartete schwere Erkrankung gilt, wenn der Arzt bei einer Rheumaerkrankung uneingeschränkte Reisefähigkeit attestiert, aber kurz vor Reisebeginn ein akuter Schub auftritt (LG Dortmund, Beschluss vom 28. November 2011, Aktenzeichen 2 S 42/11).

Tritt die unerwartete schwere Erkrankung ein, muss der Versicherungsnehmer nicht nur einen Arzt aufsuchen, sondern auch in die Versicherungsbedingungen schauen. Gerade bei psychischen Erkrankungen wird oftmals verlangt, dass der Versicherungsnehmer sich die Erkrankung nicht nur von einem Allgemeinmediziner, sondern von einem Facharzt bestätigen lässt. Diese Klausel, wenn auch überraschend, ist unter anderem vom Amtsgericht München für wirksam gehalten worden.

Zur Reiserücktrittskostenversicherung noch etwas Prozessuales: Auch hier gilt eine Verjährungsfrist von drei Jahren, wiederum zum Jahresende, nach Eintritt des Schadensfalls. Da Reiserücktrittskostenversicherungen nach der bis 2008 geltenden Rechtslage oftmals am Sitz des Versicherers verklagt wurden und die meisten Reiserücktrittsversicherer in München ansässig sind, liegen viele Entscheidungen des Amtsgerichts München vor, die überwiegend versichererfreundlich sind. Die Rechtsprechung des Amtsgerichts München ist aber nicht bindend für andere Gerichtsbezirke, sodass im Zweifelsfalle nach anderslautenden Urteilen Ausschau gehalten werden und gegebenenfalls gem. § 215 VVG am Wohnsitz des Versicherungsnehmers geklagt werden sollte.

Konkret und kompakt –
10 Schritte zur erfolgreichen Schadensregulierung

Die Reiserücktrittskostenversicherung übernimmt die Stornokosten, die Ihnen Ihr Reiseveranstalter für die Stornierung einer Reise in Rechnung stellt, wenn Sie wegen einer uner-

warteten Erkrankung, gegebenenfalls auch wegen einer unerwarteten Verschlechterung einer bestehenden Erkrankung
oder weiterer im Versicherungsschein genannten Ereignisse
von der Reise Abstand nehmen müssen.

02

Im Schadensfall beachten Sie unbedingt folgende **10 Punkte:**

1. Melden Sie den eingetretenen Schaden, also die erforderliche Stornie-
    rung nicht nur Ihrem Reisebüro oder Reiseveranstalter, sondern umge-
    hend auch Ihrem Reiserücktrittsversicherer. Je später Sie stornieren,
    desto höher sind die Stornokosten und der Versicherer übernimmt nur
    den Betrag, der zum Zeitpunkt fällig war, als Sie wussten, dass Sie die
    Reise nicht antreten können.

2. Folgen Sie den Anweisungen des Versicherers. Fragen Sie im Zweifels-
    fall, was Sie nun zu tun haben.

3. Setzen Sie sich spätestens jetzt mit Ihrer Versicherungspolice und den
    zugehörigen Versicherungsbedingungen auseinander und befolgen,
    was dort zu „Obliegenheiten im Schadensfall" steht.

4. Füllen Sie die Schadensanzeige, die Ihnen der Versicherer nach der
    Meldung des Versicherungsfalls übersendet, korrekt und wahrheitsge-
    mäß aus.

5. Im Falle einer Erkrankung suchen Sie umgehend einen Arzt auf und
    lassen Sie sich Ihre Erkrankung attestieren.

6. Bei psychischen Erkrankungen konsultieren Sie einen Facharzt (das
    heißt einen Psychiater, ein Psychologe ist kein Arzt). Ist kein sofortiger
    Termin beim Facharzt möglich, lassen Sie sich dies vom Facharzt
    bestätigen und bringen hilfsweise ein Attest des Hausarztes bei.

7. Ermächtigen Sie den Versicherer, sich bei dem behandelnden Arzt
    entsprechende Auskünfte zu Ihrer Erkrankung (und nur zu dieser!)
    einzuholen.

8. Bitten Sie Ihren Arzt, dem Versicherer sorgfältig zu antworten und bei
    dem Datum der erstmaligen Reiseunfähigkeit nicht versehentlich ein
    Datum anzugeben, an dem die Reise noch nicht gebucht war oder
    die Stornokosten noch niedriger gewesen wären. Oftmals werden die
    für den Versicherer bestimmten Atteste im Vorzimmer in aller Hektik
    ausgefüllt und enthalten fehlerhafte Angaben, die später nur schwer
    zu korrigieren sind.

9. Führen Sie die Korrespondenz mit dem Versicherer schriftlich, am
    besten mit Nachweisen (Fax, Einschreiben). Sagen Sie klar, innerhalb
    welcher Frist (zwei Wochen sind meist angemessen) Sie eine Antwort

oder Zahlung erwarten. Muss der Versicherer Auskünfte bei Ihrem Arzt einholen, benötigt er etwas mehr Zeit.

10. Streiten Sie sich um Rechtsfragen, bitten Sie den Versicherungsombudsmann kostenfrei um Hilfe.

UNFALLVERSICHERUNG

Die Unfallversicherung zahlt eine Invaliditätsleistung, wenn Sie durch einen Unfall einen Dauerschaden erleiden. Daneben können – abhängig vom jeweiligen Versicherer und dessen oft vielfältigen Produktangeboten in der Unfallversicherung – viele Nebenleistungen wie zum Beispiel Unfallkrankenhaustagegeld, Genesungsgeld oder kosmetische Operationen versichert werden. Oft ist der Versicherungsschutz jedoch gravierend eingeschränkt. So wird beispielsweise je nach Vertragskonstellation eine Leistung nur erbracht, wenn der Unfall bei einer Autofahrt oder beim Sport passiert ist. Oder aber der Versicherer zahlt die Invaliditätsleistung erst aus, wenn ein Invaliditätsgrad von mindestens 20 Prozent vorliegt. Gerade bei Senioren wird eine solche Einschränkung vom Versicherer gern in den Versicherungsvertrag aufgenommen. Dabei ist es ohnehin schwierig, einen Invaliditätsgrad von 20 oder mehr Prozent zu erreichen. Sind dann auch noch Vorerkrankungen vorhanden oder die euphemistisch umschriebenen degenerativen Veränderungen, also Abnutzungserscheinungen, die sich nachteilig auf die Unfallverletzung auswirken und entsprechend angerechnet werden, rückt die Zahlung für einen Invaliditätsgrad von 20 Prozent oftmals in utopische Ferne.

Was ist bei Vertragsabschluss wichtig?

Der Versicherungsschutz in der Unfallversicherung besteht aus mehreren wichtigen Bestandteilen.

Sinnvoll ist eine Unfallversicherung insbesondere für Unfälle mit schweren Folgen, da der Versicherungsnehmer zum Bei-

Tipp

Wählen Sie Ihren Versicherungsschutz so, dass Unfälle in jeder Lebenssituation und nicht nur beim Autofahren, Sporttreiben oder Ähnliches versichert sind.

spiel wegen einer unfallbedingt erlittenen Querschnittslähmung seine Wohnung umbauen lassen muss oder Ähnliches. Damit für gravierendere Unfallfolgen eine angemessene Invaliditätsleistung gezahlt wird, bieten viele Versicherer ab einer Invalidität von mehr als 25 Prozent eine Progression an. Je höher der Grad der Invalidität ist, desto mehr zahlt der Versicherer aus. Bei einer Invalidität von 100 Prozent können dies häufig 300 oder gar 500 Prozent der vereinbarten Versicherungssumme sein.

02

Keineswegs sollten Sie die die Unfallversicherung mit einer Berufsunfähigkeitsversicherung oder Krankentagegeldversicherung verwechseln, da die Unfallversicherung tatsächlich nur zahlt, wenn ein Unfall vorliegt. Bei Erkrankungen hingegen wird kein Versicherungsschutz gewährt. Überflüssig ist auch eine Unfallversicherung mit Beitragsrückgewähr, da hier der Risikoschutz für Unfälle mit einem Sparvertrag kombiniert wird.

Was ist standardmäßig versichert?

Die Unfallversicherung leistet bei Unfällen. Ein Unfall liegt vor, wenn die versicherte Person durch ein plötzlich von außen auf ihren Körper wirkendes Ereignis (Unfallereignis) unfreiwillig eine Gesundheitsschädigung erleidet.

Ob – ausnahmsweise – auch Zeckenbisse und deren Folgen vom Versicherungsschutz umfasst sind, bestimmt der Versicherungsschein. Die Gerichte urteilen hierzu uneinheitlich.

Der Versicherer zahlt eine Invaliditätsleistung, wenn die körperliche oder geistige Leistungsfähigkeit der versicherten Person unfallbedingt **dauerhaft** beeinträchtigt ist. „Dauerhaft" meint voraussichtlich länger als drei Jahre. Ob ein Anspruch auf Invaliditätsleistung besteht, wenn die versicherte Person unfallbedingt innerhalb eines Jahres nach dem Unfall stirbt, regeln die Versicherungsbedingungen. Nach den neueren

Vorsicht

Nach den neueren Versicherungsbedingungen gilt als Unfall auch, wenn durch eine erhöhte Kraftanstrengung an Gliedmaßen oder Wirbelsäule ein Gelenk verrenkt wird oder Muskeln, Sehnen, Bänder oder Kapseln gezerrt oder zerrissen werden.

Standardbedingungen würde der Versicherer eine Leistung erbringen, die dem voraussichtlichen Invaliditätsgrad entspricht.

Ausschlüsse

In der Unfallversicherung sind viele Unfallfolgen ausgeschlossen. Die in der Praxis wichtigste Einschränkung ist gegeben, wenn ein Unfall aufgrund einer **Geistes- oder Bewusstseinsstörung** eingetreten ist. Problematisch sind insbesondere Unfälle, die unter Alkoholeinfluss passieren. Ab einer Blutalkoholkonzentration von 2,0 Promille ist es äußerst schwierig, einen Nachweis zu erbringen, dass der Unfall nicht auf dem **Alkoholkonsum** beruht. Neben der Trunkenheit gibt es aber auch einen Ausschluss für Unfälle durch Geistes- und Bewusstseinsstörungen wie zum Beispiel aufgrund eines **Schlaganfalls,** eines **epileptischen Anfalls** oder eines anderen **Krampfanfalls.**

Ein weiterer wichtiger Ausschlussgrund sind **Vergiftungen,** das heißt, wenn jemand giftige feste oder flüssige Stoffe durch den Schlund aufnimmt. Wer also zur Getränkeflasche greift und unwissentlich kein Erfrischungsgetränk, sondern ein ätzendes Putzmittel zu sich nimmt, erhält keine Leistung von der Unfallversicherung, wenn beim Trinken die Schleimhäute weggeätzt werden.

Auch **Infektionen** sind vom Versicherungsschutz ausgeschlossen, zum Beispiel wenn durch einen Insektenstich ein Krankheitserreger in den Körper gelangt. Für einige Insektenstiche, insbesondere Zeckenbisse, können Sie bei manchen Versicherern einen zusätzlichen Versicherungsschutz erhalten. Ein Blick in die eigenen Versicherungsbedingungen ist unabdingbar, da weitere Ausschlusstatbestände geregelt sind.

Welche Obliegenheiten muss der Versicherungsnehmer beachten – vor, beim und nach dem Schadensfall?

Bei Abschluss des Versicherungsvertrags hat der Versicherungsnehmer wahrheitsgemäße Angaben zu machen und insbesondere die Gesundheitsfragen, aber auch Fragen zur beruflichen Tätigkeiten und zu gefährlichen Hobbys zu beantworten. Die allgemeinen Unfallversicherungsbedingungen, die dem Vertrag zugrunde liegen, regeln, ob und gegebenenfalls welche Veränderungen des Risikos der Versicherungsnehmer nachmelden muss. Insbesondere eine Änderung der beruflichen Tätigkeit dürfte dem Versicherer anzuzeigen sein, vor allem wenn damit eine Änderung des Unfallrisikos einhergeht.

Dreh- und Angelpunkt in der Unfallversicherung ist die Anzeige der Invalidität gegenüber dem Versicherer. So muss die Invalidität des Versicherungsnehmers innerhalb eines Jahres nach dem Unfall eingetreten sein und innerhalb von fünfzehn Monaten nach dem Unfall von einem Arzt schriftlich festgestellt und beim Versicherer geltend gemacht worden sein. Verpasst der Versicherungsnehmer diese Frist, kann und wird der Versicherer sich auf Leistungsfreiheit berufen.

Zu Ihren weiteren Obliegenheiten gehört, nach einem Unfall unverzüglich einen Arzt hinzuzuziehen, dessen Anordnungen zu befolgen und den Versicherer über den Unfall zu unterrichten. Der Versicherer versendet dann eine Unfallanzeige, die Sie als Versicherter wahrheitsgemäß ausfüllen und unverzüglich zurücksenden müssen. Auskünfte, die der Versicherer zur Prüfung des Leistungsfalls benötigt, muss der Versicherungsnehmer beziehungsweise die versicherte Person ebenfalls erteilen. Kann der Unfallversicherer anhand der Unterlagen den Invaliditätsgrad nicht bemessen, beauftragt er einen Arzt mit der Untersuchung der versicherten Person. Sie muss diesen Termin wahrnehmen und sich untersuchen lassen und dem Versicherer ermöglichen, bei den Ärzten, anderen Versiche-

Vorsicht

Eine ganz wichtige Frist: Hat der Unfall den Tod zur Folge, ist dies dem Versicherer innerhalb von 48 Stunden (!) zu melden. Der Versicherer hat nämlich das Recht, den Verstorbenen obduzieren zu lassen, um seine Leistungspflicht feststellen zu lassen.

rern, Versicherungsträgern und Behörden alle erforderlichen Auskünfte einholen zu dürfen.

Was zahlt die Versicherung im Schadensfall?

Die Invaliditätsleistung bestimmt sich nach der sogenannten Gliedertaxe. So legen die Versicherungsbedingungen fest, für welche körperliche Einschränkung welche Leistung zu zahlen ist.

Bei Verlust oder völliger Funktionsunfähigkeit der Körperteile oder Sinnesorgane gelten meist folgende Invaliditätsgrade:

Arm	70 Prozent
Arm bis oberhalb des Ellenbogengelenks	65 Prozent
Arm unterhalb des Ellenbogengelenks	60 Prozent
Hand	55 Prozent
Daumen	20 Prozent
Zeigefinger	10 Prozent
anderer Finger	5 Prozent
Bein über der Mitte des Oberschenkels	70 Prozent
Bein bis zur Mitte des Oberschenkels	60 Prozent
Bein bis unterhalb des Knies	50 Prozent
Bein bis zur Mitte des Unterschenkels	45 Prozent
Fuß	40 Prozent
große Zehe	5 Prozent
andere Zehe	2 Prozent
Auge	50 Prozent
Gehör auf einem Ohr	30 Prozent
Geruchssinn	10 Prozent
Geschmackssinn	5 Prozent

Liegt nur ein Teilverlust des Organs oder eine teilweise Funktionsbeeinträchtigung vor, wird ein entsprechender Teil des jeweiligen Prozentsatzes gezahlt.

Hat der Versicherungsnehmer eine Versicherungssumme von 50.000 Euro vereinbart und zieht er sich bei einem Sturz mit dem Motorrad eine Verletzung zu, von der eine Invalidität im rechten Ellbogengelenk von $^2/_{10}$ (also 20 Prozent) verbleibt, berechnet der Unfallversicherer die Invaliditätsleistung anhand der Gliedertaxe. Danach wird eine Invalidität im Arm bis oberhalb des Ellbogengelenks mit 65 Prozent bewertet. Wäre das Ellbogengelenk unfallbedingt vollständig beeinträchtigt, würde der Unfallversicherer 32.500 Euro (65 Prozent der Unfallversicherungssumme 50.000 Euro) ausbezahlen. Vorliegend ist das Ellbogengelenk aber nur teilweise, nämlich zu 20 Prozent beeinträchtigt. Der Unfallversicherer zahlt daher nur 20 Prozent von 32.500 Euro, vorliegend also 6.500 Euro, als Invaliditätsleistung aus.

02

In vielen Versicherungsverträgen ist mit älteren Versicherungsnehmern – ab dem 65., 70., 75. oder 80. Lebensjahr – vereinbart, anstelle einer einmaligen Leistung eine monatliche Rente zu zahlen.

Ältere Versicherungsnehmer

Sind Körperteile oder Sinnesorgane betroffen, die in der Gliedertaxe nicht benannt sind, bemisst sich die Invaliditätsleistung danach, inwieweit unter medizinischen Gesichtspunkten die normale körperliche oder geistige Leistungsfähigkeit insgesamt beeinträchtigt ist. Voraussetzung ist in jedem Fall eine vorliegende Beeinträchtigung.

Nach ständiger Rechtsprechung muss ein Unfallversicherer keine Leistung erbringen, wenn der Versicherungsnehmer bei einem Unfall eine Niere verliert und die verbleibende Niere den Verlust kompensiert.

Sind mehrere Körperteile oder Sinnesorgane durch den Unfall beeinträchtigt, werden ermittelte Invaliditätsgrade zusammengerechnet. Mehr als 100 Prozent der Invaliditätssumme werden jedoch auch dann nicht ausbezahlt, wenn mehrere Invaliditätsleistungen einen höheren Prozentsatz ergeben.

Übergangsleistung

Eine weitere Leistung, die vom Unfallversicherer erbracht werden kann, ist – so vertraglich vereinbart – die Übergangsleistung. Die Übergangsleistung ist dann im Versicherungsschein in einer bestimmten Summe festgelegt und wird im Regelfall ausbezahlt, wenn die normale körperliche oder geistige Leistungsfähigkeit des Versicherten unfallbedingt auch sechs Monate nach dem Unfall noch um mindestens 50 Prozent beeinträchtigt ist, ohne dass (unfallfremde) Krankheiten oder Gebrechen vorliegen.

Unfallkrankenhaustagegeld/Genesungsgeld

Häufig werden auch ein Unfallkrankenhaustagegeld sowie ein Genesungsgeld vereinbart. Das Krankenhaustagegeld wird für die Zeit gezahlt, in der die versicherte Person unfallbedingt im Krankenhaus behandelt wird. Gemeint sind nicht nur die Krankenhausaufenthalte, die unmittelbar nach dem Unfall stattfinden, sondern auch die der Folgebehandlungen. Gezahlt wird ein bestimmter in der Versicherungspolice festgelegter Betrag pro Tag im Krankenhaus; der erste und der letzte Tag des Aufenthalts gelten regelmäßig als ein und nicht als zwei Tag(e). Übrigens gilt das Krankenhaustagegeld, das im Rahmen der Unfallversicherung enthalten ist, anders als in der privaten Kranken(zusatz)versicherung regelmäßig auch für Rehabilitationsmaßnahmen. Die Zahlung eines Genesungsgelds – ein bestimmter im Versicherungsvertrag festgelegter Betrag – erfolgt dann im Anschluss an den Krankenhausaufenthalt wiederum für jeden Tag der Genesung vom Unfall. Auch wenn Unfallversicherer häufig damit werben, das Genesungsgeld würde für maximal 365 Tage ausbezahlt, sollte die Werbung nicht blenden. Im Regelfall wird das Genesungsgeld nämlich nur für so viele Tage gezahlt, wie die versicherte Person auch

Tipp

Mitversichert werden können auch kosmetische Operationen, die aufgrund eines Unfalls erforderlich oder nachvollziehbar sind, Bergungskosten und eine Kurkostenbeihilfe. Gerade neuere Versicherungsverträge werben mit einer Sofortleistung bei schweren Verletzungen oder Leistungen bei Knochenbrüchen (zum Beispiel für einen Armbruch 2.000 Euro unabhängig von der Frage, ob ein dauerhafter Invaliditätsschaden verbleibt).

im Krankenhaus gelegen hat. Die tatsächliche Zeit der Rekonvaleszenz bleibt unbeachtet.

Was ist sonst noch bei der Schadensregulierung wichtig?

Meistens wartet die versicherte Person den Heilungsverlauf der Unfallfolgen ab, bevor sie spätestens nach zwölf Monaten die Invalidität dem Versicherer anzeigt und während der drei folgenden Monate von einem Arzt bestätigen lässt. So kommt es, dass die meisten Unfallversicherer die Invaliditätsleistung auch erst nach einem Jahr erbringen. Meldet eine versicherte Person vorher dem Versicherer das Verbleiben einer unfallbedingten Invalidität, wird nach den Musterbedingungen eine Invaliditätsleistung nur maximal bis zur Höhe der vereinbarten Todesfallsumme ausbezahlt. Sowohl der Versicherer als auch die versicherte Person haben das Recht, den Grad der Invalidität jährlich, längstens bis zu drei Jahre nach dem Unfall, erneut ärztlich bemessen zu lassen.

02

Anzeige der Invalidität

Oftmals ist die nach drei Jahren festgestellte Invalidität gravierender als die nach einem Jahr festgestellte, sodass der Versicherer eine weitere Leistung nachzahlen muss. Dieser Mehrbetrag ist vom Versicherer zu verzinsen.

Näheres regeln die Versicherungsbedingungen; maximal liegt der Zinssatz bei fünf Prozent über dem Basiszinssatz. Der umgekehrte Fall, dass der Versicherer ein Jahr nach dem Unfall eine höhere Invalidität annimmt als drei Jahre nach dem Unfall tatsächlich verbleibt, kommt in der Praxis übrigens so gut wie nicht vor.

Ansprüche gegen den Unfallversicherer verjähren **drei Jahre nach dem Eintritt des Unfalls.** Während der Zeit, in der der Unfallversicherer den Anspruch prüft, ist die Frist gehemmt, das heißt, die Verjährungsfrist läuft in dieser Zeit nicht weiter.

Verjährungsfrist

Konkret und kompakt –
10 Schritte zur erfolgreichen Schadensregulierung

Die Unfallversicherung zahlt Ihnen, wenn Sie einen Unfall erlitten haben – abhängig vom Alter und den vereinbarten Versicherungen – einen Einmalbetrag oder eine Rente. Daneben können weitere Leistungen vereinbart werden, wie zum Beispiel ein Krankenhaustagegeld, wenn der stationäre Aufenthalt unfallbedingt erfolgt oder etwa bei einem Arm- oder Beinbruch eine Sofortleistung.

Im Schadensfall beachten Sie unbedingt folgende **10 Punkte:**

1. Zeigen Sie den Unfall umgehend Ihrem Unfallversicherer an, wenn für Sie eine Invalidität absehbar ist oder Sie neben der Invaliditätsleistung weitere Leistungen vereinbart haben. Ist durch den Unfall der Tod eingetreten, muss dies dem Unfallversicherer zumeist binnen 48 Stunden (!) angezeigt werden.

2. Melden Sie dem Unfallversicherer spätestens bis zu zwölf Monate nach dem Unfall, wenn beziehungsweise dass eine Invalidität verbleibt.

3. Lassen Sie durch einen Arzt – am besten den behandelnden Arzt – dem Unfallversicherer spätestens binnen 15 Monaten nach dem Unfall schriftlich anzeigen, dass eine Invalidität verbleibt. Selbst wenn der Arzt hofft, durch eine spätere Operation noch die Unfallfolgen beseitigen zu können, muss diese 15-Monatsfrist eingehalten werden.

4. Folgen Sie den Anweisungen des Versicherers. Fragen Sie im Zweifelsfall, was Sie nun zu tun haben.

5. Setzen Sie sich spätestens jetzt mit Ihrer Versicherungspolice und den zugehörigen Versicherungsbedingungen auseinander und befolgen, was dort zu „Obliegenheiten im Schadensfall" steht. Achten Sie auf die Anzeigefristen. Vereinzelt sind die in den Punkten zu 2) und 3) genannten Fristen auf zwei Jahre verlängert.

6. Füllen Sie die Schadensanzeige, die Ihnen der Versicherer nach der Meldung des Versicherungsfalls übersendet, korrekt und wahrheitsgemäß aus.

7. Ermächtigen Sie den Versicherer, bei dem behandelnden Arzt entsprechende Auskünfte zu Ihrer Erkrankung (und nur zu dieser!) einzuholen.

8. Bitten Sie Ihren Arzt, dem Versicherer sorgfältig zu antworten. Oftmals werden die für den Versicherer bestimmten Unterlagen im Vorzimmer

in aller Hektik ausgefüllt und enthalten fehlerhafte Angaben, die später nur schwer zu korrigieren sind.

9. Führen Sie die Korrespondenz mit dem Versicherer schriftlich, am besten mit Nachweisen (Fax, Einschreiben). Sagen Sie klar, innerhalb welcher Frist (zwei Wochen sind meist angemessen) Sie eine Antwort oder Zahlung erwarten. Muss der Versicherer Auskünfte bei Ihrem Arzt einholen, benötigt er etwas mehr Zeit. Eine Invaliditätsleistung wird im Regelfall erst zwölf Monate nach dem Unfall ausgezahlt; gegebenenfalls erhalten Sie bei der nächsten Untersuchung 36 Monate nach dem Unfall eine Nachzahlung, wenn sich Ihr Zustand verschlechtert hat.

10. Beauftragt der Versicherer einen Gutachter, verharmlosen Sie im Gutachtertermin Ihre Beschwerden nicht. Der Gutachter beobachtet im Übrigen bei jeder Geste, was und wie Sie es tun und lässt gegebenenfalls auch einfach einmal einen Stift auf den Boden fallen, um zu schauen, ob Sie sich wirklich so schlecht bücken können. Verlangen Sie vom Versicherer die zweite Untersuchung 36 Monate nach dem Unfall, wenn sich die Unfallfolgen nicht gebessert haben.

02

RECHTSSCHUTZVERSICHERUNG

Die Rechtsschutzversicherung übernimmt für ihren Versicherungsnehmer das Risiko, bei einem Streitfall die Kosten des außergerichtlichen und/oder gerichtlichen Verfahrens zu tragen. Gewinnt der Versicherungsnehmer, zahlt die Gegenseite; verliert der Versicherungsnehmer, übernimmt der Rechtsschutzversicherer genau dieses Risiko.

Was ist bei Vertragsabschluss wichtig?

Achten Sie darauf, wer Versicherungsnehmer ist und wer durch den Vertrag noch in den Schutz der Rechtsschutzversicherung kommt. Im Regelfall sind der Ehepartner, der Lebensgefährte, sofern er als mitversicherte Person gemeldet wurde, sowie die minderjährigen Kinder und die volljährigen, unverheirateten Kinder bis zum 25. Lebensjahr mitversichert, sofern sie nicht berufstätig sind.

Was ist standardmäßig versichert?

Bei der Rechtsschutzversicherung sind verschiedene Arten des Rechtsschutzes versicherbar. Einige Versicherer bieten ein Komplettpaket an, das die wichtigsten Arten umfasst; wieder andere stellen den Versicherungsschutz in einem Baukastenprinzip zusammen und nehmen einzelne Arten des Versicherungsschutzes mit auf. Genaues regelt die jeweilige Versicherungspolice in Zusammenhang mit den vereinbarten allgemeinen Rechtsschutzbedingungen (ARB).

Ordnungswidrigkeiten-Rechtsschutz

Oftmals ist Verkehrsrechtsschutz versichert. Gemeint sind Streitigkeiten, die im Zusammenhang mit der Teilnahme im Straßenverkehr auftreten können. Möchten Sie zudem auch Rechtsschutz für die Abwehr von Bußgeldern aufgrund von Ordnungswidrigkeiten erhalten, ist ein gesonderter Ordnungswidrigkeiten-Rechtsschutz erforderlich. Geht es um Rechtsprobleme im Zusammenhang mit Verträgen, die Sie als Eigentümer, Halter oder Fahrer eines Kfz durchsetzen möchten, zum Beispiel Gewährleistungsansprüche aus einem Kaufvertrag oder einer schlecht ausgeführten Reparatur, ist Fahrzeug-Rechtsschutz erforderlich, wobei das zu versichernde Kfz im Versicherungsschein mit dem amtlichen Kennzeichen einzutragen ist.

Der Eigentümer- und Mietrechtsschutz ist relevant für Streitigkeiten bei mietrechtlichen und grundstücksbezogenen Problemen sowie Steuerstreitigkeiten vor Gericht. Wichtig ist, dass in der Versicherungspolice das richtige Gebäude genannt ist.

Diverse wichtige und strittträchtige Angelegenheiten sind vom Versicherungsschutz ausgenommen, insbesondere

- wird für familienrechtliche Streitigkeiten (Scheidung!) maximal eine Erstberatung übernommen

- sind keine Rechtsstreitigkeiten vom Versicherungsschutz gedeckt, die im Zusammenhang mit dem Kauf eines neuen Hauses stehen, sind arbeits-, sozial- und verwaltungsgerichtliche Streitigkeiten nur versichert, wenn sie vor dem Arbeits-, Sozial- oder Verwaltungsgericht durchgeführt werden, nicht aber die außergerichtliche Tätigkeit des Anwalts

02

Versichert ist ein Schadensfall erst nach Ablauf der Wartezeit. Meistens vereinbaren Rechtsschutzversicherer eine Wartezeit von drei Monaten, das heißt, der Versicherungsschutz wird nur für solche Fälle geleistet, die nach Ablauf der Wartezeit eingetreten sind. Schließt jemand zum 1. Januar 2012 einen Versicherungsvertrag und gilt eine Wartezeit von drei Monaten als vereinbart, so ist die Geltendmachung von Schadensersatzansprüchen aus einem Verkehrsunfall erst dann vom Versicherungsschutz gedeckt, wenn der Verkehrsunfall nach Ablauf von drei Monaten, also nach dem 1. April 2012 eingetreten ist. Wechselt der Versicherungsnehmer die Rechtsschutzversicherung und hat lückenlosen Versicherungsschutz, entfällt die Wartezeit üblicherweise und der neue Versicherer verpflichtet sich durch eine Selbstverpflichtungserklärung, für die Prozesskosten einzustehen, wenn keine Haftung des ehemaligen Rechtsschutzversicherers mehr gegeben ist.

Problematisch sind häufig Fälle, bei denen sich der Versicherer auf Vorvertraglichkeit beruft. Zumeist gewährt der Rechtsschutzversicherer nur dann Rechtsschutz, wenn sowohl der Schaden als auch seine Ursache nach Abschluss des Versicherungsvertrags liegen. Was die Schadensursache ist, ist dabei oft umstritten. Hat beispielsweise der Versicherungsnehmer im Jahr 2000 eine neue Wohnung bezogen, bei der der Vermieter im Januar 2003 eine neue Heizung hat einbauen lassen, die immer wieder ausfällt, wäre ein Rechtsschutzversicherungsvertrag aus dem Januar 2002 darauf abzustellen, ob die Schadensursache die Anmietung der Wohnung im Jahr

Tipp

Zu bevorzugen sind Rechtsschutzversicherungen, die weitestgehend die Schadensereignistheorie zugrunde legen, also darauf abstellen, wann sich der Schaden ereignet hat. Es gibt sie jedoch nicht für Straf- und Steuerrechtsschutz. Im Rechtsschutzversicherungsvertrag nennt sich dies zumeist „Vorsorgeschutz für neu hinzukommende Risiken".

Vorvertraglichkeit

2000 (also vor Abschluss des Rechtsschutzversicherungsvertrags und nicht versichert) oder aber der Austausch der Heizung (das heißt, nach Abschluss des Rechtsschutzversicherungsvertrags und damit versichert) ist.

Welche Obliegenheiten muss der Versicherungsnehmer beachten – vor, beim und nach dem Schadensfall?

Tipp

Wichtig für den Versicherungsnehmer ist, den Versicherer zu informieren, sobald sich das Risiko für den Versicherungsvertrag ändert, also eine Gefahrerhöhung eintritt. Dies kann zum Beispiel beim Vermieter-Rechtsschutz die Erhöhung der Jahresbruttomiete sein.

Im Schadensfall, also wenn die Wahrnehmung Ihrer rechtlichen Interessen erforderlich wird, müssen Sie

- dem Versicherer den Rechtsschutzfall unverzüglich – gegebenenfalls auch mündlich oder telefonisch – anzeigen,

- den Versicherer vollständig und wahrheitsgemäß über sämtliche Umstände des Rechtsschutzfalles unterrichten, Beweismittel angeben und die Unterlagen auf Verlangen des Versicherers zur Verfügung stellen,

- Kosten auslösende Maßnahmen mit dem Versicherer abstimmen. Zum Beispiel wenn eine Klage eingereicht werden soll, müssen Sie nach Möglichkeit den Schaden, also die dem Versicherer entstehenden Kosten, mindern. Gerade diese Klausel, die in den Versicherungsbedingungen unterschiedlich ausgestaltet sein dürfte, dürfte für den Versicherungsnehmer kaum zu bewältigen sein, da er ohne die erforderliche Rechtskenntnis nicht entscheiden kann, wann welcher Klageantrag gegen welchen Gegner zu stellen ist.

Rechtsanwaltskosten

All dies sind Pflichten, die Sie selbst zu erfüllen haben. Nicht selten denkt der Versicherungsnehmer, er habe mit der Abgabe der Kontaktdaten seines Rechtsschutzversicherers beim Rechtsanwalt alles getan. Hier sollten Sie aber zumindest abklären, ob der beauftragte Rechtsanwalt diese Dienstleistung als kostenfreien Service erbringt oder mit welchen Kosten zu rechnen ist. Für den Rechtsanwalt bedeutet die Korrespondenz mit dem Rechtsschutzversicherer nämlich eine zusätzliche und nicht immer leicht und/oder schnell zu erledigende Aufgabe.

Sie haben als Versicherungsnehmer nicht nur gegenüber dem Rechtsschutzversicherer, sondern auch gegenüber dem Rechtsanwalt Pflichten zu beachten, insbesondere ihn vollständig und wahrheitsgemäß zu unterrichten, ihm die Beweismittel anzugeben, die möglichen Auskünfte zu erteilen und die notwendigen Unterlagen zu beschaffen.

02

Bei einer vorsätzlichen Verletzung der Obliegenheiten ist der Versicherer leistungsfrei; eine einfach fahrlässige Verletzung bleibt für den Versicherungsnehmer folgenlos. Verletzt der Versicherungsnehmer eine der Obliegenheiten grob fahrlässig, kann der Versicherer die Leistung kürzen, aber nur dann, wenn die Obliegenheitsverletzung tatsächlich Einfluss auf die Feststellung oder die Höhe des Schadens, also die vom Rechtsschutzversicherer zu übernehmenden Kosten, hatte.

Einschränkungen bei
Kostenübernahme

Was zahlt die Versicherung im Schadensfall?

Der Rechtsschutzversicherer zahlt die Gebühren des **Gerichts, einschließlich der Kosten für Zeugen, Sachverständige und Gerichtsvollzieher.** Er übernimmt außerdem die Kosten der **Rechtsanwälte,** allerdings üblicherweise nur in der Höhe, die das Rechtsanwaltsvergütungsgesetz (RVG) hier vorsieht und wie sie in Abhängigkeit vom Gegenstandswert berechnet werden. Nicht selten versuchen Rechtsanwälte, hier anstelle einer Abrechnung nach dem Gegenstandswert eine Honorarvereinbarung nach Stunden oder pauschal zu treffen. Die hierdurch regelmäßig entstehenden Mehrkosten übernimmt der Rechtsschutzversicherer nicht. Er übernimmt auch nicht die entstehenden Kosten, wenn der Versicherungsnehmer mit dem zuerst beauftragten Anwalt unzufrieden ist und zu einem anderen Anwalt wechselt. Oftmals enthalten die Versicherungsverträge weitere Einschränkungen, zum Beispiel dazu, dass der Rechtsanwalt nicht mehr als 100 Kilometer vom Versicherungsnehmer entfernt tätig sein darf, da andernfalls die Mehrkosten nicht übernommen werden.

Tipp
Die Versicherung übernimmt die Kosten bis zur Höhe der vereinbarten Versicherungssumme, die in aktuellen Verträgen bei etwa 150.000 Euro liegt.

Was ist sonst noch bei der Schadensregulierung wichtig?

Lehnt der Rechtsschutzversicherer die begehrte Deckungszusage für einen Rechtsstreit ab, sehen einige Versicherungsbedingungen oft vor, dass der Versicherungsnehmer die Rechtsschutzversicherung auch nicht dafür nutzen kann, um gegen den Rechtsschutzversicherer wegen der Ablehnung zu klagen. Es bleibt ein Verfahren vor dem Versicherungsombudsmann möglich. Alternativ sehen die Versicherungsbedingungen im Falle der Ablehnung der Kostendeckung des Rechtsschutzfalls durch den Rechtsschutzversicherer entweder ein Schiedsgutachten oder einen Stichentscheid vor.

Stichentscheid

Voraussetzungen für einen Stichentscheid sind, dass der Versicherer die Kostenübernahme wegen Mutwilligkeit oder Erfolglosigkeit abgelehnt hat, die Ablehnung dem Versicherungsnehmer unverzüglich mitgeteilt wurde und der Versicherungsnehmer auf die Möglichkeit des Stichentscheid-Verfahrens hingewiesen worden ist. Das Stichentscheid-Verfahren wird von dem beauftragten Rechtsanwalt des Versicherungsnehmers durchgeführt. Er hat sich in seiner Stellungnahme ausschließlich mit der Begründetheit beziehungsweise Unbegründetheit der Ablehnung der Kostendeckung durch den Rechtsschutzversicherer auseinanderzusetzen. Die Entscheidung ist für beide Parteien des Versicherungsvertrags bindend, wenn sie nicht von der wirklichen Sach- und Rechtslage erheblich abweicht. Als Versicherungsnehmer können Sie, wenn die Entscheidung für Sie negativ ausfällt, Deckungsklage erheben, das heißt gegen den Versicherer klagen, damit dieser die Kosten des beabsichtigten Rechtsstreits übernimmt. Die Kosten des Stichentscheid-Verfahrens trägt der Rechtsschutzversicherer.

Schiedsgutachten

Bei Rechtsschutzverträgen nach den ARB 94 ist der Stichentscheid nicht möglich. Hiernach gibt es nur die Möglichkeit des Schiedsgutachtens. Voraussetzungen des Schiedsgutachten-Verfahrens sind, dass nach der Ansicht des Rechtsschutzversicherers der Kostenaufwand zur Wahrnehmung der rechtlichen Interessen des Versicherungsnehmers in einem groben Missverhältnis zum angestrebten Erfolg steht (Mutwilligkeit) oder die Wahrnehmung der rechtlichen Interessen keine hinreichende Aussicht auf Erfolg hat (mangelnde Erfolgsaussicht). Entscheidet sich der Versicherungsnehmer für das Schiedsgutachten, ist der Rechtsschutzversicherer verpflichtet, das Verfahren innerhalb eines Monats nach dem Zugang der Erklärung des Versicherungsnehmers einzuleiten. Als Schiedsgutachter kommt ein Rechtsanwalt in Betracht, der seit mindestens fünf Jahren zugelassen ist und der von der für den Wohnsitz des Versicherungsnehmers zuständigen Rechtsanwaltskammer ausgewählt wird. Der Schiedsgutachter entscheidet dann im schriftlichen Verfahren und nur anhand der Unterlagen, die ihm vorgelegt werden. Die Entscheidung des Schiedsgutachters ist für den Rechtsschutzversicherer, nicht aber für den Versicherungsnehmer bindend. Ist die Ablehnung der Deckungszusage des Rechtsschutzfalls gänzlich oder teilweise unberechtigt, muss der Rechtsschutzversicherer die Kosten des Schiedsgutachters und die des Versicherungsnehmers tragen. Andernfalls hat der Versicherungsnehmer die Kosten des Schiedsgutachters und seine eigenen Kosten zu tragen.

Tipp

Der Rechtsschutzversicherer hat Ihnen die Ablehnung der Kostenübernahme als Versicherungsnehmer schriftlich mitzuteilen und Sie auf die Möglichkeit der Einleitung eines Schiedsgutachten-Verfahrens sowie die Frist und die Kosten des Verfahrens hinzuweisen.

**Konkret und kompakt –
10 Schritte zur erfolgreichen Schadensregulierung**

Die Rechtsschutzversicherer deckt das Kostenrisiko ab, das Ihnen für die Beauftragung Ihres Anwalts, des Gerichts, eines gerichtlich bestellten Gutachters und aus den Anwaltskosten der Gegenseite entsteht.

Im Schadensfall beachten Sie unbedingt folgende **10 Punkte:**

1. Setzen Sie sich spätestens jetzt mit Ihrer Versicherungspolice und den zugehörigen Versicherungsbedingungen auseinander und befolgen, was dort zu „Obliegenheiten im Schadensfall" steht.

2. Zeigen Sie dem Versicherer den Rechtsschutzfall unverzüglich – gegebenenfalls auch mündlich oder telefonisch – an.

3. Unterrichten Sie den Versicherer vollständig und wahrheitsgemäß über sämtliche Umstände des Rechtsschutzfalles. Fragen Sie, welche Unterlagen der Rechtsschutzversicherer zur weiteren Prüfung wünscht, und stellen Sie ihm diese zur Verfügung.

4. Übernimmt ein Anwalt für Sie diese sogenannte Deckungsanfrage, achten Sie darauf, dass der Sachverhalt korrekt wiedergegeben und vor allem kein zu frühes Datum genannt ist, an dem der geltend gemachte Umstand eingetreten sein soll.

5. Klären Sie vorher mit dem Anwalt schriftlich (!) ab, welche Kosten er Ihnen für die Korrespondenz mit dem Rechtsschutzversicherer berechnet. Regeln Sie mit ihm klar, welche Tätigkeiten er erledigen soll, auch wenn die Rechtsschutzversicherung nicht greift, und lassen Sie sich die Kosten nennen, die für die bis dahin angefallene Beratung und gegebenenfalls Korrespondenz entstanden ist.

6. Übersendet der Rechtsschutzversicherer eine Deckungszusage, prüfen Sie vor der Beauftragung des Anwalts, ob sich die Deckungszusage nur auf das erste Beratungsgespräch, die außergerichtliche Tätigkeit oder schon auf ein Gerichtsverfahren bezieht. Zumeist gilt die erste Deckungszusage nur für ein Beratungsgespräch.

7. Gibt es Streit über die Frage, ob der Rechtsschutzversicherer zur Übernahme der Kosten verpflichtet ist, lassen Sie – je nach den Bedingungen, die Ihrem Vertrag zugrunde liegen – einen Stichentscheid oder ein Schiedsgutachten durchführen.

8. Führen Stichentscheid oder Schiedsgutachten nicht zur gewünschten Deckungszusage, können Sie kostenfrei den Versicherungsombudsmann e.V. um Hilfe bitten.

9. Die Rechtsschutzversicherung versichert nur die Geltendmachung von Schadensersatzansprüchen; für die Abwehr von unbegründeten oder überhöhten Schadensersatzansprüchen durch Dritte haben Sie bei Ihrem Haftpflichtversicherer einen sogenannten passiven Rechtsschutz. Bitten Sie in diesen Fällen also den Haftpflichtversicherer um eine Deckung.

10. Bei Rechtsschutzversicherungen gilt grundsätzlich die freie Anwaltswahl, das heißt, Ihr Rechtsschutzversicherer darf Ihnen den Anwalt

grundsätzlich nicht vorgeben. Einige Rechtsschutzversicherer bieten neue Tarife, bei denen es günstiger ist, einen vom Versicherer vorgeschriebenen Anwalt zu beauftragen. Ob dies überhaupt zulässig ist, klärt in Kürze der Bundesgerichtshof. Besser ist, wenn Sie einen Anwalt (Fachanwalt!) selbst auswählen, der kompetent für das betroffene Rechtsgebiet ist.

02

RESTSCHULDVERSICHERUNG

Im Zusammenhang mit einem Darlehen verlangen Banken häufig den Abschluss eines Versicherungsvertrags, der die Ratenzahlung sicherstellt, wenn der Darlehensnehmer die monatlich vereinbarte Rate wegen Tod, Arbeitsunfähigkeit oder Arbeitslosigkeit nicht zahlen kann.

In fast allen Fällen ist die Restschuldversicherung über Gebühr teuer, das heißt, die über Darlehenszinsen bezahlte Versicherungsprämie ist viel zu hoch für das versicherte Risiko. Die Restschuldversicherung ist je nach Bank und dem von der Bank gewähltem Versicherer sehr unterschiedlich ausgestaltet; vor allem aber unterscheidet sie sich in zwei Punkten gravierend von anderen Versicherungen.

Versicherungsnehmer des Vertrags über eine Restschuldversicherung wird im Regelfall nicht der Darlehensnehmer, sondern die Bank selbst. Der Darlehensnehmer ist nur versicherte Person, das heißt, er hat deutlich weniger Rechte, den Vertrag mitzugestalten. Vor allem aber gehen sämtliche Zahlungen, die bei Tod, Arbeitsunfähigkeit oder Arbeitslosigkeit vom Versicherer gezahlt werden, direkt auf das Darlehenskonto des Darlehensnehmers und nicht an ihn. Damit sichert die Bank das von ihr gegebene Darlehen ab.

Ein weiterer entscheidender Unterschied zu einer Lebens- oder Berufsunfähigkeitsversicherung, die dem Versicherungs-

Vorsicht

Erst wenn der Versicherungsfall eintritt und die versicherte Person verstirbt, arbeitsunfähig oder arbeitslos wird, interessiert sich der Restschuldversicherer erstmalig für den Gesundheitszustand der versicherten Person beziehungsweise für Einzelheiten seines Arbeitsverhältnisses. Mit großem Erschrecken stellt die versicherte Person dann erst fest, dass der Versicherungsvertrag diverse Ausschlüsse vorsieht.

schutz ein wenig ähnelt, ist, dass bei Antragstellung keine Gesundheitsfragen gestellt werden, das heißt, der Darlehensnehmer, der den Versicherungsvertrag abschließt, reflektiert überhaupt nicht, ob der angebotene Versicherungsschutz für ihn lohnt beziehungsweise im Versicherungsfall greift.

Was tun bei Eintritt des Versicherungsfalls?

Die meisten Versicherungsbedingungen sehen in der Restschuldversicherung vor, dass weder der Todesfall noch die Arbeitsunfähigkeit vom Versicherungsschutz gedeckt ist, wenn „der Versicherungsfall innerhalb der ersten 24 Monaten nach Beginn des Versicherungsschutzes eintritt und mit den bekannten ernstlichen Erkrankungen (zum Beispiel Erkrankungen des Herzens und des Kreislaufs, der Wirbelsäule und Gelenke, der Verdauungsorgane, Krebs, HIV-Infektion/Aids, psychische Erkrankungen, chronische Erkrankungen) oder Unfallfolgen in ursächlichem Zusammenhang steht, wegen derer die versicherte Person in den letzten zwölf Monaten vor Beginn des Versicherungsschutzes ärztlich beraten oder behandelt wurde". Die zumeist viel zu klein gedruckte Klausel ist bereits von diversen Gerichten für unwirksam gehalten worden, da sie den Darlehensnehmer, also die versicherte Person, unangemessen benachteiligt. Vom Versicherungsschutz, der sich ohnehin nur auf die Laufzeit des Darlehens, also meist über drei bis sieben Jahre erstreckt, bleibt nicht so viel übrig, wenn in den ersten zwei Jahren der Leistungsfall wegen der vorherigen Behandlung nicht reguliert werden soll. Hinzu kommt, dass sich aus der zitierten Klausel auch nicht klar entnehmen lässt, welche Erkrankungen genau gemeint sind.

Aufgrund der Rechtsprechung wandeln sich die von Restschuldversicherern verwendeten Klauseln – die einzelnen Erkrankungen werden nun genauer erläutert. Ob dies vor jedem Gericht zur Wirksamkeit der Klauseln führt, bleibt abzuwarten. Aktuell gibt es noch gute Chancen, zumindest einen Vergleich mit dem Restschuldversicherer über dessen Leistungspflicht zu erzielen.

Ähnlich überraschend und damit nach Auffassung einiger Gerichte unwirksam ist die Klausel in der Arbeitsunfähigkeitsversicherung, wonach der Versicherungsschutz erlischt, wenn die versicherte Person das **56. Lebensjahr** (kein Druckfehler, gemeint ist das 56., nicht das 65. Lebensjahr) erreicht oder aber sie nicht mehr (temporär) arbeitsunfähig, sondern (dauerhaft) **berufsunfähig** ist oder aber die **Arbeitsunfähigkeit ununterbrochen zwölf Monate andauert.** Da eine Karenzzeit, also eine Wartezeit von meist sieben Wochen, vorgesehen ist, bevor der Versicherer die Leistung erbringt, verkürzt sich der mögliche Anspruch auf Leistungen aus der Arbeitsunfähigkeitsversicherung auch erheblich, wenn der Restschuldversicherer nicht mehr leisten muss, sobald die Arbeitsunfähigkeit nicht mehr nur temporär ist oder länger als zwölf Monate dauert.

Auch die Restschuldversicherung bei Arbeitslosigkeit enthält Einschränkungen und Ausschlüsse, die den Darlehensnehmer sicherlich überraschen. Insbesondere sind nur solche Personen gegen Arbeitslosigkeit versichert, die vorher für einen gewissen Zeitraum in einem festen und unbefristeten Arbeitsverhältnis gestanden haben. Überraschend und möglicherweise unwirksam ist auch die Klausel, dass der Versicherer zwar erst nach Ablauf der Karenzzeit von zwei Monaten zahlt, dafür die Leistungspflicht aber nach einem Jahr nach Beginn der Arbeitslosigkeit, also nach zehn Monaten Zahlung, endet.

Arbeitslosigkeit

Der Versicherungsnehmer, der auch bei der Restschuldversicherung den Versicherungsfall unverzüglich zu melden hat, hat oft gute Chancen, bei einer Ablehnung gegen den einen oder anderen Punkt, den der Versicherer anführt, vorzugehen. Die Verjährungsfrist beträgt auch hier drei Jahre.

02

Konkret und kompakt –
10 Schritte zur erfolgreichen Schadensregulierung

Die Restschuldversicherung zahlt gegen eine sehr hohe Prämie, die Sie zumeist über einen abgeschlossenen Kredit mitfinanzieren, an Ihren Darlehensgeber die vereinbarten Raten, wenn Sie – je nach Vertragskonstellation – versterben, arbeitsunfähig oder arbeitslos werden.

Im Schadensfall beachten Sie unbedingt folgende **10 Punkte:**

1. Setzen Sie sich spätestens jetzt mit Ihrer Versicherungspolice und den zugehörigen Versicherungsbedingungen auseinander. Haben Sie den Versicherungsvertrag über die darlehensgebende Bank abgeschlossen, finden Sie die Bedingungen an Ihren Darlehensvertrag angeheftet.

2. Melden Sie den Schaden umgehend Ihrem Versicherer und auch der Bank, die Ihnen die Restschuldversicherung vermittelt hat.

3. Folgen Sie den Anweisungen des Versicherers. Fragen Sie im Zweifelsfall, was Sie nun zu tun haben. Stellen Sie dem Versicherer die erforderlichen Unterlagen zur Verfügung wie zum Beispiel ärztliche Atteste oder die Kündigung Ihres Arbeitgebers.

4. Bei einer Versicherung für den Todesfall übersenden Sie dem Versicherer eine Sterbeurkunde des Verstorbenen und einen Erbschein.

5. Bei einer Versicherung im Falle der Arbeitsunfähigkeit übersenden Sie dem Versicherer auf dessen Nachfrage ärztliche Atteste sowie eine Schweigepflichtentbindung bezogen auf die relevante Erkrankung.

6. Bei einer Versicherung für den Fall der Arbeitslosigkeit senden Sie dem Versicherer auf Nachfrage das Kündigungsschreiben des Arbeitgebers. Wichtig ist, dass aus diesem hervorgeht, dass Sie aus betriebsbedingten Gründen gekündigt wurden. Bei entsprechender Regelung in den Versicherungsbedingungen überlassen Sie dem Versicherer auch die Meldung bei der Agentur für Arbeit.

7. Lassen Sie sich durch die erste Ablehnung nicht entmutigen. Gerade Restschuldversicherer verwenden häufig Klauseln, die von Gerichten für unwirksam erachtet werden. Holen Sie sich hierzu den Rat eines Fachanwalts ein, ob Sie nicht doch die volle oder zumindest einen Teil der Leistung geltend machen können.

8. Unterbreitet Ihnen der Versicherer ein Angebot zur Regulierung Ihres Versicherungsfalls, das „nur jetzt und sofort" gilt, erbitten Sie einige

Tage Bedenkzeit. Das Angebot wird es auch noch in der nächsten Woche geben, wenn Sie die Gelegenheit hatten, es von einem Sachkundigen prüfen zu lassen.

9. Streiten Sie mit dem Restschuldversicherer um Rechtsfragen, kann der Versicherungsombudsmann kostenfrei eingeschaltet werden. Leider sind jedoch nicht alle Restschuldversicherer dort Mitglied, das heißt, sie unterwerfen sich nicht seiner Entscheidung.

10. Führen Sie die Korrespondenz mit dem Versicherer schriftlich, am besten mit Nachweisen (Fax, Einschreiben). Sagen Sie klar, innerhalb welcher Frist (zwei Wochen sind meist angemessen) Sie eine Antwort oder eine Zahlung auf Ihr Darlehenskonto erwarten.

02

EIGENE PRIVATE HAFTPFLICHTVERSICHERUNG

Die Haftpflichtversicherung bietet dem Versicherungsnehmer Schutz dafür, dass ein Geschädigter ihn aufgrund „gesetzlicher Haftpflichtbestimmungen privatrechtlichen Inhalts" in Anspruch nimmt und Schadensersatz- und gegebenenfalls auch Schmerzensgeldforderungen geltend macht.

Die Haftpflichtversicherung erfüllt damit zwei Funktionen:

• Sie zahlt für den Versicherungsnehmer den Ersatz der Schäden, die der Versicherungsnehmer einfach oder grob fahrlässig angerichtet hat. Oftmals trifft den Versicherungsnehmer für einen Schaden, den er angerichtet hat, kein Verschulden, sodass nach den gesetzlichen Haftpflichtbestimmungen, hier besonders nach § 823 BGB, gar kein Anspruch gegen den Versicherungsnehmer besteht. Dann muss weder der Versicherungsnehmer noch sein Haftpflichtversicherer für den Schaden geradestehen.

Ein „Klassiker" ist ein Schaden, den ein deliktsunfähiges Kind anrichtet. Fährt ein sechs Jahre altes Kind ordentlich auf dem Fahrradweg und schert plötzlich nach links aus, wo es einen PKW touchiert und zerkratzt, haftet das Kind nicht selbst. Der Mutter, die als Aufsichtsperson hinter dem Kind hergefahren ist und das Kind angewiesen hat, auf dem Fahrradweg zu fahren und ausreichend Abstand zu den parkenden Autos zu halten, kann keine Verletzung der Aufsichtspflicht vorgeworfen werden.

Das Kind ist nicht deliktsfähig und die Mutter hat nicht schuldhaft gehandelt; der Eigentümer des Kfz trägt den entstandenen Schaden selbst, wenn nicht die Mutter in dem Versicherungsvertrag gesondert eine Zusatzvereinbarung dahingehend getroffen hat, dass auch Schäden von deliktsunfähigen Kindern bezahlt werden.

Fehlendes Verschulden und damit keine Leistungspflicht des Haftpflichtversicherers besteht beispielsweise auch dann, wenn dem Versicherungsnehmer bei einer Zugfahrt so übel wird, dass er sich übergeben muss und hierbei die neue Seidenjacke seines Sitznachbars beschmutzt. Für die plötzliche Übelkeit kann der Versicherungsnehmer nichts, daraus entsteht ihm kein Vorwurf. Etwas anderes würde dann gelten, wenn der Versicherungsnehmer um seine Anfälligkeit für Übelkeit und Erbrechen bei Zugfahrten weiß. Dann müsste er sich so verhalten, dass beim Sitznachbarn kein Schaden eintritt, zum Beispiel indem er eine Tüte bereithält, sich nahe der Toilette aufhält oder einfach anstelle des Zugs die Fahrt mit dem Auto wählt. Macht er dies nicht, handelt er fahrlässig und damit schuldhaft; ein eintretender Schaden wäre von ihm beziehungsweise seinem Haftpflichtversicherer zu regulieren.

- Ferner vertritt die Haftpflichtversicherung Sie als Versicherungsnehmer gegen solche Schadensersatzforderungen, für die Sie von einem geschädigten Dritten zu Unrecht in Anspruch genommen werden. Die Haftpflichtversicherung ist also ein Stück weit eine Rechtsschutzversicherung für die Abwehr unberechtigter Schadensersatzansprüche. Die Rechtsschutzversicherung versichert im Regelfall nur die

Geltendmachung von Schadensersatzansprüchen, kann also vorliegend auch gar nicht in Anspruch genommen werden.

Was ist bei Vertragsabschluss wichtig?

Bei Abschluss des Versicherungsvertrags müssen Sie darauf achten, eine ausreichende Versicherungssumme für Personen-, Sach- und Vermögensschäden zu vereinbaren.

Überprüfen Sie auch, wer neben dem Versicherungsnehmer noch den Versicherungsschutz genießt. Unproblematisch ist, wenn es sich dabei um den Ehepartner und den in den Versicherungsschein aufgenommenen Lebensgefährten, der mit dem Versicherungsnehmer zusammenwohnt, handelt, ferner bei eigenen minderjährigen Kindern, die im selben Haushalt wohnen und noch zur Schule gehen. Meistens sind die Kinder auch noch versichert, wenn sie eine erste Ausbildung absolvieren und weiterhin zu Hause wohnen. Probleme gibt es mit dem Haftpflichtversicherer aber oft dann, wenn der Bildungsweg der Kinder ein Au-Pair-Jahr enthält oder das Kind nach Abschluss der Schulausbildung auf einen Ausbildungsplatz warten muss.

Was ist standardmäßig versichert?

Versichert ist die gesetzliche Haftpflicht, also das, was Sie nach den Vorschriften des Bürgerlichen Gesetzbuchs aus Ihrem Privatvermögen zu zahlen hätten, wenn Sie keine Haftpflichtversicherung hätten. Dies können Personen-, Sach- oder Vermögensschäden sein, die dadurch eingetreten sind, dass Sie als Versicherungsnehmer eine Person verletzt oder eine Sache beschädigt oder zerstört haben. Geleistet wird nur dann, wenn den Versicherungsnehmer ein Verschulden trifft und er einfach fahrlässig oder grob fahrlässig gehandelt hat. Schäden, die der Versicherungsnehmer (bedingt) vorsätzlich anrichtet, sind nicht vom Versicherungsschutz gedeckt.

02

Ausreichende
Versicherungssumme
vereinbaren

Tipp

Empfohlen wird eine Mindestversicherungssumme von 3.000.000 Euro pauschal für Personen- und Sachschäden.

Bedingter Vorsatz/grobe Fahrlässigkeit

Bedingter Vorsatz ist anzunehmen, wenn der Versicherungsnehmer weiß, dass ein bestimmtes Handeln einen Schaden verursachen kann (zum Beispiel Tennisspielen im Wohnzimmer von Freunden) und er den Schaden (zum Beispiel den Bruch des teuren Porzellans) billigend in Kauf nimmt. Geht der Versicherungsnehmer hingegen davon aus, Tennisspielen in der fremden Wohnung könne zwar einen Schaden am Porzellan verursachen, aber vertraut darauf, dass kein Schaden eintritt, liegt kein bedingter Vorsatz, sondern nur grobe Fahrlässigkeit vor. Der Versicherer wäre hier leistungspflichtig. Die Abgrenzung ist zuweilen schwierig; einige Haftpflichtversicherer dehnen den Anwendungsbereich des bedingten Vorsatzes viel zu weit aus und erstrecken ihn – zu Unrecht – auch auf solche Fälle, die „grob fahrlässiges Handeln" bedeuten. „Bedingter Vorsatz" lässt sich übersetzen mit „ist mir egal, ob etwas passiert"; grobe Fahrlässigkeit steht für „es wird schon nichts passieren".

Schäden an Sachen von Mitversicherten

Einen Ausschluss sieht die Privathaftpflichtversicherung zudem vor für Schäden, die bei Mitversicherten und/oder Angehörigen angerichtet werden, wenn zum Beispiel der Ehemann versehentlich das Rotweinglas umwirft und die rote Flüssigkeit in die auf dem Boden stehende Handtasche seiner Ehefrau läuft. Wer genau vom Versicherungsschutz der Haftpflichtversicherung umfasst ist und als Mitversicherter oder als Angehöriger gilt, regeln die jeweiligen Versicherungs- und Vertragsbedingungen.

Schäden an fremden Sachen

Ein in der Praxis ganz wichtiger Ausschluss ist auch der für solche Schäden, die der Versicherungsnehmer an fremden Sachen anrichtet, die er gemietet, geleast, gepachtet, geliehen, durch verbotene Eigenmacht erlangt hat oder die Gegenstand eines besonderen Verwahrungsvertrags sind.

02

Wer sich für den Urlaub vom Nachbarn die Digitalkamera
ausleiht und diese beim Strandspaziergang versehentlich so
abstellt, dass sie hinterher voller Sand ist, haftet für den entstandenen
Schaden selbst und kann nicht seine Privathaftpflichtversicherung in
Anspruch nehmen.

Eine Ausnahme von der Ausnahme gibt es für gemietete,
geliehene oder gepachtete Sachen dann, wenn es sich um
Immobilien handelt. Wer in der gemieteten Wohnung oder
in einer Ferienwohnung fahrlässig einen Schaden anrichtet,
kann auf die Regulierung des Schadens durch seinen Privathaftpflichtversicherer vertrauen – allerdings nur den Schaden,
der am Gebäude und nicht am Mobiliar oder einer anderen
beweglichen Sache eingetreten ist. Näheres regeln die BBR,
die Besonderen Bedingungen und Risikobeschreibungen zur
Privathaftpflichtversicherung. Gegen Aufpreis können bei einigen Versicherern auch Schäden an beweglichen gemieteten
Sachen versichert werden.

BBR

Ein weiterer gravierender Ausschluss sind Haftpflichtansprüche wegen Schäden, die der Versicherungsnehmer an fremden Sachen anrichtet, die durch eine gewerbliche oder berufliche Tätigkeit des Versicherungsnehmers entstanden sind. Der
angestellte oder selbstständige Tischler, der das Schloss des
Holzschranks ausbauen soll und versehentlich beim Ausbau
mit dem Hammer nicht vor das defekte Schloss, sondern in die
Schranktüre schlägt, erhält seitens der Privathaftpflichtversicherung keinen Ersatz für den angerichteten Schaden. Hier
greift gegebenenfalls die Berufs- oder Betriebshaftpflichtver-
sicherung, sofern eine solche abgeschlossen ist.

Ebenfalls nicht versichert sind Schäden, die im Zusammenhang
mit dem Gebrauch oder Betrieb eines Kfz entstehen. Verlässt
der Fahrer oder der Beifahrer eines Kfz das Fahrzeug, ohne auf
das benachbarte Fahrzeug zu achten und schlägt eine Delle in
das andere Fahrzeug, entsteht der Schaden beim Aussteigen,

Schäden durch
Gebrauch oder Betrieb
eines Kfzs

was nach überwiegender Auffassung als Gebrauch des Fahrzeugs verstanden wird. Eintrittspflichtig ist die Kfz-Haftpflichtversicherung, nicht die Privathaftpflichtversicherung.

Übertragung einer Krankheit

Ausgeschlossen sind nach den meisten Versicherungsbedingungen auch Haftpflichtansprüche wegen Personenschäden, die aus der Übertragung einer Krankheit des Versicherungsnehmers resultieren, es sei denn, der Versicherungsnehmer kann beweisen, dass er weder vorsätzlich noch grob fahrlässig gehandelt hat.

In einem Gefälligkeitsverhältnis fahrlässig verursachte Schäden

Ein weiterer Ausschluss vom Versicherungsschutz, der sich allerdings nicht aus den Versicherungsbedingungen, sondern aus den Regelungen des BGB ergibt, sind Schäden, die in einem Gefälligkeitsverhältnis fahrlässig verursacht worden sind. Die Ablehnung des Versicherers wegen eines Gefälligkeitsschadens überrascht Versicherungsnehmer immer wieder, gleichwohl aber auch die juristische Einschätzung, dass der Geschädigte den Schaden auch nicht vom Versicherungsnehmer erstattet bekommt, selbst wenn diesem die Angelegenheit peinlich erscheint. Gemeint sind Schäden, die zum Beispiel bei einem Umzug passieren.

Der Versicherungsnehmer hilft dem Geschädigten beim Umzug, trägt ein Tablett mit frisch gespültem Edelporzellan und lässt dieses aus Unachtsamkeit fallen, als er es ins Wohnzimmer bringen und in die Vitrine einräumen will. Den Versicherungsnehmer und den Geschädigten verbindet ein Gefälligkeitsverhältnis, das heißt, beide wollten sich rechtlich nicht binden. Der Geschädigte wollte dem Versicherungsnehmer keinen Lohn für seine Dienste zahlen und der Versicherungsnehmer wollte für etwaige Schäden nicht haften. Tatsächlich muss der Versicherungsnehmer, der einen Schaden anrichtet, in einem Gefälligkeitsverhältnis nicht zahlen, wenn er nicht grob fahrlässig oder vorsätzlich gehandelt hat.

Einige Versicherer bieten gegen Aufpreis an, Schäden, die in einem Gefälligkeitsverhältnis passieren, in der Haftpflichtversicherung mit zu versichern.

Folgende Personengruppen sollten einen gesonderten Haftpflichtversicherungsvertrag abschließen oder aber eine Zusatzvereinbarung in der Privathaftpflichtpolice treffen:

02

- Bauherren,
- Haus- und Grundbesitzer für vermieteten oder unbebauten Grundbesitz,
- Öltankbesitzer,
- Betreiber von Photovoltaikanlagen,
- Besitzer von Motor- und Segelbooten, Surfbrettern, Flugmodellen und Kraftfahrzeugen,
- Jäger,
- Tierhalter, insbesondere von Hunden und Pferden (Schäden, die Katzen und Vögel anrichten, sind im Regelfall über die Privathaftpflichtversicherung abgedeckt),
- Personen im öffentlichen Dienst, da der Arbeitgeber hier Ansprüche auf Regress haben könnte.

Welche Obliegenheit muss der Versicherungsnehmer beachten – vor, beim und nach dem Schadensfall?

Im Antrag auf Abschluss der Haftpflichtversicherung hat der Versicherungsnehmer die vom Versicherer gestellten Fragen wahrheitsgemäß zu beantworten, da sich der Versicherer andernfalls auf eine vorvertragliche Anzeigepflichtverletzung berufen könnte.

Ferner muss der Versicherungsnehmer nach Möglichkeit für die Abwendung und Minderung des Schadens sorgen; Weisungen des Versicherers sind dabei zu befolgen. Der Versicherungsnehmer hat dem Versicherer ausführliche und wahrheitsgemäße Schadensberichte zu erstatten und ihn bei der Schadenermittlung und -regulierung zu unterstützen. Hierfür

Vorsicht

Tritt ein Versicherungsfall ein, muss der Versicherungsnehmer diesen innerhalb einer Woche dem Haftpflichtversicherer anzeigen. Das gilt auch dann, wenn der Geschädigte noch gar keine Schadensersatzansprüche gegenüber dem Versicherungsnehmer angezeigt hat.

muss der Versicherungsnehmer alle Umstände, die nach Ansicht des Versicherers für die Bearbeitung des Schadens wichtig sind, mitteilen und vom Versicherer angeforderte Schriftstücke übersenden.

Auch muss der Versicherungsnehmer den Versicherer sofort unterrichten, wenn gegen ihn ein staatsanwaltschaftliches, behördliches oder gerichtliches Verfahren eingeleitet wird oder ihn ein Mahnbescheid erreicht. Wird der Haftpflichtanspruch von dem Geschädigten gerichtlich geltend gemacht, darf der Versicherer den Rechtsstreit führen und einen Rechtsanwalt beauftragen. Unterrichtet der Versicherungsnehmer den Versicherer vorsätzlich nicht, ist der Versicherer leistungsfrei. Damit der Versicherungsnehmer diese Obliegenheit überhaupt erfüllen kann, wird der Versicherer ihn nach Anzeige des Schadens auf diese Verpflichtung hinweisen. Andernfalls dürfte es nicht grob fahrlässig sein, wenn ein Versicherungsnehmer den Versicherer nicht über das anstehende Gerichtsverfahren informiert, sodass der Versicherer die Leistung nicht kürzen darf.

Anerkennung eines Anspruchs

Steht fest, dass der Versicherungsnehmer einen Schaden angerichtet hat und regulieren muss, so darf er dies grundsätzlich tun. Das früher geltende Anerkenntnis- und Befriedigungsverbot des Versicherungsnehmers gibt es nicht mehr. Allerdings erhält der Versicherungsnehmer, der einen Anspruch des Geschädigten anerkennt oder gar bezahlt, nur den Betrag vom Haftpflichtversicherer ersetzt, den dieser zahlen muss. Nicht selten werden Versicherungsnehmer von Geschädigten unter Druck gesetzt, den Neuwert der beschädigten Sache zu erstatten, obwohl eigentlich nur ein deutlich geringerer Zeitwert zu zahlen wäre. Leistet der Versicherungsnehmer vorliegend den Neuwert, muss ihm der Haftpflichtversicherer trotzdem nur den Zeitwert erstatten.

Was zahlt die Versicherung im Schadensfall?

Der Versicherer zahlt maximal die in der Versicherungspolice vereinbarte Entschädigung für Personen- und Sachschäden, gegebenenfalls auch für Vermögensschäden. Dabei orientiert sich der Haftpflichtversicherer an den Vorschriften des BGB, wonach der Geschädigte durch die Entschädigungszahlung nicht besser gestellt werden darf, als er vor Eintritt des Schadens stand. Daher muss der Versicherungsnehmer respektive sein Haftpflichtversicherer den Zustand wieder herstellen, der bestand, bevor der Schaden eingetreten ist. Bei der Beschädigung einer Sache müssen also die Reparaturkosten gewährt werden oder aber der Haftpflichtversicherer muss so viel Geld zur Verfügung stellen, dass der Geschädigte eine gleichwertige Sache anschaffen kann. Hierbei gilt nicht der Neupreis für die beschädigte Sache, sondern der Wert, den die Sache zum Eintritt des Schadensfalls noch hatte. Die Erstattung ist in der Haftpflichtversicherung also anders geregelt als in der Gleitenden Neuwertversicherung, wie man sie aus der Hausrat- und Wohngebäudeversicherung kennt.

Wiederherstellung des Zustands vor Schadenseintritt

02

Greifen wir das Beispiel vom Beginn des Kapitels nochmals auf. Danach musste der Hausratversicherer für die beim Brand zerstörte Couch, die vor fünf Jahren 500 Euro gekostet hat und heute neu 750 Euro kostet, den Neuwert von 750 Euro ersetzen. Wird die Couch fahrlässig von einem Dritten, hier also unserem Versicherungsnehmer aus der Haftpflichtversicherung, beschädigt, weil dieser – als er zu Besuch war – übermüdet eine Zigarette geraucht und nicht richtig gelöscht hatte, so wird für die Schadensermittlung der Zeitwert ermittelt. Eine Reparatur der Couch dürfte faktisch unmöglich oder aber teurer sein als der Zeitwert, sodass eine Reparatur ausscheidet. Der Zeitwert der Couch bestimmt sich nach dem Anschaffungspreis, der voraussichtlichen Haltbarkeitsdauer sowie der bereits erfolgten Abnutzung. Angenommen, eine Couch, die vor fünf Jahren 500 Euro gekostet hat, hält – wenn kein Schaden eintritt und sie normal abgenutzt wird – zehn Jahre, dann verliert die Couch jedes Jahr $1/10$ ihres Werts, bei einem Kaufpreis von 500 Euro also 50 Euro. War die Couch zum Eintritt des Schadens fünf Jahre alt, hat sie fünf Jahre à 50 Euro, insgesamt 250 Euro, von ihrem Wert verloren. Es bleibt damit ein Zeitwert für die Couch von 250 Euro. Diesen muss im Schadensfall der Versicherungsnehmer beziehungsweise sein Haftpflichtversicherer ersetzen.

Zeitwert

Der Zeitwert ist der Wiederbeschaffungswert von Sachen gleicher Art und Güte unter Berücksichtigung von Alter und Abnutzung.

Abhandengekommene Sachen

Der Versicherer leistet also für beschädigte und zerstörte Sachen. In einigen Versicherungsverträgen ist auch geregelt, was der Versicherer zu leisten hat, wenn die Sache abhandenkommt. Fehlt es an einer solchen Regelung, gelten abhandengekommene Sachen als zerstörte Sachen, wenn nach der allgemeinen Lebenserfahrung nicht mehr damit gerechnet werden kann, dass die Sachen jemals wiedergefunden werden.

Zeigt jemand während einer Schifffahrt seinen Ring und ein Dritter nimmt diesen so ungeschickt in die Hand, dass der Ring herunter- und anstelle auf den Schiffsboden direkt in den Fluss fällt, muss davon ausgegangen werden, dass der Ring nicht nur abhandengekommen ist, sondern auch als zerstört gilt. Der Haftpflichtversicherer muss leisten.

Verursacht der Versicherungsnehmer einen Personenschaden, zum Beispiel, weil er beim Fahrradfahren versehentlich die Vorfahrt nicht beachtet und einen anderen Fahrradfahrer angefahren hat, erstattet der Privathaftpflichtversicherer die anfallenden Arzt- und Krankenhauskosten, Kosten für die Linderung der Leiden, gegebenenfalls einen Ausgleich für berufliche Nachteile, Kosten für die Wiederherstellung der Arbeitsfähigkeit, einen Ausgleich für bleibende Schäden, vor allem aber den nicht zu vergessenden Haushaltsführungsschaden sowie ein Schmerzensgeld.

Schmerzensgeld

Der Anspruch aus Schmerzensgeld ergibt sich aus § 253 Abs. 2 BGB. Danach kann eine billige Entschädigung in Geld für den Schaden gefordert werden, der nicht Vermögensschaden ist, wenn wegen einer Verletzung des Körpers, der Gesundheit, der Freiheit oder der sexuellen Selbstbestimmung Schadensersatz zu leisten ist. Was eine billige Entschädigung in Geld meint, ist schwierig zu ermitteln, da kein Schadensfall mit dem anderen identisch ist. Erleidet der eine bei einem Unfall einen Armbruch, hat der andere neben dem Armbruch noch ein geprelltes Knie zu beklagen. Während bei dem einen die Verletzung binnen drei Wochen ausheilt, dauert der Genesungsprozess bei dem anderen viel länger. Um einen Anhaltspunkt für die Ermittlung eines adäquaten Schmerzensgeldanspruchs zu finden, bieten Schmerzensgeldtabellen eine Übersicht der Urteile, die zu dieser Frage entschieden haben. Zu berücksichtigen ist dabei, dass das Schmerzensgeld zwei Funktionen erfüllt: die Ausgleichsfunktion und die Genugtuungsfunktion. So soll das Schmerzensgeld dem Geschädigten einen angemessenen Ausgleich für die zugefügten Lebensbeeinträchtigungen bieten; zugleich soll er Genugtuung für das erfahren, was der Schädiger ihm angetan hat.

02

Für die Bemessung des Schmerzensgelds werden von der Rechtsprechung unter anderem folgende Kriterien herangezogen:

- Art der Verletzung,
- Schwere der Verletzung,
- etwaige Arbeitsunfähigkeitszeiten,
- stationärer Aufenthalt,
- Dauerschaden,
- psychische Beeinträchtigung durch den Unfall,
- weitere soziale Belastungen durch den Unfall, zum Beispiel Einschränkungen bei der Freizeitgestaltung oder Berufswahl,
- Mitverschulden des Geschädigten,

- Verhalten des Schädigers (also des Versicherungsnehmers in der Privathaftpflichtversicherung) bei der Regulierung des Schadens,
- wirtschaftliche Verhältnisse des Schädigers.

Bei einer einfachen HWS-Distorsion („Schleudertrauma") wird beispielsweise häufig ein Schmerzensgeld in Höhe von 200 Euro gezahlt; für einen unkomplizierten Armbruch etwa 2.000 bis 3.000 Euro.

Was ist sonst noch bei der Schadensregulierung wichtig?

Ansprüche, die ein Geschädigter gegen den Schadensverursacher, also gegen den Versicherungsnehmer einer Privathaftpflichtversicherung stellt, müssen gegenüber dem Versicherungsnehmer direkt und nicht gegenüber dem Haftpflichtversicherer geltend gemacht werden. Einen Direktanspruch gegen den Versicherer gibt es – anders als in der Kfz-Haftpflichtversicherung – in der Privathaftpflichtversicherung nicht.

Forderungsausfall-deckung

Seit geraumer Zeit kann ein Versicherungsnehmer sich über die Privathaftpflichtversicherung auch gegen solche Schäden versichern, die ein Dritter ihm zufügt und die der Dritte mangels Haftpflichtversicherung und/oder mangels Vermögen nicht regulieren kann. Diese sogenannte Forderungsausfalldeckung ist standardmäßig nicht versichert, lohnt sich aber selbst bei einer höheren Beitragszahlung und der oft vereinbarten Selbstbeteiligung, da nur etwa 70 Prozent der Bundesbürger eine Haftpflichtversicherung haben und nur ein Bruchteil der übrigen 30 Prozent einen größeren Schaden aus eigener Tasche wird regulieren können.

Darüber hinaus gibt es für Sie weitere diverse Optionen, die gegen Aufpreis zusätzlich versichert werden können. Der in der Schadensregulierung am häufigsten nachgefragte Versicherungsschutz ist der Zusatztarif gegen Schlüsselverlust, bei dem der Verlust privater und/oder beruflich benutzter Schlüssel mitversichert werden kann.

Auch in der Privathaftpflichtversicherung gilt eine Frist von drei Jahren zum Jahresende, innerhalb derer ein Versicherungsnehmer seinen Anspruch gerichtlich geltend machen muss, sollte der Versicherer die Leistung zu Unrecht ablehnen.

Noch eine Anmerkung zum Thema Versicherungsbetrug: Gerade in der Privathaftpflichtversicherung prüfen Versicherer einen Versicherungsbetrug, da sich Schädiger, also Versicherungsnehmer oder versicherte Person, und der Geschädigte oftmals kennen, befreundet oder verwandt sind.

Tipp

Für Versicherungsnehmer, die häufiger im Ausland ein Kfz mieten, kann auch eine Mallorca-Deckung infrage kommen, die gegebenenfalls über die Privathaftpflichtversicherung miteinbezogen wird und dem Versicherungsnehmer einen umfangreicheren Versicherungsschutz für von ihm verursachte Kfz-Unfälle bietet als der ausländische Kfz-Verleiher. Auch hier sollten Sie vor Abschluss des Vertrags die für Sie relevanten Risiken ermitteln und mit den einzelnen Angeboten der Versicherer abgleichen, da der Versicherungsschutz oftmals sehr unterschiedlich ausgestaltet ist.

02

Versicherungsbetrug

Fällt dem Besucher versehentlich das Smartphone oder der Laptop seines Gastgebers hinunter, setzt sich der Besucher auf das Sofa, auf dem gerade noch die Brille abgelegt wurde oder stößt der Besucher ein Sektglas um, dessen Inhalt sich ausgerechnet über den Laptop des Gastgebers ergießt, so sind dies sicherlich Sachverhalte, die jeden Tag passieren können und für die der Privathaftpflichtversicherer des Besuchers entsprechenden Schutz leisten soll. In diesem Bereich wittern Versicherer aber häufig einen Versicherungsbetrug.

Nach einer aktuellen Studie des Gesamtverbands der Deutschen Versicherungswirtschaft geht man von einem Schaden von jährlich vier Milliarden aus, der – quer durch alle Sparten – durch Versicherungsbetrug entsteht. Bei Schäden an heruntergefallenen Laptops sei in einem Sachverständigengutachten bei mehr als einem Drittel festgestellt worden, dass das Schadensbild nicht mit dem geschilderten Hergang in Einklang zu bringen sei, zum Beispiel weil am Tag des Schadens der Laptop anders als in der Schadensschilderung gar nicht benutzt wurde oder aber das Schadensbild eher dafür spricht, dass ein harter Gegenstand auf den Laptop gefallen ist und nicht der Laptop heruntergefallen ist.

Beauftragt der Versicherer bei einer Schadensmeldung einen Gutachter damit, die Schadensursache ermitteln zu lassen und dieser kann den geschilderten Schadenshergang nicht bestätigen, kann es passieren, dass der Versicherer eine Strafanzeige wegen versuchten Betrugs gem. § 263 StGB erstattet. Den eigenständigen Straftatbestand „Versicherungsbetrug" gem. § 265a StGB a.F. gibt es nicht mehr eigenständig; die Fälle werden nun als Betrug gem. § 263 StGB geprüft.

Versicherungsmiss-brauch

In Fällen, in denen eine versicherte Sache beschädigt wird, um Leistungen aus der Versicherung geltend zu machen, bei der die Sache gegen Beschädigung versichert ist, kommt auch eine Anzeige wegen versuchten Versicherungsmissbrauchs gem. § 265 StGB in Betracht. Häufiger als eine Strafanzeige des Versicherers ist jedoch, dass der Versicherer seine Aufwendungen für die Bearbeitung des gemeldeten Schadensfalls erstattet haben möchte und vom Versicherungsnehmer einen Betrag für die Tätigkeit des Sachbearbeiters (meistens ist dies ein Betrag von 200 bis 300 Euro) sowie die Gutachterkosten fordert, die zum Beispiel bei Laptop-Fällen üblicherweise zwischen 200 und 400 Euro liegen. Aus dem Versicherungsvertrag und den Versicherungsbedingungen lässt sich dieser Anspruch des Versicherers nicht herleiten; oftmals wird die Forderung des Versicherers als Schadensersatzforderung aus dem Versicherungsvertrag geltend gemacht.

Schadensersatzforde-rung des Versicherers

Urteile, die genau diesen Sachverhalt behandeln, sind nicht veröffentlicht, doch nach Auffassung des Versicherungsombudsmanns ist die Schadensersatzforderung des Versicherers berechtigt, wenn nicht der Versicherungsnehmer in einem gerichtlichen Verfahren und mithilfe eines unabhängigen Sach-

verständigen nachweisen kann, dass seine Schadensschilderung zutreffend und ein Versicherungsfall gegeben ist.

**Geltendmachung von Ansprüchen gegenüber der Haft-
pflichtversicherung des Schädigers**

Hat jemand durch das vorsätzliche oder fahrlässige, jedenfalls schuld-
hafte Verhalten eines anderen einen Schaden erlitten, kann er hierfür
Ersatz von dem Schädiger verlangen, der seinerseits Ansprüche
gegebenenfalls gegenüber seinem Haftpflichtversicherer geltend machen kann. Beachten Sie, dass Ansprechpartner für den Geschädigten
zunächst immer nur der Schädiger und nicht der Versicherer direkt
ist. Eine Ausnahme gibt es nur im Kfz-Haftpflichtbereich. Wegen
der hohen Schadensersatz- und Schmerzensgeldforderung, die im
Zusammenhang mit einem Autounfall entstehen und häufig nicht vom
Schädiger aus eigenem Vermögen bezahlt werden können, sieht das
Gesetz einen Direktanspruch auch gegen den Haftpflichtversicherer
vor. Dies bedeutet, dass der Geschädigte eines Kfz-Unfalls sowohl
gegen den Fahrer und Halter, aber auch gegen den Versicherer
vorgehen kann. In Ausnahmefällen kann es einen solchen Direktanspruch gegen den Haftpflichtversicherer auch bei zahlungsunfähigen
Versicherungsvermittlern oder Rechtsanwälten geben. Alle übrigen
Geschädigten müssen sich jedoch ausschließlich an denjenigen
halten, der den Schaden verursacht hat, und können nicht an dessen
Privat- oder Berufshaftpflichtversicherer herantreten.

Werden dem Schädiger Ersatzansprüche angezeigt und leitet
er diese an den Versicherer weiter, so übernimmt häufig der
Haftpflichtversicherer die weitere Korrespondenz. Sollte eine
gerichtliche Klärung erforderlich werden, ist aber wieder der
Schädiger der richtige Adressat.

Übrigens können Geschädigte in fast allen Fällen rechtsan-
waltlichen Beistand nehmen, für dessen Kosten der Haftpflichtversicherer eintreten muss – allerdings werden die Anwaltsgebühren dann nur in der Höhe übernommen, in der sich
der Anspruch als berechtigt erweist. Auch sind Haftpflichtversicherer, vor allem im Kfz-Bereich, regelmäßig bereit, dem

Geschädigten eine Kostenpauschale von 25 Euro für seine Bemühungen bei der Abwicklung des Schadensfalls zu zahlen.

Konkret und kompakt –
10 Schritte zur erfolgreichen Schadensregulierung

Die Haftpflichtversicherung zahlt dem Geschädigten für
Schäden, die Sie schuldhaft, das heißt vorsätzlich oder grob
fahrlässig angerichtet haben, Schadensersatz (Zeitwert der
beschädigten Sache oder erforderliche Aufwendungen) und
ebenso – bei Personenschäden – Schmerzensgeld.

Haben Sie einen Schaden verursacht, beachten Sie unbedingt
folgende **10 Punkte:**

1. Melden Sie den Schaden umgehend, spätestens innerhalb einer
    Woche schriftlich Ihrem Versicherer. Folgen Sie den Anweisungen des
    Versicherers. Fragen Sie im Zweifelsfall, was Sie nun zu tun haben.

2. Setzen Sie sich spätestens jetzt mit Ihrer Versicherungspolice und den
    zugehörigen Versicherungsbedingungen auseinander und befolgen,
    was dort zu „Obliegenheiten im Schadensfall" steht.

3. Nennen Sie dem Geschädigten Namen und Versicherungsscheinnum-
    mer Ihres Haftpflichtversicherers, aber erkennen Sie den Schaden
    nicht frühschnell an.

4. Füllen Sie die Schadensanzeige, die Ihnen der Versicherer nach der Mel-
    dung des Versicherungsfalls übersendet, korrekt und wahrheitsgemäß aus.

5. Beachten Sie, dass der Versicherer gerade bei Haftpflichtschäden,
    bei denen sich Schädiger und Geschädigter kennen (Verwandte, Be-
    kannte, Nachbarn etc.) genauestens ermittelt, ob sich der gemeldete
    Schaden so wie geschildert ereignet haben kann. Kommt der Versiche-
    rer zu dem Ergebnis, dass der Schaden sich so nicht zugetragen haben
    kann, kann er berechtigt sein, Ihnen seine Kosten sowie die für ein
    Sachverständigengutachten in Rechnung zu stellen.

6. Ist der Haftpflichtversicherer zur Regulierung des Schadens bereit,
    erstattet er dem Geschädigten nur den Zeitwert der Sache. Das kann
    in Abhängigkeit vom Alter der beschädigten Sache nur ein Bruchteil
    dessen sein, was der Geschädigte von Ihnen verlangt. Lassen Sie sich
    nicht verleiten, den Differenzbetrag aus eigener Tasche zu zahlen.
    Hierauf hat der Geschädigte keinen Anspruch!

7. Macht der Geschädigte bei einem fahrlässig verursachten Schaden seine Ansprüche per Mahnbescheid oder Gerichtsverfahren geltend, informieren Sie sofort Ihren Haftpflichtversicherer. Dieser beauftragt für Sie einen Rechtsanwalt, der die Forderung abwehrt. Kosten für Sie entstehen nicht.

8. Der Geschädigte muss Sie direkt und nicht den Haftpflichtversicherer verklagen. Ihr Haftpflichtversicherer bietet Ihnen hierzu „passiven Rechtsschutz".

9. Lehnt der Haftpflichtversicherer den Schaden ab, weil kein schuldhaftes Verhalten Ihrerseits vorliegen soll, erläutern Sie dem Geschädigten, dass Sie keine Wahl haben und der Geschädigte, wenn er seine Forderung aufrechterhält, Sie verklagen muss.

10. Führen Sie die Korrespondenz mit dem Versicherer schriftlich, am besten mit Nachweisen (Fax, Einschreiben). Sagen Sie klar, innerhalb welcher Frist (zwei Wochen sind meist angemessen) Sie eine Antwort erwarten.

02

LEBENS- UND STERBEVERSICHERUNG

Eine Lebensversicherung bietet Hinterbliebenen einen finanziellen Schutz. Angeboten werden reine Risikolebensversicherungen, also Versicherungen, bei denen im Todesfall die vertraglich vereinbarte Versicherungssumme ausbezahlt wird und Kapitallebensversicherungen, bei denen der Hinterbliebenenschutz mit einem Sparvorgang verbunden wird, sodass auch dann eine Auszahlung des Versicherers erfolgt, wenn die versicherte Person ein bestimmtes Alter erreicht. Auch das als Sterbeversicherung verkaufte Produkt ist eine Lebensversicherung, die bei Tod die vereinbarte Versicherungssumme ausbezahlt. Einige Sterbeversicherungen sind mit einem Bestattungsvertrag verbunden, das heißt, der Hinterbliebene erhält die vollständige Leistung aus dem Versicherungsvertrag nur dann, wenn er das vom Versicherer vorgeschlagene Bestattungsinstitut für die Durchführung der Bestattung beauftragt. Auch hier ist also ein Blick in den Versicherungsschein und die Versicherungsbedingungen unverzichtbar.

So unterschiedlich die Lebensversicherungen ausgestaltet sein können, so sehr ähneln sich doch die Schwierigkeiten, die im Leistungsfall, das heißt bei Tod der versicherten Person, eintreten und von dem Bezugsberechtigten, also der Person, die die Leistung vom Versicherer erhält, zu bewältigen sind. Hier geht es nur um „Schadensfälle", das heißt um Streitigkeiten im Zusammenhang mit dem Tod der versicherten Person. Darüber hinaus gibt es andere Rechtsfragen zur Lebensversicherung, wie zum Beispiel unwirksame Klauseln, Rückkaufswert etc., die aber nicht einen Schadensfall betreffen.

Was ist bei Vertragsabschluss wichtig?

Bei Abschluss eines Lebensversicherungsvertrags stellt der Versicherer Gesundheitsfragen, um das Risiko zu ermitteln, das er gegenüber dem Versicherungsnehmer eingeht. Die wahrheitsgemäße Beantwortung der Gesundheitsfragen ist der Dreh- und Angelpunkt nahezu jeder streitigen Auseinandersetzung bei der Regulierung des Versicherungsfalls. Erst zehn Jahre nach Vertragsabschluss wird der Vertrag unanfechtbar, das heißt erst danach hat der Versicherer keine Möglichkeit mehr, sich aufgrund von vorvertraglichen Anzeigepflichtverletzungen vom Vertrag zu lösen und die Leistung zu verweigern.

Einen weiteren wichtigen Aspekt stellt das Bezugsrecht dar, das der Versicherungsnehmer bei Vertragsabschluss benennt, da er im Todesfall die vereinbarte Versicherungsleistung nicht selbst geltend machen kann. Unterschieden werden insoweit ein widerrufliches und ein unwiderrufliches Bezugsrecht. Das widerrufliche Bezugsrecht ist die übliche Variante: Der Versicherungsnehmer kann den Bezugsberechtigten immer wieder ändern und bei Eintritt des Versicherungsfalls erhält die Person die Leistungen aus dem Versicherungsvertrag, die zuletzt benannt wurde. Nicht selten stellt sich erst im Todesfall des Versicherungsnehmers heraus, dass dieser vergessen hat, seinen Versicherungsschutz beziehungsweise die Bezugsbe-

Tipp

Die allgemeinen Versicherungsbedingungen verlangen im Regelfall die schriftliche Mitteilung etwaiger Änderungen des Bezugsrechts. Alternativ kann der Versicherungsnehmer bei Vertragsabschluss oder später einem Dritten auch ein unwiderrufliches Bezugsrecht einräumen, welches dann im Verlauf des Versicherungsvertrags aber nicht mehr abgeändert werden kann.

rechtigung an seine geänderten Lebensverhältnisse anzupassen. So hat schon manche Witwe vergeblich versucht, Leistungen beim Lebensversicherer ihres verstorbenen Mannes geltend zu machen, und hierbei erfahren müssen, dass die geschiedene Frau noch als Bezugsberechtigte eingetragen ist und nur sie die Leistungen geltend machen kann.

02

Was ist standardmäßig versichert?

Versichert ist die vertragliche Todesfallsumme, wenn die versicherte Person vor dem im Versicherungsschein genannten Ablauftermin stirbt. Erlebt die versicherte Person den Ablauftermin, erhält sie die vertraglich vereinbarte Summe für den Erlebensfall (zumeist ein garantierter Betrag sowie den Überschussanteil, also eine Beteiligung am vom Versicherer erwirtschafteten Überschuss sowie dessen Bewertungsreserven), sofern eine Kapitallebensversicherung vereinbart ist; bei einer Risikolebensversicherung erhält die versicherte Person nichts, wenn sie das Ablaufdatum erlebt. Bei manchen Vertragskonstellationen wird die volle Todesfallsumme erst ausbezahlt, wenn über einen bestimmten Zeitraum, zum Beispiel fünf oder zehn Jahre, die regelmäßigen Versicherungsbeiträge gezahlt worden sind. Andernfalls erhält nach den dort üblicherweise geltenden Bedingungen der Bezugsberechtigte nur die eingezahlten Beiträge zurück.

Tritt der Todesfall vor Ablauf der Versicherung ein, ist der Versicherer verpflichtet, die vereinbarte Todesfallleistung auszubezahlen. Dies gilt im Grundsatz ganz unabhängig davon, auf welcher Ursache der Versicherungsfall beruht. Doch keine Regelung ist ohne Ausnahme: Verstirbt der Versicherungsnehmer bei einem kriegerischen Ereignis, an dem er aktiv beteiligt war oder tritt der Tod durch atomare, biologische oder chemische Waffen oder Stoffe ein, die vorsätzlich eingesetzt wurden und nicht beispielsweise fahrlässig entwichen sind, zum Beispiel bei einem Reaktorunfall, erhält der Bezugsberechtigte

Sonderfall: kriegerisches Ereignis

in der Kapitallebensversicherung nur den Rückkaufswert, der zum Todestag bestand.

Sonderfall: Suizid

Ebenfalls nur den Rückkaufswert gibt es, wenn die versicherte Person sich innerhalb der ersten drei Jahre nach Vertragsabschluss selbst tötet und nicht geisteskrank war. Andernfalls leistet der Versicherer die volle Todesfallsumme, das heißt auch bei jedem Suizid, der später als drei Jahre nach Abschluss der Versicherung erfolgt – vorausgesetzt natürlich, dass die Angaben im Antrag auf Abschluss der Versicherung korrekt waren und keine Depression oder andere Erkrankung verschwiegen wurde. In der Risikolebensversicherung, in der üblicherweise kein Rückkaufswert vereinbart ist, erhält der Bezugsberechtigte in den Ausnahmetatbeständen keinen Rückkaufswert, sondern bekommt überhaupt keine Leistung.

Welche Obliegenheiten muss der Versicherungsnehmer beachten – vor, beim und nach dem Leistungsfall?

Vor dem Schadensfall haben Sie als Versicherungsnehmer nur zwei, maximal drei Pflichten zu erfüllen: Sie müssen im Antrag auf Abschluss der Versicherung wahrheitsgemäß auf die Ihnen gestellten Fragen antworten und Sie müssen regelmäßig die vereinbarte Versicherungsprämie zahlen.

Tritt der Leistungsfall ein, verstirbt also die versicherte Person, muss der Bezugsberechtigte – oder falls kein solcher vorhanden ist: der Erbe – den Tod unverzüglich dem Versicherer anzeigen. Dies geht am schnellsten vorab telefonisch, per Fax oder Mail. Der Bezugsberechtigte muss dem Versicherer den Original-Versicherungsschein übersenden (vorher unbedingt eine Kopie ziehen und das Schreiben an den Versicherer per Einschreiben versenden).

Darüber hinaus ist dem Versicherer eine amtliche Sterbeurkunde zu übersenden sowie auf Verlangen ein ausführliches ärztliches oder amtliches Zeugnis über die Todesursache. In

Tipp

Fordert der Versicherer vom Versicherungsnehmer, eine Gefahrerhöhung anzuzeigen, zum Beispiel weil der Versicherungsnehmer einen anderen gefährlicheren Beruf ausübt oder mit dem Drachenfliegen begonnen hat, so muss der Versicherer explizit in Textform darauf hinweisen, dass er eine entsprechende Mitteilung vom Versicherungsnehmer erwartet.

diesem Zeugnis sollte – so verlangen es einige Versicherungsbedingungen – auch stehen, wann die Erkrankung, die zum
Tod geführt hat, begonnen hat und wie sie verlaufen ist. Auch
dies dient dem Versicherer dazu, eine vorvertragliche Anzeigepflichtverletzung zu prüfen. Fordert der Versicherer weitere
Nachweise und Auskünfte an, um die Leistungspflicht zu klären, muss der Bezugsberechtigte diese beibringen. Sämtliche
Kosten, die in diesem Zusammenhang für die Sterbeurkunde,
ärztliche Stellungnahmen etc. anfallen, hat der Bezugsberechtigte zu tragen.

Amtliche Sterbe-
urkunde

02

Was zahlt die Versicherung im Leistungsfall?

Der Versicherer zahlt die vereinbarte Todesfallleistung aus,
sofern wegen einer vorvertraglichen Anzeigepflichtverletzung
oder aber wegen eines vertraglich vereinbarten Risikoaus-
schlusses kein Recht zur Leistungsverweigerung besteht.

Ist die Lebensversicherung mit einem anderen Vertrag kombiniert, wie zum Beispiel die Sterbeversicherung mit einem
Bestattungsvertrag, hat der Bezugsberechtigte die Pflicht, die
Beerdigung über das angegebene Bestattungsunternehmen
abzuwickeln, will er nicht – je nach vertraglicher Ausgestaltung – auf einen Teil der Leistung verzichten.

**Konkret und kompakt –
10 Schritte zur erfolgreichen Schadensregulierung**

Die Lebensversicherung zahlt die vereinbarte Ablaufleistung,
wenn die versicherte Person den Ablauftermin erlebt und die
vereinbarte Todesfallleistung, wenn die versicherte Person
verstirbt.

Vorsicht

Wichtig ist, dass
der Versiche-
rungsfall dem
Versicherer unver-
züglich, das heißt
ohne schuldhaftes
Zögern, angezeigt
wird. Ist der Tod
durch einen Unfall
eingetreten und
neben der Lebens-
versicherung auch
eine Unfallversi-
cherung involviert,
ist diese sogar
binnen 48 Stunden
zu informieren.

Bei Eintritt des Todesfalls der versicherten Person beachten
Sie unbedingt folgende **10 Punkte:**

1. Sind Sie Bezugsberechtigter – oder wenn kein Bezugsberechtigter vorhanden ist: Erbe – des Versicherungsnehmers, setzen Sie sich mit der
   Versicherungspolice und den zugehörigen Versicherungsbedingungen
   auseinander und befolgen, was dort zu „Obliegenheiten im Schadensfall" steht.

2. Melden Sie den Todesfall umgehend, spätestens innerhalb einer
   Woche, schriftlich dem Versicherer. Folgen Sie den Anweisungen des
   Versicherers. Fragen Sie im Zweifelsfall, was Sie nun zu tun haben.

3. Übersenden Sie dem Versicherer den Original-Versicherungsschein.
   Ziehen Sie sich vorher eine Kopie.

4. Übersenden Sie dem Versicherer eine amtliche Sterbeurkunde.

5. Verlangt der Versicherer ein ausführliches ärztliches oder amtliches
   Zeugnis über die Todesursache, übersenden Sie ihm dieses. Der Versicherer wird wissen wollen, wann die Erkrankung, die zum Tod geführt
   hat, begonnen hat und wie sie verlaufen ist.

6. Ist der Versicherungsvertrag jünger als zehn Jahre, wird der Versicherer eine vorvertragliche Anzeigepflichtverletzung prüfen. Wenn Sie behandelnde Ärzte von der Schweigepflicht gegenüber dem Versicherer
   entbinden sollen, berücksichtigen Sie dies.

7. Grundsätzlich leistet der Versicherer auch bei Suizid, wenn seit Versicherungsbeginn mindestens drei Jahre vergangen sind und im Antrag
   die Gesundheitsfragen wahrheitsgemäß und vollständig beantwortet
   wurden.

8. Sämtliche Kosten, die in diesem Zusammenhang für die Sterbeurkunde, ärztliche Stellungnahmen etc. anfallen, sind von Ihnen zu tragen.

9. Führen Sie die Korrespondenz mit dem Versicherer schriftlich, am
   besten mit Nachweisen (Fax, Einschreiben). Sagen Sie klar, innerhalb
   welcher Frist (zwei Wochen sind meist angemessen) Sie eine Antwort
   oder Zahlung erwarten.

10. Ist an die Lebens- respektive Sterbeversicherung eine sogenannte Be-
    stattungsvorsorge geknüpft, müssen Sie den vertraglich vereinbarten
    Bestatter beauftragen. Andernfalls müssen Sie mit einer Kürzung der
    Leistung rechnen.

BERUFSUNFÄHIGKEITS(ZUSATZ)-VERSICHERUNG

02

Um sich gegen die eigene Berufsunfähigkeit abzusichern, werden von Versicherern verschiedene Produkte angeboten. Den umfassendsten Schutz bietet die Berufsunfähigkeitsversicherung, die die bisher ausgeübte Tätigkeit absichert, entweder in Form eines Zusatzvertrags zu einer Lebens- oder Rentenversicherung (Berufsunfähigkeitszusatzversicherung, kurz BUZ) oder als selbstständige Berufsunfähigkeitsversicherung (kurz SBU).

Daneben gibt es noch die Erwerbsunfähigkeitsversicherung, die nicht die Unfähigkeit der eigenen Tätigkeit, sondern jeder möglichen Tätigkeit absichert, ferner die Dread-Disease-Versicherung, die fälschlichlicherweise als eine Art Berufsunfähigkeitsversicherung angeboten wird, letztlich aber nur eine Einmalzahlung gewährt, wenn eine bestimmte schwere Erkrankung (Krebs, HIV etc.) diagnostiziert wird. Gegenstand der folgenden Erörterungen ist nur die Berufsunfähigkeits(zusatz)versicherung.

Erwerbsunfähigkeitsversicherung/Dread-Disease-Versicherung

Was ist bei Vertragsabschluss wichtig?

Der Versicherungsschutz der einzelnen Berufsunfähigkeitsversicherer ist unterschiedlich ausgestaltet. Hier sollten Sie herausfinden, ob bei Vertragsabschluss ein Mehr an Beitragszahlung für den Verzicht des Versicherers in Kauf genommen wurde, den Versicherungsnehmer im Leistungsfall auf eine andere Tätigkeit zu verweisen, die seinen Kenntnissen, Erfahrungen und Ähnlichem sowie seiner bisherigen Lebensstellung entspricht (abstrakte Verweisung).

Neuere Versicherungsverträge verzichten fast immer auf die abstrakte Abweisung. Wie auch bei der Lebensversicherung ist für die Berufsunfähigkeitsversicherung wichtig, dass die Fragen im Versicherungsantrag wahrheitsgemäß beantwortet werden. Im Falle einer arglistigen Täuschung hat der Versiche-

Tipp

Bei Vertragsabschluss ist darauf zu achten, dass der Verlust der eigenen Tätigkeit so versichert wird, dass im Falle einer Berufsunfähigkeit die Versicherung ausreichenden Schutz bietet und etwa 2/3 bis 3/4 des monatlichen Nettoeinkommens absichert.

rer andernfalls das Recht, den Vertrag bis zu zehn Jahre nach Vertragsabschluss anzufechten, sodass der Versicherungsnehmer möglicherweise über viele Jahre in die Versicherung einbezahlt hätte, ohne eine Leistung zu erhalten.

Rücktritt vom Vertrag

Im Falle einer grob fahrlässigen Anzeigepflichtverletzung könnte der Versicherer binnen fünf Jahren nach Vertragsabschluss den Rücktritt vom Vertrag erklären. Auch hier wäre der Versicherungsschutz rückwirkend aufgehoben, die Versicherungsbeiträge blieben beim Versicherer und der Versicherer müsste nur dann leisten, wenn die verschwiegene Erkrankung nicht mit der Erkrankung in Zusammenhang steht, die nun zum Eintritt der Berufsunfähigkeit geführt hat. Wird der Versicherungsnehmer in einem solchen Fall aber wieder gesund, darf der Versicherer die Leistungen einstellen; der Versicherungsschutz ist dann aber wegen des Rücktritts aufgehoben und der Versicherungsnehmer wird keine Chance auf Abschluss eines neuen Vertrags haben.

Was ist standardmäßig versichert?

Versichert ist bei Eintritt von vollständiger oder teilweiser Berufsunfähigkeit im bisher ausgeübten Beruf eine im Voraus festgelegte Rente sowie die Befreiung von der Pflicht zur Zahlung des Beitrags zur Berufsunfähigkeitsversicherung und – sofern diese mit einer Lebensversicherung verknüpft ist – zu dieser.

Meist nehmen die Versicherer eine Berufsunfähigkeit dann an, wenn der Grad der Berufsunfähigkeit 50 Prozent oder mehr beträgt und auf Krankheit, Körperverletzung oder mehr als altersentsprechendem Kräfteverfall basiert und davon auszugehen ist, dass die versicherte Person voraussichtlich auf Dauer (in manchen Versicherungsbedingungen heißt es: voraussichtlich für mindestens sechs Monate, zwei Jahre oder Ähnliches) nicht in der Lage ist, ihre bisherige Tätigkeit oder eine andere Tätigkeit auszuüben, zu der sie aufgrund ihrer

Ausbildung und Fähigkeiten in der Lage ist und die ihrer bisherigen Lebensstellung entspricht.

02

Versicherer prüfen die folgenden Punkte:

- Wie sah das Tätigkeitsbild der versicherten Person in gesunden Tagen aus? Wie sieht es heute aus? Kann die versicherte Person noch in der bisherigen Tätigkeit arbeiten und wenn ja, in welchem Umfang?

- Wie sieht es bei Selbstständigen aus? Kann oder muss der Versicherungsnehmer nach den Versicherungsbedingungen seinen Betrieb umorganisieren, damit er Tätigkeiten von Mitarbeitern übernimmt und diese von ihm? Erlauben es die betriebswirtschaftlichen Ergebnisse, für die berufsunfähige versicherte Person eine Ersatzkraft einzustellen?

- Kann die versicherte Person gar nicht oder nur weniger als 50 Prozent in ihrer bisherigen Tätigkeit arbeiten, ist zu prüfen, ob der Versicherer sich vorbehalten hat, die versicherte Person auf eine andere Tätigkeit zu verweisen, die ihrer Ausbildung und Fähigkeit und seiner bisherigen Lebensstellung entspricht (sogenannte abstrakte Verweisung, die in neueren Verträgen nicht mehr zu finden ist) oder auf eine Tätigkeit, die die versicherte Person tatsächlich schon seit geraumer Zeit konkret ausübt (konkrete Verweisung). Für die Frage, ob die neue Tätigkeit der Lebensstellung der alten Tätigkeit entspricht, ist zum einen der Verdienst (dieser sollte in der neuen Tätigkeit nicht weniger als 80 Prozent der bisherigen Tätigkeit ausmachen) und die gesellschaftliche Anerkennung der einzelnen Berufsbilder maßgeblich.

Möglich ist es, die Leistungen zu dynamisieren, um sowohl in der Vertragslaufzeit, in der keine Berufsunfähigkeit besteht, den Versicherungsschutz an die Inflation anzupassen (Dynamik), als auch dann, wenn der Leistungsfall, also die Berufsunfähigkeit, eingetreten ist (Dynamik im Leistungsfall).

Für Beamte gibt es besondere Versicherungsverträge, bei denen die Berufsunfähigkeit angenommen wird, wenn der Dienstherr den Beamten als dienstunfähig in den Ruhestand versetzt (Dienstunfähigkeitsklausel).

Besondere Versicherungsverträge für Beamte

Tipp

Empfehlenswert ist, mit dem Berufsunfähigkeitsversicherer eine Nachversicherungsgarantie zu vereinbaren. Hierdurch verpflichtet sich das Versicherungsunternehmen, zu bestimmten Anlässen im Leben des Versicherten (zum Beispiel Heirat, Geburt eines Kindes) eine Erhöhung der Versicherungssumme vorzunehmen, ohne dass eine erneute Gesundheitsprüfung erforderlich wird. Für die Ausübung dieser Option gelten in der Regel bestimmte Höchstgrenzen hinsichtlich des Alters und der abzusichernden Berufsunfähigkeitsrente.

Keine Leistung aus dem Berufsunfähigkeitsversicherungsvertrag hat der Versicherer zu erbringen, wenn die versicherte Person die Krankheit, ohne krankhafte Störung des Geistes den mehr als altersentsprechenden Kräfteverfall absichtlich herbeigeführt hat oder sich absichtlich selbst verletzt hat oder versucht hat, sich selbst zu töten. Die Leistungspflicht des Versicherers ist auch ausgeschlossen, wenn die versicherte Person bei Kriegsereignissen als Unruhestifter teilgenommen hat oder an Autorennen teilgenommen hat. Näheres regeln die jeweiligen Versicherungsbedingungen.

Welche Obliegenheiten muss der Versicherungsnehmer beachten – vor, beim und nach dem Schadensfall?

Die vorvertragliche Obliegenheit sind wahrheitsgemäße Angaben zu den im Antrag gestellten Fragen. Vor, gegebenenfalls auch während der Vertragslaufzeit muss der Versicherungsnehmer prüfen, ob der Versicherer ihn in Textform dazu auffordert, eine Änderung des versicherten Risikos anzuzeigen, wie zum Beispiel einen Berufswechsel oder die Aufnahme eines gefährlichen Hobbys. Nur dann, wenn der Versicherer dieses explizit aufführt, ist der Versicherungsnehmer in der Berufsunfähigkeitsversicherung zu einer solchen Angabe verpflichtet.

Ist der Versicherungsfall eingetreten, muss die versicherte Person auf ihre Kosten folgende Dinge einreichen

• eine Darstellung der Ursache für den Eintritt der Berufsunfähigkeit,

- ausführliche Berichte der behandelnden Ärzte über Ursache, Beginn, Art, Verlauf und voraussichtliche Dauer des Leidens sowie über den Grad der Berufsunfähigkeit,
- Unterlagen über den Beruf.

02

Üblicherweise zeigt der Versicherungsnehmer dem Versicherer formlos an, dass er berufsunfähig ist und Leistungen geltend macht. Der Versicherer versendet dann ein umfangreiches Formular, das der Versicherungsnehmer mit Angaben zu seinem beruflichen Werdegang, seiner bisherigen beruflichen Tätigkeit, seinen Erkrankungen etc. ausfüllen muss. Hat der Versicherer nach Einreichen der Unterlagen noch Zweifel an der Berufsunfähigkeit, ist er berechtigt, die versicherte Person zu einer weiteren ärztlichen Untersuchung durch vom Versicherer beauftragte Ärzte zu veranlassen, um die Leistungspflicht zu prüfen.

Formlose Anzeige

Hat der Versicherer seine Leistungspflicht anerkannt, behält er sich vor, diese regelmäßig nachprüfen zu lassen. Hierbei kann der Versicherer in dem zeitlichen Abstand, der im Versicherungsvertrag vereinbart ist, verlangen, dass der Versicherungsnehmer detaillierte Angaben zum Krankheitsverlauf macht und ärztliche Unterlagen vorlegt, sich gegebenenfalls auch nochmals von einem vom Versicherer bestellten Gutachter untersuchen lässt.

Regelmäßige Nachprüfung

Was zahlt die Versicherung im Schadensfall?

Der Versicherer entbindet den Versicherungsnehmer von der Pflicht zur Zahlung der Beiträge; ferner wird – sofern vereinbart – eine monatliche Rente bezahlt. Diese Leistungen erbringt der Versicherer bis zum Ende der Berufsunfähigkeit oder aber – so

Tipp

Der Versicherungsnehmer erhält die Leistungen grundsätzlich mit Eintritt des Monats, in dem die Berufsunfähigkeit eingetreten ist. Der Versicherungsnehmer muss den Versicherer unverzüglich informieren. Andernfalls kann der Versicherer entsprechend der vereinbarten Versicherungsbedingungen die Leistungen erst später erbringen, nämlich dann, wenn der Versicherungsnehmer die Berufsunfähigkeit mehr als drei Monate nach ihrem Eintritt schriftlich mitgeteilt hat, ab dem Monat der verspäteten Meldung.

die Berufsunfähigkeit noch andauert – bis zum Ende der Vertragslaufzeit.

Was ist sonst noch bei der Schadensregulierung wichtig?

Tritt die Berufsunfähigkeit ein, möchte der Versicherer diese nur selten sofort bis zum möglichen Vertragsende anerkennen. Früher war es durchaus üblich, dass der Versicherer seine Leistungspflicht für zwei bis drei Jahre anerkannt hat, um dann neu zu entscheiden. Dem Versicherungsnehmer fehlte so jegliche Planungssicherheit, vor allem aber musste er – wenn die Berufsunfähigkeit auch noch bei Ablauf des Zeitraums des Anerkenntnisses vorlag – diese erneut beweisen.

Mit der Einführung des § 173 VVG hat der Gesetzgeber geregelt, dass der Versicherer ein Leistungsanerkenntnis nur einmal zeitlich befristen darf, damit die gewohnten Kettenanerkenntnisse der Vergangenheit angehören.

Viele Versicherer gehen dazu über, anstelle eines zeitlich befristeten Anerkenntnisses für einen bestimmten Zeitraum „aus Kulanz und ohne Anerkenntnis einer Rechtspflicht" die Leistung anzubieten. Da dies für den Versicherungsnehmer keinen finanziellen Verlust bedeutet, ist er meist gewillt, diesen Vorschlag anzunehmen, obschon der Versicherer durch die vermeintlich kulanzweise Zahlung das Verbot des Kettenanerkenntnisses quasi umgeht.

Abfindungsvergleiche

Auch Abfindungsvergleiche sind häufig. Gerade wenn der Versicherer dem Versicherungsnehmer eine vorvertragliche Anzeigepflichtverletzung vorwirft, aber große Zweifel bestehen, ob der Versicherer richtig belehrt hat oder tatsächlich Arglist oder grobe Fahrlässigkeit vorliegen, ist Raum für eine außergerichtliche vergleichsweise Einigung, ohne dass ein gerichtliches Verfahren eingeleitet werden muss.

Sollte dennoch ein gerichtliches Verfahren erforderlich werden, gilt für die Berechnung des Prozesskostenrisikos eine Besonderheit: Der Gegenstandswert berechnet sich aus der vertraglich vereinbarten Beitragsfreistellung, das heißt aus den Versicherungsbeiträgen, die der Versicherungsnehmer nicht mehr zahlen muss und der monatlich vereinbarten Rente für die seit Antragstellung vergangenen Monate sowie für 3,5 Jahre gem. § 9 ZPO. Hier gilt als Gegenstandswert nicht die Zeit bis zum Ende des Versicherungsvertrags.

Gerichtliches Verfahren

02

Ist bei einem monatlichen Beitrag von 200 Euro eine monatliche Rente von 1.500 Euro versichert, ist für die Berechnung des Gegenstandswerts die Summe dessen (200 Euro + 1.500 Euro = 1.700 Euro) mit 3,5 Jahren, das heißt mit 42 Monaten zu multiplizieren, sodass sich ein Betrag von 71.400 Euro ergibt. Rückständige Monate werden hinzugerechnet.

Konkret und kompakt –
10 Schritte zur erfolgreichen Schadensregulierung

Die Berufsunfähigkeitsversicherung zahlt die vertraglich vereinbarte Rente, wenn Sie berufsunfähig werden. Darüber hinaus übernimmt der Versicherer die Beiträge, die Sie für die Berufsunfähigkeitsversicherung und auch für eine damit gegebenenfalls verbundene Lebensversicherung zahlen müssen.

Bei Eintritt der Berufsunfähigkeit beachten Sie unbedingt folgende **10 Punkte:**

1. Zeigen Sie dem Berufsunfähigkeitsversicherer formlos – telefonisch, per Mail oder per Post – an, dass Sie berufsunfähig sind. Erledigen Sie dies möglichst frühzeitig, wenn sich eine Berufsunfähigkeit abzeichnet, das heißt eine Arbeitsunfähigkeit andauert. Bei einer späten Meldung zahlen die meisten Versicherer erst ab der Meldung und nicht bereits mit Beginn der Berufsunfähigkeit.

2. Folgen Sie den Anweisungen des Versicherers. Fragen Sie im Zweifelsfall, was Sie nun zu tun haben. Zumeist wird der Versicherer Ihnen ein
ausführliches Formular übersenden, bei dem Sie Angaben zu Ihrem
bisherigen beruflichen Werdegang, Ihrer zuletzt und gegebenenfalls
aktuell noch ausgeübten beruflichen Tätigkeit sowie zu den Erkrankungen machen müssen. Prüfen Sie Ihre Angaben nochmals explizit
auf Schlüssigkeit. Der Versicherer wird stutzig, wenn Sie zunächst angeben, acht Stunden gearbeitet zu haben, um dann in einer Auflistung
der einzelnen täglichen Tätigkeiten auf neun Stunden zu kommen.

3. Die geforderten Informationen müssen Sie zwar selbst zusam-
mentragen. Es empfiehlt sich jedoch, bereits vor der Übersendung
der Unterlagen an den Versicherer einen Versicherungsfachmann
(Versicherungsberater oder Fachanwalt für Versicherungsrecht)
zu konsultieren, da unbedachte Äußerungen den Versicherer dazu
verleiten können, die Schadensregulierung zu verzögern oder gar zu
verweigern. Schließlich geht es gerade bei dieser Versicherungssparte
für den Versicherer um eine erhebliche Summe.

4. Setzen Sie sich mit der Versicherungspolice und den zugehörigen
Versicherungsbedingungen auseinander und befolgen, was dort zu
„Obliegenheiten bei Eintritt des Versicherungsfalls" steht.

5. Verlangt der Versicherer eine Erklärung zur Entbindung von der
Schweigepflicht, werden Sie nicht umhinkommen, diese – bezogen
auf den nun eingetretenen Versicherungsfall – auszufüllen.

6. Ist der Versicherungsvertrag jünger als zehn Jahre, wird der Versicherer eine vorvertragliche Anzeigepflichtverletzung prüfen. Wenn Sie behandelnde Ärzte von der Schweigepflicht gegenüber dem Versicherer
entbinden sollen, berücksichtigen Sie dies.

7. Bitten Sie Ihre behandelnden Ärzte, nur solche Angaben an den Versicherer zu schicken, die tatsächlich für die Leistungsprüfung relevant sind.

8. Führen Sie die Korrespondenz mit dem Versicherer schriftlich, am
besten mit Nachweisen (Fax, Einschreiben). Sagen Sie klar, innerhalb
welcher Frist (zwei Wochen sind meist angemessen) Sie eine Antwort
oder Zahlung erwarten.

9. Kommt es zum Streitfall, hilft der Versicherungsombudsmann e. V. nur
in Einzelfällen weiter, da er keine Beweise über eine etwaige vorvertragliche Anzeigepflicht erheben kann und auch keine Gutachten zu
Ihrem Gesundheitszustand einholt.

10. Der Abschluss einer Rechtsschutzversicherung mit Privat- und/oder
Vertragsrechtsschutz hilft hier weiter. Am besten schließen Sie die
Rechtsschutzversicherung mehr als drei Monate vor der Berufsunfähigkeitsversicherung ab, damit die Wartezeit des Rechtsschutzvertrags
auch dann abgelaufen ist, wenn der Versicherer Ihnen eine vorvertragliche Anzeigepflichtverletzung vorwirft.

PRIVATE KRANKEN(ZUSATZ)VERSICHERUNG

Die private Krankenversicherung erstattet die Aufwendungen für medizinisch notwendige Heilbehandlungen wegen Krankheiten oder Unfallfolgen; daneben erbringt sie – sofern vereinbart – sonstige Leistungen. Entweder wird der Vertrag über die Krankheitskostenversicherung als Vollversicherung abgeschlossen, bei der der Leistungskatalog mindestens dem entspricht, was die gesetzliche Krankenkasse leistet.

02

Zudem können gesetzlich Krankenversicherte die Krankenversicherung auch als Zusatzversicherung abschließen, zum Beispiel, um eine bessere ambulante oder stationäre Behandlung, Heilpraktikerleistungen oder eine umfangreichere Zahnversorgung zu erhalten. Daneben gibt es noch die Krankentagegeldversicherung, um den krankheitsbedingten Lohnausfall aufzufangen.

Krankentagegeld-versicherung

Der Leistungskatalog der verschiedenen Tarife und einzelnen Versicherer ist so unterschiedlich, dass bei aufkommenden Rechtsstreitigkeiten in jedem Fall der Versicherungsvertrag herangezogen werden muss. Einige Schwierigkeiten tauchen jedoch immer wieder auf; diese sind Gegenstand dieses Kapitels.

Was ist bei Vertragsabschluss wichtig?

Beim Abschluss der Krankenversicherung stellen Versicherer umfangreiche Gesundheitsfragen und das Textfeld auf dem vorgedruckten Formular ist viel zu klein, als dass der Versicherungsnehmer tatsächlich sämtliche Behandlungen der letzten (bis zu) zehn Jahre angeben kann.

Wer sich nicht sicher ist, welche Untersuchungen, Beratungen oder Behandlungen erfolgt sind, kann die behandelnden Ärzte oder den Vorversicherer um eine Aufstellung bitten. Eine Entbindung von der Schweigepflicht, die dem Versicherer erteilt wird, reicht nicht aus. Denn nur in seltenen Fällen

Vorsicht

Die vorvertragliche Obliegenheit der Auskunft über den Gesundheitszustand ist der Knackpunkt in jedem Rechtsstreit, der binnen zehn Jahren nach Vertragsabschluss mit dem Krankenversicherer geführt wird. Daher sind die vom Versicherer in Textform gestellten Fragen peinlichst genau und wahrheitsgemäß zu beantworten.

hat der Versicherer eine sogenannte Nachfrageobliegenheit, also die Verpflichtung, von sich aus beim behandelnden Arzt nachzufragen. Zunächst vertraut der Versicherer darauf, dass die Angaben wahrheitsgemäß und vollständig sind.

Nachfrage bei behandelndem Arzt

Sollte der Versicherungsnehmer wirklich nicht wissen, welche Behandlungen anzugeben sind, weil er sich gar nicht mehr an Einzelheiten erinnert, so hat er dies dem Versicherer mitzuteilen und ihn explizit zu bitten, die Vorerkrankungen bei den angegebenen Ärzten abzufragen oder aber einen unabhängigen Arzt zu bitten, einen Gesundheitscheck durchzuführen. Im Regelfall wird dies dem Versicherer aber zu aufwendig sein, sodass er den Antrag auf Abschluss der Krankenversicherung ablehnen wird.

Mit Abschluss des Vertrags besteht im Übrigen auch noch kein Versicherungsschutz, sofern nicht explizit im Versicherungsschein etwas anderes geregelt ist, zum Beispiel, weil es sich nicht um eine neu abgeschlossene Krankenversicherung, sondern um einen Wechsel des Krankenversicherers handelt. Dies gilt auch, wenn der Versicherungsnehmer lückenlos von der gesetzlichen in die private Krankenversicherung wechselt.

Was ist standardmäßig versichert?

Die Krankenversicherung erbringt ihre Leistungen nach dem Erstattungsprinzip, das heißt, als Versicherungsnehmer müssen Sie vorleisten und können vom Versicherer die Erstattung fordern. Nur in Ausnahmefällen kann der Versicherungsnehmer vor einer Heilbehandlung klären lassen, ob deren Kosten vom Krankenversicherer zu übernehmen sind. Dies bereitet in der Praxis erhebliche Schwierigkeiten, da der Versicherer erst bei Einreichen der Rechnung etwaige Zweifel an der medizinischen Notwendigkeit äußert oder ein auffälliges Missverhältnis zwischen den erbrachten Leistungen und den Aufwendungen sieht und daher nur eine Teilleistung möglich ist.

Vorsicht

Üblicherweise gilt eine Wartezeit von drei Monaten bis zum Eintritt des Versicherungsschutzes. Für Entbindung, Psychotherapie, Zahnbehandlung, Zahnersatz und Kieferorthopädie ist oft eine Wartezeit von acht Monaten vorgesehen. Damit einher geht, dass auch für Erkrankungen oder Unfallfolgen, die vor Abschluss des Vertrags aufgetreten sind, keine Versicherungsleistung erbracht wird.

Der Versicherer zahlt für ambulante **Heilbehandlungen**
sowie die im Leistungskatalog enthaltenen **Heilmittel** und **Hilfsmittel**
(zum Beispiel ein Schlafapnoegerät/CPAP-Gerät), ferner für stationäre
Heilbehandlungen. Erstattet werden die konkreten Aufwendungen für
die medizinisch notwendige Heilbehandlung, sofern kein auffälliges
Missverhältnis besteht. Heilbehandlung definiert der Bundesgerichtshof als ärztliche Tätigkeit, die durch die betreffende Krankheit
verursacht worden ist, sofern die Leistung des Arztes von ihrer Art her
in den Rahmen der medizinischen Krankenpflege fällt und auf Heilung
oder Linderung der Krankheit abzielt.

Heilbehandlung und
Krankheit

02

Als **Krankheit** ist ein anormaler Körper- oder Geisteszustand
definiert, der eine unerhebliche Störung körperlicher und geistiger
Funktonen bewirkt. Dazu zählen auch Aids, Alkoholismus, Leber-
schaden, Eileiterschwangerschaft, Dauerschnupfen und Warzen,
jedoch keine normalen Beschwerden in den Wechseljahren oder der
Minderwuchs eines fünfjährigen Jungen. Auch rein kosmetische
Maßnahmen fallen nicht unter den Versicherungsschutz, wie zum
Beispiel eine Nasenbegradigung oder Ähnliches. Unfälle sind definiert
wie in der Unfallversicherung, also als plötzlich von außen auf den
Körper wirkendes Ereignis, durch das eine unfreiwillige Gesundheits-
beschädigung eintritt.

Was medizinisch notwendig ist, wird beim Antrag auf Kostenerstattung durch die Versicherung oft zum Problem. Denn
der Nachweis obliegt dem Versicherungsnehmer und ist noch
nicht erbracht, indem die abgerechneten Positionen aus der
Gebührenordnung für Ärzte (GOÄ) theoretisch mit den Diagnosen in Einklang gebracht worden sind. Im Zweifelsfall hat
der Versicherungsnehmer die Behandlung durch seinen Arzt
oder Therapeuten aufwendig dokumentieren zu lassen, damit
der Versicherer die medizinische Notwendigkeit der Behandlung anerkennen kann. Die Abrechnungsgrundlage bilden die
Tarifbestimmungen der einzelnen Versicherer, die im Wesentlichen auf die Gebührenordnung für Ärzte (GOÄ) sowie die
Gebührenordnung für Zahnärzte (GOZ) verweisen. Rechnet

der behandelnde (Zahn)Arzt mehr als den 2,3fachen Satz ab, so hat er dies zu begründen. Oftmals fordert der Versicherer auch eine Begründung dafür, warum diese oder jene Ziffer der Gebührenordnung neben einer anderen abgerechnet werden soll, da diese doch schon in der zuerst abgerechneten Ziffer enthalten sein müsste. Gerichtsurteile gibt es zu diesen Fragen kaum, zumindest keine, die höchstrichterlich oder zumindest seitens eines OLG oder mehrerer Landgerichte ergangen sind. Die einschlägigen Kommentare vertreten entweder die Position des Versicherers oder aber klar die der behandelnden Ärzte.

Risiko Kostenerstattung

Das Risiko, dass eine Behandlung unbezahlt bleibt, deren Erstattung der Versicherungsnehmer aufgrund seines Versicherungsvertrags sicher wähnte, liegt beim Versicherungsnehmer. Dieser zahlt häufig die Rechnung des Behandelnden, bevor der Versicherer erstattet. Ist noch keine Liquidation erfolgt und der Versicherer lehnt die Zahlung ab, kann der Versicherungsnehmer einen Rechtsstreit mit dem behandelnden Arzt führen. Verliert der Versicherungsnehmer den Prozess, weil die Forderung des Behandelnden berechtigt ist, müsste der Krankenversicherer sowohl die Behandlungskosten als auch die Kosten des Prozesses tragen. Oft fehlt Versicherungsnehmern der Mut und insbesondere nach einer schweren Erkrankung die Energie, den Arzt, der erfolgreich behandelt hat, auf eine gerichtliche Klärung seines Vergütungsanspruchs zu verweisen. Die Kosten trägt dann einmal mehr der Versicherungsnehmer, obschon er über die private Krankenversicherung vereinbarungsgemäßen Versicherungsschutz genießen sollte.

Bei den stationären Heilbehandlungen geht es häufig um die Problematik, ob der Krankenhausaufenthalt tatsächlich so lang hat dauern müssen. Hier müssen Sie als Versicherungsnehmer den Beweis führen, dass die medizinische Notwendigkeit während des gesamten Aufenthalts bestanden hat und keine ambulante Weiterbehandlung möglich war.

Welche Obliegenheiten muss der Versicherungsnehmer beachten – vor, beim und nach dem Leistungsfall?

02

Vorvertraglich, spätestens bei Abschluss des Vertrags, haben Sie wahrheitsgemäße Angaben zu machen. Nachteilige Veränderungen des versicherten Risikos in Form von Gefahrerhöhungen wie zum Beispiel neuer Zigarettenkonsum, der Berufswechsel vom Büromitarbeiter zum Dachdecker oder die Teilnahme an Autorennen muss der Versicherungsnehmer in der privaten Krankenversicherung nicht anzeigen.

Tritt der Leistungsfall ein, nimmt der Versicherungsnehmer also eine medizinisch notwendige Heilbehandlung in Anspruch, sind die in den Versicherungsbedingungen als „Obliegenheiten" überschriebenen Punkte zu beachten.

Leistungsfall

Obliegenheiten in den Versicherungsbedingungen sind im Regelfall die folgenden:

- Der Versicherungsnehmer muss eine **Krankenhausbehandlung** binnen zehn Tagen nach Beginn/Einweisung **anzeigen.**

- Der Versicherungsnehmer und/oder die versicherte Person muss dem Versicherer jede **Auskunft erteilen,** die zur Feststellung des Versicherungsfalls oder der Leistungspflicht des Versicherers erforderlich ist. Beispielsweise muss auch der vollständige Entlassungsbericht des Krankenhauses vorgelegt werden, sollte der Versicherer dies fordern. Hier müssen die wichtigen Eckpunkte wie Diagnose, Therapie, Mitwirkung etc. erkennbar bleiben. Sollen einzelne Textpassagen geschwärzt werden, zum Beispiel weil es bei der Behandlung einer schweren Depression nicht nur um die Frage geht, wo die Depression herrührt, sondern Einzelheiten zu der belastenden Situation dargestellt werden (Vater schlug die Mutter und die Kinder, fuhr alkoholisiert zur Arbeit etc.), sind die meisten Versicherer bereit, eine Schwärzung dieser Textpassagen zu akzeptieren, wenn trotzdem die Notwendigkeit der medizinischen Behandlung und des stationären Aufenthalts nachvollziehbar bleibt.

- Der Versicherungsnehmer muss sich auf Verlangen des Versicherers **von einem Arzt untersuchen lassen,** den der Versicherer beauftragt hat.

- Wie auch in anderen Versicherungssparten üblich, hat der Versicherungsnehmer eine **Schadensminderungspflicht,** das heißt, er hat nach Möglichkeit für die Minderung des Schadens zu sorgen und alles zu unterlassen, was der Genesung hinderlich ist.

- Ferner ist der Versicherungsnehmer beziehungsweise die versicherte Person verpflichtet, es **dem Versicherer anzuzeigen, wenn bei einem weiteren Versicherer ein Krankheitskostenversicherungsvertrag abgeschlossen wird.** Eine Mehrfachversicherung ist ohnehin nicht möglich; gemeint sind solche Konstellationen, bei denen der Versicherungsnehmer über einen Versicherer bestimmte Behandlungen versichert hat und bei dem anderen Versicherer beispielsweise als Zusatzversicherung noch Heilpraktikerleistungen und eine höhere Erstattung für Sehhilfen abschließt. Will der Versicherungsnehmer eine weitere Krankenhaustagegeldversicherung abschließen, so geht dies nur mit Einwilligung des Versicherers.

Gemischte Anstalt

Keine „klassische" Obliegenheit, wohl aber oft ein Streitfall in der privaten Krankenversicherung, ist der Aufenthalt in einer sogenannten gemischten Anstalt. Hierunter versteht man stationäre Einrichtungen, die neben dem Krankenhausbetrieb auch Kuren oder Sanatoriumsbehandlungen durchführen. Der Versicherer übernimmt die Leistungen für den Aufenthalt in einer „gemischten Anstalt" nur, wenn er diese vor Beginn der Behandlung schriftlich zugesagt hat. Wird eine Anfrage an den Versicherer gestellt, ist darauf zu achten, die Anfrage mit einer angemessenen Fristsetzung zur Antwort – im Regelfall von zwei Wochen – zu verknüpfen, da die Beantwortung solcher Anfragen üblicherweise sehr lange dauert. Oftmals sind die Einrichtungen aber gar keine „gemischten Anstalten", so wie private Krankenversicherer es behaupten. Hier empfiehlt es sich, Bestätigungen des Krankenhauses einzuholen und der Korrespondenz mit dem Versicherer beizufügen. Oftmals hatten schon andere privat Krankenversicherte mit dieser Problematik zu kämpfen.

02

Was zahlt die Versicherung im Leistungsfall?

Die private Krankenversicherung leistet entsprechend der Versicherungsbedingungen und Tarifbestimmungen. In älteren Verträgen gibt es oft keine Regelung darüber, dass die Leistung für eine bestimmte Therapie zahlenmäßig begrenzt ist; ein entsprechender Versuch des Krankenversicherers, hier eine Begrenzung vorzunehmen, wird oftmals zum Scheitern verurteilt sein. Gleiches gilt auch für die Versuche von Versicherern, den Versicherungsnehmer dazu zu bewegen, im Leistungsfall die günstigere Behandlungsmethode zu wählen. Sind zwei vergleichbare Behandlungsmaßnahmen denkbar, deren Kosten um ein Vielfaches auseinanderliegen, darf der Versicherer nicht kürzen. Das Verbot, bei „Übermaßvergütungen" zu kürzen, ist in den Versicherungsverträgen oftmals nicht geregelt. Es gibt nur ein Recht des Versicherers, die Leistung zu kürzen, nämlich wenn eine Behandlung das Maß des medizinischen notwendigen überschreitet.

Was ist sonst noch bei der Schadensregulierung wichtig?

Der Versicherer leistet nicht, wenn die Krankheit oder der Unfall vorsätzlich herbeigeführt wurde. Dies entspricht aber dem auch für andere Versicherungssparten üblichen Verständnis, nach dem für vorsätzlich herbeigeführte Versicherungsfälle keine Leistung erfolgt.

Sind Krankheit oder Unfall vorsätzlich herbeigeführt worden, leistet der Versicherer nicht (§ 201 VVG). Bei einem Rückfall eines Alkoholabhängigen behauptet der Versicherer oftmals die bedingt vorsätzliche Herbeiführung des Versicherungsfalls. Hiergegen sollte man sich wehren, auch wenn erste Amtsgerichte den Versicherern Recht gegeben haben.

Auch erbringt der Versicherer keine Leistung, wenn die Behandlung durch einen Arzt erbracht worden ist, der Ehepartner/Lebenspartner, Elternteil oder Kind des Versicherungsnehmers ist. In diesen Fällen werden nur die Sachkosten, nicht aber die Behandlungskosten erstattet. Weitere Besonderheiten kann der einzelne Versicherungsvertrag aufweisen, zum Beispiel dass Leistungen nur bis zu einem bestimmten Gebührensatz gezahlt werden, psychische Erkrankungen gänzlich vom Versicherungsschutz ausgenommen sind oder Ähnliches. Diese Ausschlüsse sollten ebenso wie die häufig vereinbarte Selbstbeteiligung zur Reduzierung der Versicherungsbeiträge genauestens geprüft und abgewogen werden, damit im Schadensfall keine böse Überraschung wartet.

Konkret und kompakt –
10 Schritte zur erfolgreichen Schadensregulierung

Die private Krankenversicherung übernimmt die Kosten, die durch den Versicherungsvertrag und den Tarif vereinbart wurden. Die Krankentagegeldversicherung zahlt im Fall der Arbeitsunfähigkeit pro Tag einen vertraglich vereinbarten Betrag.

Im Krankheitsfall beachten Sie unbedingt folgende **10 Punkte:**

1. Setzen Sie sich spätestens jetzt mit Ihrer Versicherungspolice und den zugehörigen Versicherungsbedingungen auseinander. Ziehen Sie die Tarifbedingungen hinzu.

2. Folgen Sie den Anweisungen des Versicherers. Fragen Sie im Zweifelsfall, was Sie nun zu tun haben.

3. Sie müssen dem Versicherer jede Auskunft erteilen, die zur Feststellung des Versicherungsfalls oder der Leistungspflicht des Versicherers erforderlich ist. Dazu gehört auch der vollständige Entlassungsbericht des Krankenhauses, gegebenenfalls mit einigen geschwärzten Passagen.

4. Verlangt der Versicherer eine Erklärung zur Entbindung von der Schweigepflicht, werden Sie nicht umhinkommen, diese – bezogen auf den nun eingetretenen Versicherungsfall – auszufüllen, sofern es zur Feststellung der Leistungspflicht erforderlich ist.

5. Ist der Versicherungsvertrag jünger als zehn Jahre, wird der Versicherer eine vorvertragliche Anzeigepflichtverletzung prüfen. Wenn Sie behandelnde Ärzte von der Schweigepflicht gegenüber dem Versicherer entbinden sollen, berücksichtigen Sie dies.

Bitten Sie Ihre behandelnden Ärzte, nur solche Angaben an den Versicherer zu schickten, die tatsächlich für die Leistungsprüfung relevant sind.

6. Sie haben eine Schadensminderungspflicht, das heißt, Sie sollten nach Möglichkeit für die Minderung des Schadens sorgen und alles unterlassen, was der Genesung nicht förderlich ist. Verletzen Sie diese Obliegenheit aber nicht vorsätzlich oder grob fahrlässig (zum Beispiel wenn Sie als Alkoholiker rückfällig werden), dürfte eine Leistungsverweigerung des Versicherers nicht möglich sein.

7. Führen Sie die Korrespondenz mit dem Versicherer schriftlich, am besten mit Nachweisen (Fax, Einschreiben). Sagen Sie klar, innerhalb welcher Frist (zwei Wochen sind meist angemessen) Sie eine Antwort oder Zahlung erwarten.

8. Kommt es zum Streitfall, hilft der Ombudsmann für die private Kranken- und Pflegeversicherung nur in Einzelfällen weiter, da er keine Beweise über eine etwaige vorvertragliche Anzeigepflicht erheben kann und auch keine Gutachten zur medizinischen Notwendigkeit einer Behandlung einholt.

9. Müssen Sie stationär behandelt werden, zeigen Sie dies dem Krankenversicherer binnen zehn Tagen nach Beginn/Einweisung an. Sollen Sie in einer „gemischten Anstalt" behandelt werden, holen Sie unbedingt vor Behandlungsbeginn die schriftliche Zusage des Versicherers ein. Setzen Sie dem Versicherer für seine Antwort eine Frist von zwei Wochen. Behauptet der Versicherer, es handele sich bei dem Krankenhaus um eine „gemischte Anstalt", während das Krankenhaus diesen Status verneint, bitten Sie das Krankenhaus, Ihnen ein Schriftstück und etwaige Gerichtsurteile für seine Klassifizierung zu überlassen.

10. Wollen Sie eine weitere Krankheitskostenversicherung oder Krankentagegeldversicherung abschließen, informieren Sie Ihren Versicherer.

02

KFZ-VERSICHERUNG

Die Versicherungssparte mit den meisten gerichtlichen Rechtsstreitigkeiten ist die Kfz-Versicherung: In dieser Sparte ereignen sich besonders viele Versicherungsfälle und ein einzelner Unfall betrifft sowohl die Kfz-Haftpflicht- als auch die Voll- oder Teilkaskoversicherung. Im Folgenden werden die Kfz-Haftpflichtversicherung und die Kaskoversicherung getrennt voneinander erörtert. Auch wenn für beide Versicherungssparten große Gemeinsamkeiten bestehen und die

Rechtsgrundlage weitestgehend einheitlich in den Allgemeinen Bedingungen für die Kraftfahrtversicherung (AKB) geregelt sind, gibt es Abweichungen hinsichtlich der Versicherungspflicht, den Obliegenheiten sowie den Folgen einer Obliegenheitsverletzung.

Kfz-Haftpflichtversicherung

Die Kfz-Haftpflichtversicherung reguliert Personen-, Sach- und Vermögensschäden, die der Versicherungsnehmer beziehungsweise der Halter oder Fahrer als mitversicherte Person beim Gebrauch des Fahrzeugs einfach oder grob fahrlässig verursacht hat. Für die einzelnen Schadensarten ist im Versicherungsvertrag die maximale Versicherungssumme festgelegt. Zum Gebrauch des Fahrzeugs zählt auch das Ein- und Aussteigen sowie das Be- und Entladen.

Derjenige, der nach einem Einkauf seinen Einkaufswagen leer räumt und die Einkäufe in den Kofferraum seines Kfz packt, muss seinen Kfz-Haftpflichtversicherer und nicht den Privathaftpflichtversicherer in Anspruch nehmen, wenn der Einkaufswagen wegrollt und dabei ein anderes Fahrzeug beschädigt.

Wird der Versicherungsnehmer, Halter oder Fahrer zu Unrecht von einem Dritten in Anspruch genommen, fungiert die Kfz-Haftpflichtversicherung als partielle Rechtsschutzversicherung und wehrt die unberechtigten Ansprüche ab.

Pfichtversicherung

Die Kfz-Haftpflichtversicherung ist eine Pflichtversicherung, deren Rechtsgrundlage sich im Pflichtversicherungsgesetz (PflVG) sowie in den mit dem Versicherer vereinbarten Allgemeinen Bedingungen für die Kraftfahrversicherung (AKB) findet. Die Kfz-Haftpflichtversicherer sind verpflichtet, dem Versicherungsnehmer eine gesetzliche Haftpflichtversicherung im Rahmen der geltenden Mindestversicherungssummen anzubieten (sofern ein vorheriger Versicherungsvertrag bei

dem angefragten Versicherer nicht wegen Anfechtung oder
Prämienverzugs beendet wurde).

Die Mindestversicherungssummen sind aktuell
- 7,5 Millionen Euro für Personenschäden
- 1.120.000 Euro für Sachschäden
- 50.000 EUR für die weder mittelbar noch unmittelbar mit einem
  Personen- oder Sachschaden zusammenhängenden Vermögensschäden

Was ist bei Vertragsabschluss wichtig?

Beim Abschluss einer Kfz-Versicherung müssen Sie die Fragen des Versicherers zum Fahrzeug, zur Kilometerleistung, zur
Abstellmöglichkeit und zu den Fahrern wahrheitsgemäß beantworten. Werden Fragen zum Versicherungsschutz falsch
beantwortet, um Versicherungsbeiträge zu sparen, kann der
Versicherer den höheren, das heißt den tatsächlichen Versicherungsbeitrag ab Beginn des laufenden Versicherungsjahres, nachberechnen. Dies gilt auch, wenn ein Fahrer das Kfz
geführt hat, der es eigentlich nicht hätte fahren dürfen, zum
Beispiel, weil er unter 23 Jahre alt ist und im Versicherungsvertrag angegeben wurde, alle Fahrer seien über 23 Jahre alt.
Verursacht der nicht berechtigte Fahrer schuldhaft einen Unfall, nimmt der Versicherer an, der Versicherungsnehmer habe
vorsätzlich unzutreffende Angaben gemacht und verlangt eine
Vertragsstrafe in Höhe eines vollständigen Jahresbeitrags.

Welche Obliegenheiten muss der Versicherungsnehmer beachten – vor, beim und nach dem Schadensfall?

Bei Vertragsabschluss müssen Sie als Versicherungsnehmer
wahrheitsgemäße Angaben zu dem Risiko machen, das Sie
beim Versicherer zu versichern wünschen. Ändert sich während der Vertragslaufzeit die jährliche Kilometerleistung oder

aber diejenigen, die das Fahrzeug zu führen berechtigt sind, müssen Sie dies dem Versicherer anzeigen.

Der Versicherungsnehmer muss ferner berücksichtigen, dass der Versicherungsvertrag weiteres Handeln, Dulden oder Unterlassen von ihm fordert, zum Beispiel, dass er keine Autorennen mit dem versicherten Kfz fährt, das Fahrzeug nicht betrunken führt oder den Unfallort nicht verlässt, bevor die Feststellung des Schadens abgeschlossen werden konnte. Näheres regelt der Versicherungsvertrag.

In der **Kfz-Haftpflichtversicherung** sind Sie als Versicherungsnehmer verpflichtet, dem Versicherer **die angemeldeten Ansprüche innerhalb einer Woche nach der Erhebung des Anspruchs anzuzeigen.** Macht der Geschädigte die Ansprüche gerichtlich geltend, hat der Versicherungsnehmer dem Versicherer die Führung des Rechtsstreits zu überlassen, alle erforderlichen Auskünfte zu erteilen und die angeforderten Unterlagen zur Verfügung zu stellen.

Sie müssen ferner

- den **Schaden** nach Möglichkeit **abwenden** und für eine **Minderung** des Schadens **sorgen,**

- den **Unfallort nicht verlassen,** bevor die Polizei oder der Geschädigte die notwendigen Feststellungen getroffen hat,

- alles tun, was der **Aufklärung des Schadensereignisses** dienen kann, insbesondere Fragen zum Unfallereignis wahrheitsgemäß und vollständig beantworten,

- **Weisungen befolgen,** die Sie von Ihrem Versicherer erhalten, sofern die Weisungen zumutbar sind,

- den **Versicherer** darüber **informieren,** ob die Polizei, die Staatsanwaltschaft oder eine andere Behörde im Zusammenhang mit dem Schadenereignis ermittelt und den Fortgang des Verfahrens wie zum Beispiel einen Strafbefehl oder Bußgeldbescheid mitteilen.

Was zahlt die Versicherung im Schadensfall?

Im Schadensfall reguliert der Kfz-Haftpflichtversicherer dem Geschädigten Personen-, Sach- und etwaige Vermögensschä-

den; er gleicht also dessen Schadensersatz- und Schmerzensgeldansprüche aus. Ist eine Reparatur des Fahrzeugs möglich
und wirtschaftlich angemessen, das heißt, übersteigen die
zu erwartenden Reparaturkosten den Wiederbeschaffungswert nicht um 130 Prozent, zahlt der Versicherer die Reparaturkosten. Ist eine Reparatur unwirtschaftlich, sind die zu erwartenden Reparaturkosten also größer als 130 Prozent des
Wiederbeschaffungswerts, erstattet der Versicherer den Wiederbeschaffungswert abzüglich eines etwaigen Restwerts.
Für den Restwert zeigt der Kfz-Versicherer im Regelfall Angebote aus Restwertbörsen an, an die sich der Geschädigte
zwecks Verkaufs seines beschädigten Kfz wenden kann.

Regulierungsvollmacht

Da der Geschädigte nicht nur einen Anspruch gegen den Halter (Versicherungsnehmer) und Fahrer, sondern auch gegen
den Kfz-Haftpflichtversicherer direkt hat (sogenannter Direktanspruch), hat der Kfz-Haftpflichtversicherer eine Regulierungsvollmacht, das heißt, er darf die Schadensfeststellung
und -regulierung nach eigenem pflichtgemäßen Ermessen
durchführen. „Pflichtgemäßes Ermessen" bedeutet, dass der
Kfz-Haftpflichtversicherer sich ein Bild vom Schadenshergang
verschaffen, die Rechtslage prüfen und die Erfolgsaussichten
– auch unter wirtschaftlichen Gründen – abschätzen muss.
Unter Umständen kann der Kfz-Haftpflichtversicherer also einen Schaden ohne oder sogar gegen das Einverständnis des
Versicherungsnehmers regulieren.

Solange eine Reparatur oder Wiederbeschaffung noch nicht
durchgeführt ist, hat der Geschädigte nur den Anspruch auf
den Netto-Betrag; die Mehrwertsteuer wird nachreguliert,
sobald sie tatsächlich angefallen ist. Der Kfz-Haftpflichtversicherer ersetzt ferner die angemessenen Kosten für ein Sachverständigengutachten, das der Geschädigte bei einem zu
erwartenden Reparaturbetrag von mindestens 800 Euro in
Auftrag gegeben hat, dessen Anwaltskosten sowie eine Kostenpauschale von derzeit 25 Euro für die Auslagen des Geschä-

Tipp

Sind Sie der
Geschädigte
eines Kfz-Unfalls
und haben Sie
die Kontaktdaten
des Unfallfahrers
nicht, können
Sie anhand des
Kfz-Kennzeichens
seinen Kfz-Haft-
pflichtversicherer
über den Zentralruf
der Autoversicherer
unter der bundes-
weit einheitlichen
Servicenummer
0180/25026
abfragen.

digten. Der Geschädigte kann nach ständiger Rechtsprechung sein Kfz in einer der Kfz-Marke entsprechenden Fachwerkstatt reparieren lassen, wenn das Fahrzeug jünger als drei Jahre alt ist oder der Geschädigte nachweislich alle Inspektionen und Reparaturen in der Fachwerkstatt durchführen ließ.

Das „Porsche"-Urteil des Bundesgerichtshofs (Aktenzeichen VI ZR 398/02) sah zunächst vor, dass ein Geschädigter immer auf Basis der Kosten einer Fachwerkstatt abrechnen könne. Diese Rechtsprechung ist durch das „Golf-Urteil" des Bundesgerichtshofs (BGH) später dahingehend konkretisiert worden, dass dies nur für bis zu drei Jahre alte Fahrzeuge gilt bzw. bei älteren Fahrzeugen nur dann, wenn diese scheckheftgepflegt sind.

Die Verpflichtung, gegenüber dem Geschädigten zu leisten, hat der Versicherer völlig unabhängig davon, ob der Versicherungsnehmer, der Halter oder Fahrer einen gravierenden Fehler gemacht hat, zum Beispiel betrunken gefahren ist oder sich vom Unfallort entfernt hat. Der Kfz-Haftpflichtversicherer hat jedoch gegen den Versicherungsnehmer einen Regressanspruch, der abhängig vom Verstoß bis 2.500 Euro oder bis 5.000 Euro betragen kann. Voraussetzung ist allerdings, dass der Versicherungsnehmer nicht vorsätzlich gehandelt hat. In diesen Fällen muss der Kfz-Haftpflichtversicherer nicht zahlen, das heißt, er hat auch keine Verpflichtung, dem Geschädigten den Schadensersatz und/oder das Schmerzensgeld vorzustrecken.

Änderung des Schadensfreiheitsrabatts nach Eintritt des Schadensfalls

Anders als in anderen Versicherungssparten, bei denen ein einziger Schadensfall nur im Ausnahmefall Auswirkungen auf die Fortführung des Versicherungsvertrags hat und erst im Wiederholungsfall eine Selbstbeteiligung oder gar Kündigung droht, sieht die Kfz-Versicherung ein starres System vor, wie der Versicherungsnehmer nach dem Eintritt des Schadensfalls zu versichern ist. Der sogenannte Schadensfreiheitsrabatt ändert sich für den Versicherungsnehmer, wenn er einen Unfall hat. Einzelheiten über die Rückstufung im Schadensfall sind dem Versicherungsvertrag zu entnehmen.

Versicherer, denen ein Schadensfall angezeigt wird, ohne dass der Geschädigte sofort Ansprüche geltend macht, sind berechtigt, für das Folgejahr den geänderten verschlechterten Schadensfreiheitsrabatt zugrunde zu legen, da der Geschädigte bis zu drei Jahre Zeit hat, seine Ansprüche geltend zu machen. Ist absehbar, dass der Geschädigte keine Ansprüche geltend machen wird, kann der Versicherer angesprochen werden, die Rückstufung rückgängig zu machen. Nach etwa einem Jahr des Schweigens seitens des Versicherungsnehmers ist der Versicherer hierzu oft bereit.

Probleme verursachen in dem Zusammenhang häufiger Angebote von Versicherern, bei denen sich der Schadensfreiheitsrabatt trotz Unfall zunächst nicht ändert. Oftmals werden derartige Verträge im Zusammenhang mit der Finanzierung eines Neuwagens verkauft. Während der Vertragslaufzeit macht sich ein Schadensfall dann tatsächlich nicht bemerkbar, der Schadensfall schlummert jedoch in den Akten und erscheint nach dem Ende des Versicherungsvertrags wieder, wenn der Versicherungsnehmer sich um anderweitigen Versicherungsschutz bemüht und dann den um den Unfall geänderten Schadensfreiheitsrabatt berücksichtigen muss.

Konkret und kompakt –
10 Schritte zur erfolgreichen Schadensregulierung

Die Kfz-Haftpflichtversicherung zahlt dem Geschädigten für Schäden, die Sie schuldhaft, das heißt vorsätzlich oder grob fahrlässig angerichtet, haben, Schadensersatz (Zeitwert der beschädigten Sache oder erforderliche Aufwendungen) und – bei Personenschäden – Schmerzensgeld. Sollen Sie zu

Unrecht in Anspruch genommen werden, verteidigt der Kfz-Haftpflichtversicherer Sie gegenüber dem Anspruchsteller.

Haben Sie einen Schaden verursacht, beachten Sie unbedingt folgende **10 Punkte:**

1. Verlassen Sie nicht den Unfallort, bevor die Polizei oder der Geschädigte die notwendigen Feststellungen getroffen hat. Andernfalls riskieren Sie eine Anzeige wegen „unerlaubten Entfernens vom Unfallort".

2. Nennen Sie dem Geschädigten Namen und Versicherungsscheinnummer Ihres Kfz-Haftpflichtversicherers, aber erkennen Sie den Schaden nicht vorschnell an.

3. Haben Sie sich doch unerlaubt vom Unfallort entfernt, erhalten Sie im sich anschließenden Strafverfahren im Regelfall einen Strafbefehl oder ein Urteil über einen Betrag von mehreren Hundert Euro. Seien Sie sich im Klaren darüber, dass Sie dies teilweise Ihren Versicherungsschutz kosten wird. Der Kfz-Haftpflichtversicherer wird Sie für seine Aufwendungen, die er gegenüber dem Geschädigten hatte, in Regress nehmen. Oftmals erhalten Sie das Schreiben mit der Rückforderung des Versicherers, wenn der Unfall und die Strafe schon in Vergessenheit geraten ist. Der Versicherer hat jedoch drei Jahre bis zum Jahresende Zeit, die Rückforderung geltend zu machen. Die Höhe des möglichen Regresses ist in Ihren Versicherungsbedingungen festgelegt.

4. Melden Sie jeden Schaden umgehend, spätestens innerhalb einer Woche schriftlich Ihrem Versicherer. Folgen Sie den Anweisungen des Versicherers. Fragen Sie im Zweifelsfall, was Sie nun zu tun haben.

5. Informieren Sie den Kfz-Haftpflichtversicherer darüber, ob die Polizei, die Staatsanwaltschaft oder eine andere Behörde im Zusammenhang mit dem Schadenereignis ermittelt und den Fortgang des Verfahrens wie zum Beispiel einen Strafbefehl oder Bußgeldbescheid mitteilen.

6. Tun Sie alles, was der Aufklärung des Schadensereignisses dienen kann. Beantworten Sie insbesondere Fragen zum Unfallereignis wahrheitsgemäß und vollständig.

7. Setzen Sie sich spätestens jetzt mit Ihrer Versicherungspolice und den zugehörigen Versicherungsbedingungen auseinander und befolgen, was dort zu „Obliegenheiten im Schadensfall" steht.

8. Macht der Geschädigte seine Ansprüche per Mahnbescheid oder Gerichtsverfahren geltend, informieren Sie sofort Ihren Kfz-Haftpflichtversicherer. Dieser beauftragt für Sie einen Rechtsanwalt, der die

Forderung abwehrt. Kosten für Sie entstehen nicht. Ihr Kfz-Haftpflicht-versicherer bietet Ihnen damit „passiven Rechtsschutz". Beauftragen Sie selbst einen Rechtsanwalt mit der Abwehr der Forderung, werden Sie dessen Kosten im Zweifelsfall selbst übernehmen müssen.

9. Der Geschädigte kann den Kfz-Haftpflichtversicherer direkt, dazu den Versicherungsnehmer (meist der Halter) und den Fahrer gleichzeitig verklagen. Der Kfz-Haftpflichtversicherer darf den Schaden auch ohne Ihr Einverständnis regulieren, wenn die Umstände für seine Regulie-rungspflicht sprechen.

10. Führen Sie die Korrespondenz mit dem Versicherer schriftlich, am besten mit Nachweisen (Fax, Einschreiben). Sagen Sie klar, innerhalb welcher Frist (zwei Wochen sind meist angemessen) Sie eine Antwort erwarten.

KASKOVERSICHERUNG

Anders als die Kfz-Haftpflichtversicherung sind die Teil- und die Vollkaskoversicherung freiwillige Versicherungen, das heißt, der Versicherungsnehmer ist gesetzlich nicht verpflich-tet, die Versicherung abzuschließen. Gegebenenfalls verlangt jedoch eine Bank zum Beispiel bei einer Finanzierung oder ei-nem Leasing eine entsprechende Versicherung.

In der **Teilkaskoversicherung** besteht Versicherungsschutz bei Beschädigung, Zerstörung, Totalschaden oder Verlust des Fahrzeugs einschließlich seiner mitversicherten Teile, die in den Versicherungsbedingungen einzeln und abschließend aufgeführt sind, durch

- Brand und Explosion (keine Sengschäden, hier sind die De-finitionen aus der Hausratversicherung übertragbar),
- Entwendung, insbesondere durch Diebstahl oder Raub,
- Sturm, Hagel, Blitzschlag, Überschwemmung, nicht aber die Schäden, die auf ein durch diese Naturgewalten veran-lasstes Verhalten des Fahrers zurückzuführen sind,

- der Zusammenstoß mit Haarwild (siehe § 2 Abs. 1 Nr. 1 des Bundesjagdgesetzes, zum Beispiel Reh oder Wildschwein, keine Kühe oder Schafe),
- Glasbruch,
- Kurzschlussschäden an der Verkabelung.

Vollkaskoversicherung

In der **Vollkaskoversicherung** sind darüber hinaus auch selbstverschuldete, also fahrlässig verursachte Unfälle versichert, das heißt, unmittelbar von außen plötzlich mit mechanischer Gewalt auf das Fahrzeug einwirkende Ereignisse, aber keine Schäden aufgrund eines Brems- oder Betriebsvorgangs oder reine Bruchschäden. Ausgeschlossen sind auch Schäden aufgrund von Bedienungsfehlern, wie zum Beispiel das Betanken des Fahrzeugs mit einem ungeeigneten Kraftstoff. Versichert sind ferner mut- oder böswillige Handlungen von Personen, die nicht ansatzweise beauftragt waren, das Fahrzeug zu gebrauchen.

Was ist bei Vertragsabschluss wichtig?

Ebenso wie bei der Kfz-Haftpflichtversicherung müssen Sie auch beim Abschluss einer Teil- und/oder Vollkaskoversicherung die Fragen des Versicherers zum Fahrzeug, zur Kilometerleistung, zur Abstellmöglichkeit und zu den Fahrern wahrheitsgemäß beantworten.

Bei Abschluss des Vertrags sollten Sie auch prüfen, was genau der Versicherungsschutz umfasst. Die Angebote einzelner Versicherer variieren hier stark. Um Versicherungsprämien von etwa 20 Prozent zu sparen, werden beispielsweise für Versicherungsnehmer in der Kaskoversicherung Verträge mit Werkstattbindung angeboten. Hierbei verpflichten Sie sich, das Kfz durch eine vom Versicherer ausgewählte Werkstatt reparieren zu lassen. Sucht hingegen bei dieser Tarifoption der Versicherungsnehmer die Werkstatt aus, erhält er die Reparaturkosten nur anteilig erstattet. Für Gebrauchtwagen bieten einige Versicherer eine Gebrauchtwagenkasko an. Der Beitrag

Tipp

Prüfen Sie, ob die Mallorca-Police mit in den Vertrag einbezogen wurde, also die Deckung für Versicherungsschäden, die mit einem im Ausland angemieteten Kfz verursacht werden, die gegebenenfalls über die Privathaftpflichtversicherung oder über die Kaskoversicherung mitversichert werden kann.

ist günstiger, dafür sind Kollisionen mit Mauern, Zäunen oder Bäumen beispielsweise nicht versichert. All das regelt auch hier der Versicherungsvertrag.

Welche Obliegenheiten muss der Versicherungsnehmer beachten – vor, beim und nach dem Schadensfall?

02

Hier gilt das zur Kfz-Haftpflichtversicherung Gesagte, das heißt, Sie müssen als Versicherungsnehmer bei Vertragsabschluss wahrheitsgemäße Angaben zu dem zu versichernden Risiko machen; Änderungen während der Vertragslaufzeit, zum Beispiel eine Änderung der jährlichen Kilometerleistung oder aber den neuerworbenen Führerschein der Kinder, die künftig auch Ihr Auto fahren werden, müssen Sie dies dem Versicherer anzeigen.

Schadensfallanzeige

Im Schadensfall muss der Versicherungsnehmer gegenüber dem Versicherer den Schaden anzeigen und – soweit ihm möglich – aufklären. Die Entwendung des Fahrzeugs oder mitversicherter Teile muss unverzüglich schriftlich angezeigt werden. Die Schadensanzeige muss vom Versicherungsnehmer unterschrieben sein. Bevor der Versicherungsnehmer sein Kfz nach einem Unfall verwerten oder reparieren lässt, hat er Weisungen des Versicherers einzuholen und – sind diese zumutbar – zu befolgen. Ab einem gewissen Betrag, der im Versicherungsschein näher bestimmt ist, ist der Versicherungsnehmer ferner verpflichtet, einen Entwendungs-, Brand- oder Wildschaden der Polizei anzuzeigen.

Was zahlt die Versicherung im Schadensfall?

Der Versicherer ersetzt die Reparaturkosten oder im Falle eines Totalschadens oder Entwendung den Wiederbeschaffungswert des Kfz. Dies gilt auch dann, wenn der Versicherungsnehmer den Schaden leicht fahrlässig verursacht hat.

Hat der Versicherungsnehmer hingegen vorsätzlich eine der im Versicherungsvertrag genannten Pflichten verletzt, ist der

Pflichtverletzungen

Kaskoversicherer leistungsfrei. Wird eine der Pflichten grob fahrlässig verletzt, hat der Versicherer das Recht, die Leistung zu quoteln, das heißt, er kann die Leistung in einem der Schwere des Verschuldens entsprechenden Verhältnis kürzen. Hierbei gelten nicht die Betragsgrenzen von 2.500 bzw. 5.000 Euro, die bei einem Regress in der Kfz-Haftpflichtversicherung anfallen, das heißt, die Kürzungsquote bezieht sich auf die Schadenshöhe. War eine grob fahrlässige Pflichtverletzung weder für die Feststellung des Versicherungsfalls noch für die Feststellung oder den Umfang der Leistungspflicht relevant, muss der Versicherer vollumfänglich leisten.

Zu dem erst 2008 ins Versicherungsvertragsgesetz eingeführten Quotelungsrecht des Versicherers liegen bereits einige Gerichtsurteile vor. So halten Richter beim Überfahren einer roten Ampel, das einen Unfall zur Folge hat, eine Leistungskürzung von 50 Prozent für gerechtfertigt. Fährt jemand betrunken mit dem Kfz und kommt es hierbei zum Unfall, nehmen mehrere Gerichte eine Leistungskürzung von 100 Prozent an, sodass der Versicherer überhaupt nichts zu zahlen hat.

Was ist sonst noch bei der Schadensregulierung wichtig?

Sachverständigen-
ausschuss und
Obmann

Kommt es zu Meinungsverschiedenheiten mit dem Versicherer über die Höhe des Schadens, die Feststellung des Wiederbeschaffungswerts oder den Umfang der erforderlichen Reparaturarbeiten, entscheidet ein Sachverständigenausschuss. Hierbei benennen – wie beim Sachverständigenverfahren in der Hausrat- und Wohngebäudeversicherung – sowohl der Versicherungsnehmer als auch der Versicherer je einen Kraftfahrzeugsachverständigen. Kommen die beiden ausgewählten Sachverständigen nicht zu einer Einigung, entscheidet ein Obmann, den die Sachverständigen im Vorfeld gemeinsam aussuchen. Die Kosten des Sachverständigenverfahrens richten sich danach, wer den Rechtsstreit gewinnt und verliert; der Verlierer hat sämtliche Kosten der beauftragten Sachverständigen und des Obmanns zu tragen.

Ebenso wie in der Kfz-Haftpflichtversicherung gilt auch in der Kaskoversicherung das System des Schadensfreiheitsrabatts, das heißt, hier tritt durch einen Unfall eine Änderung ein; Einzelheiten über die Rückstufung im Schadensfall ergeben sich auch hier aus dem Versicherungsvertrag.

Änderungen nach Eintritt des Schadensfalls

02

03 REGELMÄSSIGER VERSICHERUNGSCHECK VOR UND NACH VERTRAGSABSCHLUSS

Viele Versicherungsnehmer heften nach Abschluss des Vertrags ihre Versicherungsunterlagen fein säuberlich ab, um erst dann wieder – möglicherweise Jahre später – einen Blick darauf zu werfen, wenn der Versicherer die Leistung aus dem gemeldeten Schadensfall ablehnt. Dann ist es jedoch schon zu spät.

GUTE CHANCEN AUF LEISTUNG

Es mag an den überzeugenden Versprechen des Versicherungsvermittlers bei Abschluss des Vertrags liegen oder an den langweilig zu lesenden Versicherungsbedingungen, dass man sich ungern damit beschäftigt. Und wird der kritische Versicherungsnehmer einmal mit einem neuen Angebot des Versicherers oder Versicherungsvermittlers konfrontiert, dann befürchtet er häufig, das Angebot bedeute keinen verbesserten Versicherungsschutz, sondern nur ein Mehr an Provision für den Vermittler. Das kann richtig sein, muss es aber nicht.

Der eigene Versicherungsschutz sollte regelmäßig gecheckt werden und das nicht nur im Hinblick auf die zu zahlenden Beiträge. Eine Versicherung gegen jedes Lebensrisiko gibt es nicht und so manche typische Lücke auch im bestmöglichen Versicherungsschutz überrascht. Nichtsdestotrotz sollte man ihn haben, den bestmöglichen Versicherungsschutz, damit im Schadensfall gute Chancen auf eine Leistung bestehen.

VOR ABSCHLUSS DES VERSICHERUNGS-VERTRAGS

WAS SOLL VERSICHERT SEIN?

Wer eine Versicherung abschließt, geht letztlich eine Wette ein, eine Wette mit dem Versicherer, ob das zu versichernde Risiko sich realisiert oder nicht. Dafür zahlt der Versicherungsnehmer einen Beitrag und der Versicherer gewährt Versicherungsschutz, falls sich das Risiko verwirklicht. Nicht jede Versicherung einer bestimmten Sparte gewährt den gleichen Schutz. Daher gilt es, den eigenen Bedarf genau zu ermitteln. Es kommt nicht vorrangig auf den Preis des Versicherungsvertrags an, sondern auf die tatsächlich angebotene Leistung.

Beispiel 1: Derjenige, der Fahrrad fährt, kann über die Hausratversicherung absichern, dass Fahrräder mitversichert sind. Und das nicht nur bei Einbruch und Raub, sondern auch dann, wenn das abgestellte Fahrrad in der Zeit von 22 bis 6 Uhr oder – so nach den meisten neuen Versicherungsbedingungen auch rund um die Uhr – mitversichert ist. Die Bedingungen sehen dann oft eine Sicherung des Fahrrads mit einem eigenständigen Schloss und nicht nur mit einem Rahmenschloss vor. Insgesamt eine komplizierte Angelegenheit und hierbei geht es nur um ein einziges abzusicherndes Teil.

Beispiel 2: Abzuwägen sind auch andere Fragen, wie zum Beispiel die, ob in der Wohngebäudeversicherung der Bruch von außerhalb des Hauses liegenden Abwasserrohren mitversichert sein soll. Standardmäßig sind sie dies nicht. Wer ein nagelneues Haus hat und für einen Bruch des Abwasserrohres noch Gewährleistungsansprüche geltend machen kann, kann hierauf eher verzichten als jemand, der ein älteres Haus hat.

Beispiel 3: Kaum verzichtbar ist hingegen die nur von einigen Versicherern angebotene Forderungsausfalldeckung in der Haftpflichtversicherung. Forderungsausfalldeckung? Nie gehört und auch im Versicherungsschein und in den Versicherungsbedingungen nicht zu finden? Die Forderungsausfalldeckung reguliert die Schadensersatzansprüche des Versicherungsnehmers, wenn dieser gegen einen Dritten Ansprüche hat, diese aber nicht durchsetzen kann, zum Beispiel, weil der Schädiger zu den rund 30 Prozent der Bundesbürger gehört, der keine Haftpflichtversicherung haben oder auch nicht über das nötige Vermögen verfügen, den Schadensersatzanspruch zu bedienen.

Ältere Verträge enthalten oft nur einen europa- und keinen weltweiten Versicherungsschutz. Risiken, die beim Reisen außerhalb Europas auftreten oder Risiken, die durch das Internet überhaupt erst möglich sind, sind darin nicht abgedeckt. Es empfiehlt sich daher ein Check, ob die bestehende Versicherungspolice überhaupt die wichtigsten Risiken abdeckt, damit im Schadensfall nicht festgestellt werden muss, dass der Versicherungsschutz viel zu alt ist, um neue Risiken zu versichern.

03

Schadensersatz wegen Falschberatung

Nicht jeder Versicherungsnehmer recherchiert vor Abschluss des Versicherungsvertrags das für ihn richtige Produkt selbst, sondern er vertraut oft auf die Beratung durch seinen Versicherer, Versicherungsvertreter oder Versicherungsmakler. Alle schulden dem Versicherungsnehmer vor Abschluss des Versicherungsvertrags eine auf den Einzelfall und konkreten Anlass bezogene Beratung zum Versicherungsschutz, das heißt, der Versicherungsbedarf des Versicherungsnehmers muss ermittelt werden. Die Beratung muss dokumentiert sein. Achten Sie unbedingt darauf, nicht explizit auf eine Beratung und Dokumentation zu verzichten. Das Beratungsprotokoll muss außerdem tatsächlich die Angaben enthalten, die dem Versicherungsnehmer für den Abschluss des Vertrags wichtig waren.

Nach Vertragsabschluss hat der Versicherer (nicht der Versicherungsvertreter oder -makler) weiterhin eine Beratungspflicht, nämlich dann, wenn Anlass für eine Nachfrage und Beratung des Versicherungsnehmers erkennbar ist. Wenn beispielsweise der Versicherungsnehmer den Umzug in eine neue Wohnung anzeigt, ist der Versicherer gehalten nachzufragen, ob sich damit der Versicherungsbedarf ändert, zum Beispiel, weil die Wohnung größer ist.

Verletzen Versicherer, Versicherungsvertreter oder Versicherungsmakler die Beratungs- und/oder Dokumentationspflicht, kann der Versicherungsnehmer Schadensatzansprüche geltend machen, wenn ihm durch die Falschberatung ein Schaden entstanden ist. Hat beispielsweise der Versicherungsmakler gesagt, bei einer 100 Quadratmeter großen Wohnung reiche eine Versicherungssumme von 40.000 Euro aus, beruft sich der Versicherer im Schadensfall auf eine Unterversicherung. Zieht der Versicherer wegen der Unterversicherung knapp 40 Prozent von der Leistung ab, kann dieser Betrag als Schadensersatz vom Versicherungsmakler verlangt werden. Damit der Nachweis gelingt, muss dokumentiert sein, dass über eine 100 Quadratmeter große Wohnung gesprochen wurde und nicht über eine 61 Quadratmeter große, für die die Versicherungssumme von 40.000 Euro ausreichend wäre.

Bei der Beratung und deren Dokumentation sowie im Antrag finden sich manchmal ganz abstruse Dinge, wie zum Beispiel ein Versicherungsnehmer, der plötzlich 20 cm größer oder 20 kg leichter ist, damit der private Krankenversicherer das erhöhte Gewicht nicht zum Anlass für einen Risikozuschlag nimmt. Auch ist manchmal dokumentiert, dass nur der Versicherungsnehmer und der Vermittler bei dem Gespräch zugegen waren, obwohl weitere Personen aus dem Kreis des Versicherungsnehmers anwesend waren. Auch das kann im Falle des Falles Beweisschwierigkeiten mit sich bringen.

Verletzung der
Beratungspflicht

Risikoprüfung

Berücksichtigen Sie bei der Geltendmachung von Ansprüchen, dass der Versicherungsvertreter „Auge und Ohr" des Versicherers ist, das heißt, ihm mitgeteilte Umstände werden so behandelt, als habe der Versicherer sie selbst gelesen oder gehört. Hier haftet der Versicherer. Der Versicherungsmakler steht hingegen im Lager des Versicherungsnehmers und ist sein Sachwalter. Bei einer Falschberatung durch den Versicherungsmakler kann im Regelfall nur gegen diesen und nicht gegen den Versicherer vorgegangen werden (siehe dazu auch: Durchsetzung der Rechte).

Haben Sie den Antrag auf den Versicherungsschutz ausgefüllt und liegt schließlich der Versicherungsschein nebst Versicherungsbedingungen vor, prüfen Sie unbedingt, ob die dort eingetragenen Risiken tatsächlich auch die sind, die versichert werden sollen. Nicht selten passiert es, dass im Wohngebäudeversicherungsvertrag beispielsweise die Garage nicht aufgeführt ist, die standardmäßig ohne Aufpreis mitversichert ist, einfach deshalb, weil die Garage einige Monate nach dem Neubau fertiggestellt wurde.

Gleiches gilt auch für die Rechtsschutzversicherung. Auch hier muss, wenn Häuser und Wohnungen zum versicherten Risiko gehören, das richtige Objekt eingetragen sein. Wohnt jemand in einer Eigentumswohnung und hat noch eine weitere Eigentumswohnung, die er vermietet, erstreckt sich der Versicherungsschutz im Regelfall nur auf die Wohnung, die im Versicherungsschein eingetragen ist oder aber die, die gerade bewohnt wird.

WER SOLL VERSICHERT SEIN?

Mitversicherte
Personen

Wichtig ist auch zu klären, wer im Versicherungsvertrag Versicherungsnehmer und wer mitversicherte Person ist. Lebensgefährten, die mit in der gleichen Wohnung wohnen, können oft mit in den Rechtsschutz- oder Haftpflichtversicherungsvertrag mit aufgenommen werden, sind anders als Ehepartner oder Kinder aber nicht automatisch versichert. Kinder sind vielfach mitversichert, solange sie noch in der elterlichen Wohnung wohnen. Hier gibt es oft eine Altersgrenze oder aber Ausnahmen, wenn das Kind zwar die Schule beendet hat, aber noch nicht in einer Erstausbildung ist, zum Beispiel weil es keinen Ausbildungsplatz findet.

03

Derjenige, der den Versicherungsvertrag abschließt und die Rechte und Pflichten, also auch die Zahlungspflicht, gegenüber dem Versicherer übernimmt, ist der Versicherungsnehmer. Diejenigen, die mit in den Vertrag eingeschlossen werden, sind die (mit)versicherten Personen. Dies betrifft nicht nur Familien, sondern auch Versicherungen über den Arbeitgeber, einen Sportverein oder über eine Bank, die oft die Versicherungsnehmerin bei Restschuldversicherungen oder Reiserücktrittsversicherungen ist, während die Kunden, also die Darlehensnehmer oder Kreditkarteninhaber, die versicherten Personen sind. Nur der Versicherungsnehmer hat das Recht, den Vertrag zu kündigen.

Versicherungsnehmer

ANTRÄGE GEWISSENHAFT AUSFÜLLEN

Hat man sich für den Abschluss einer bestimmten Versicherung entschieden, soll der Antrag auf Abschluss dieser Versicherung oft schnellstmöglich folgen. Leider wenden viele Versicherungsnehmer hierfür nicht die erforderliche Sorgfalt auf. Wichtige Versicherungsanträge wie der Berufsunfähigkeitsschutz werden schnell einmal „zwischen Tür und Angel" ausgefüllt, was bei Verschweigen einer Behandlung, Erkrankung oder Untersuchung als vorvertragliche Anzeigepflichtverletzung gilt und den Versicherungsschutz kosten kann. Dabei geht es um hohe Summen.

Ein 30-jähriger Angestellter schließt eine Berufsunfähigkeitsversicherung ab, die ihm im Fall der Berufsunfähigkeit monatlich 1.500 Euro zahlt, längstens bis zum 67. Lebensjahr. Wird der Angestellte kurz nach Abschluss des Vertrags berufsunfähig, zahlt der Versicherer maximal für die verbleibenden 37 Jahre monatlich 1.500 Euro, jährlich also 18.000 Euro. Abgesehen von der regelmäßig mitversicherten Beitragsbefreiung des Vertrags bei Eintritt einer Berufsunfähigkeit kann es insgesamt also um einen Betrag von 666.000 Euro gehen.

Geht es dagegen nur um einen Bruchteil dieses Betrags, zum Beispiel, um die Anschaffung eines neuen Fernsehers oder Kfzs, werden alle Optionen genauestens geprüft und einzelne Schritte sorgfältig abgewogen.

Wird bei einem Versicherungsvertrag, dem ein Antrag mit Fragen insbesondere zum Gesundheitszustand (hier geht es auch um Fragen wie zum Beispiel ob der Vorversicherer oder der Versicherungsnehmer gekündigt hat, wie viele Schadensfälle in den letzten fünf Jahren vorgelegen haben etc.) zugrunde liegt, ein Schadensfall gemeldet, prüft der Versicherer zunächst, ob er sich nicht irgendwie vom Versicherungsvertrag lösen kann. Mit dem gemeldeten Schaden setzt sich der Versicherer erst einmal überhaupt nicht auseinander. In der Berufsunfähigkeitsversicherung beispielsweise werden gut ein Viertel der gemeldeten Schadensfälle durch den Versicherer mit der Begründung abgelehnt, wegen der vorvertraglichen Anzeigepflichtverletzung bestehe kein Versicherungsschutz. Ein Vertrag mit einem fehlerhaft ausgefüllten Antrag kann daher im Schadensfall ein wertloses Stück Papier sein. Stellt der Versicherungsnehmer nach Vertragsabschluss die Verletzung einer vorvertraglichen Anzeigepflicht fest, und sind noch nicht fünf respektive zehn Jahre vergangen, sollte geprüft werden, ob die verschwiegene Erkrankung nachgemeldet wird.

03

Die vorvertragliche Anzeigepflichtverletzung

§ 19 Abs. 1 S. 1 VVG verpflichtet den Versicherungsnehmer, bis zur Abgabe seiner Vertragserklärung die gefahrerheblichen Umstände anzugeben, nach denen der Versicherer in Textform gefragt hat. Verletzt der Versicherungsnehmer diese Obliegenheiten schuldhaft, kann der Versicherer sich durch Anfechtung, Rücktritt oder Kündigung vom Vertrag lösen.

„Schuldhaft" meint, dem Versicherungsnehmer kann ein Vorwurf daraus gemacht werden, einen bestimmten Umstand nicht angegeben zu haben. Immer wieder kommt es vor, dass Versicherungsnehmer im Antrag etwas angeben (zum Beispiel regelmäßige Medikamenteneinnahme: Anti-Baby-Pille) und der behandelnde Arzt in seinen Unterlagen hierzu Erkrankungen notiert, von denen der Versicherungsnehmer nichts weiß oder zumindest deren Krankheitswert er nicht kennt, zum Beispiel, wenn die Verschreibung der Anti-Baby-Pille mit dem Befund „Akne" und/oder „Hirsutismus" (Gesichtsbehaarung bei Frauen) verknüpft war; Arzt und Patientin respektive Versicherungsnehmerin hatten dabei bei der Auswahl der Anti-Baby-Pille ihre eher unreine Haut und eine minimale Gesichtsbehaarung angesprochen. Von den Diagnosen wusste die Versicherungsnehmerin nichts und war mehr als überrascht, als ihr privater Krankenversicherer eine vorvertragliche Anzeigepflichtverletzung behauptete und den Rücktritt vom Vertrag erklärte.

Ein Blick in die Patientenunterlagen wäre hier hilfreich gewesen. Bei Privatpatienten, die ihre Rechnungen zunächst selbst zahlen, empfiehlt sich ein Blick auf die vom Arzt gestellte Diagnose. Die oft angegebenen Ziffern bedeuten die Erkrankung im ICD-10-Code, welcher mit einer Internetrecherche leicht entschlüsselt werden kann.

Damit der Versicherer seine Rechte ausüben kann, hat er mehrere Aspekte zu beachten:

1. Antragsmodell

Liegen Ihnen vor Abgabe seiner Willenserklärung auf Abschluss des Vertrags bereits alle vertraglich relevanten Unterlagen vor und muss der Versicherer nur noch durch Übersendung der Police dem Versicherungsvertrag zustimmen, erfolgt der Vertragsabschluss im sogenannten Antragsmodell. Hier muss der Versicherungsnehmer die Fragen im Antrag beantworten, hat aber keine Verpflichtung, dem Versicherer etwaige neu aufgetretenen Beschwerden oder festgestellten

Antragsmodell

Erkrankungen anzuzeigen, auch nicht, wenn dieser noch nicht seine Zustimmung zum Versicherungsschutz gegeben hat.

Invitatiomodell

Haben Sie als Versicherungsnehmer hingegen keinen Antrag, sondern nur einen Fragebogen ausgefüllt, der dem Versicherer erst ermöglichen soll, Ihnen die Versicherungspolice sowie weitere Unterlagen zu schicken und damit ein Angebot zu unterbreiten, sprechen wir vom sogenannten Invitatiomodell. Der Versicherungsnehmer muss das Angebot des Versicherers auf Abschluss des Vertrags dann noch annehmen, das heißt, die Vertragserklärung des Versicherungsnehmers ist nicht das Ausfüllen des Fragebogens, sondern die Annahmeerklärung. Der Versicherungsnehmer – so der Versicherer nicht explizit darauf verzichtet – muss in dieser Annahmeerklärung etwaige neu aufgetretene Beschwerden oder festgestellte Erkrankungen noch angeben.

2. In Textform

Der Versicherungsnehmer muss nur auf solche Fragen antworten, die der Versicherer in Textform gestellt hat.

Fragen des Versicherers müssen gem. § 126b BGB nur beantwortet werden, sofern sie in Textform – in Schriftzeichen und zur dauerhaften Wiedergabe geeignet – gestellt wurden.

Die Fragen, die ein Versicherungsvertreter oder -makler auf dem Laptop hat und mit dem potenziellen Versicherungsnehmer bespricht, erfüllen das Erfordernis der Textform. Es geht also leider nicht darum, dass der Versicherungsnehmer die Fragen „schwarz auf weiß" in den Händen hält. Zumeist fragt der Versicherer nicht nur nach Erkrankungen, sondern auch danach, ob es in den letzten fünf Jahren Beschwerden und Untersuchungen gab. Selbst Untersuchungen, die ohne Befund geblieben sind (zum Beispiel Routineuntersuchungen), sind anzugeben. Es genügt nicht, in dem Antrag seinen Hausarzt zu benennen und darauf zu vertrauen, dass der Versicherer schon beim Arzt nachfragen wird, wenn er nähere Fragen zum Gesundheitszustand hat.

Vor Vertragsabschluss wird der Versicherer im Regelfall nicht fragen, sondern erst dann, wenn der Schadensfall eingetreten ist und er die Chance wittert, sich seiner Leistungspflicht entziehen zu können. Wer sich nicht sicher ist, welche Arztbesuche es in den letzten Jahren gab, sollte sich bei seinem Hausarzt, anderen Behandelnden und seinem Krankenversicherer (wegen etwaiger Arbeitsunfähigkeitszeiten) vor Abschluss des Vertrags informieren. Auch sollte er beim Ausfüllen des Antrags darauf achten, dass die Fragen so gestellt (und beantwortet) werden, wie es das Formular vorgibt. Nicht selten fragen Versicherungsvermittler nur „Haben Sie irgendeine ernste Erkrankung?", worauf der potenzielle Versicherungsnehmer entrüstet „Nein" antwortet und schnell die Behandlungen und Massagen wegen zwei bis drei Mal im Jahr auftretender Rückenschmerzen nicht mehr angeben mag.

Erkrankungen melden

03

3. Belehrung

Der Versicherer ist verpflichtet, Sie vor Abgabe seiner Willenserklärung durch gesonderte Mitteilung in Textform über die Folgen einer Anzeigeobliegenheit zu informieren, damit der Versicherungsnehmer die Möglichkeit hat, seine Anzeigepflichten ordnungsgemäß zu erfüllen. Mit dieser Belehrung haben sich viele Versicherer vor allem zu Beginn der entsprechenden Neuregelung 2008 schwer getan. Tritt der Versicherer wegen einer vorvertraglichen Anzeigepflichtverletzung zurück oder kündigt er den Vertrag, lohnt es sich, prüfen zu lassen, ob der Versicherer seinem Belehrungserfordernis richtig nachgekommen ist. Andernfalls wären die vom Versicherer gezogenen Konsequenzen hinfällig und der Vertrag bliebe bestehen und der Versicherer leistungspflichtig.

Belehrungserfordernis über Anzeigeobliegenheiten

4. Frist

Anzeigepflicht-
verletzung

Erfährt der Versicherer von der vorvertraglichen Anzeigepflichtverletzung, zum Beispiel, weil ihm von der Krankenversicherung eine Arztrechnung übersendet wurde, die eine
nicht angegebene Erkrankung ausweist, muss der Versicherer
innerhalb eines Monats ab sicherer Kenntnis schriftlich von
der Anzeigepflichtverletzung vom Vertrag zurücktreten, kündigen oder den Vertrag anpassen (also einen Risikozuschlag
oder -ausschluss vereinbaren). Auch hier zahlt sich zuweilen
aus, zu prüfen, ob der Versicherer schnell genug von seinen
Rechten Gebrauch gemacht hat. Diese einmonatige Frist gilt
aber nicht, wenn dem Versicherungsnehmer bei der vorvertraglichen Anzeigepflichtverletzung Arglist vorzuwerfen ist.

5. Einzelne Rechte des Versicherers

Art der Anzeigepflicht-
verletzung

Welche Rechte der Versicherer bei einer vorvertraglichen Anzeigepflichtverletzung hat und welche Konsequenzen dies für
den Versicherungsnehmer mit sich bringt, ist abhängig davon,
wie schwer die Anzeigepflichtverletzung wiegt. Geprüft wird
also zunächst, ob die Anzeigepflichtverletzung arglistig oder
vorsätzlich, grob fahrlässig oder einfach fahrlässig erfolgt ist.

6. Arglist oder Vorsatz

Anfechtung

Hat der Versicherungsnehmer bei Antragstellung die Fragen
absichtlich falsch beantwortet oder gar gewusst, dass der Versicherungsschutz nicht gewährt würde, wenn der Versicherer
beispielsweise von der kurz zuvor behandelten Krebserkran-
kung erfahren hätte, wäre Vorsatz oder sogar eine Arglist des
Versicherungsnehmers gegeben. Hier hätte der Versicherer
die Möglichkeit, sich durch eine Anfechtung wegen arglisti-
ger Täuschung vom Versicherungsvertrag zu lösen oder den
Rücktritt wegen der vorsätzlichen Anzeigepflichtverletzung zu
erklären.

Der Versicherer kann gem. § 19 Abs. 4 VVG zehn Jahre ab
Vertragsabschluss seine Rechte auf Lösung vom Vertrag wegen
arglististiger Täuschung oder Rücktritt wegen der vorsätzlichen Anzeigepflichtverletzung ausüben.

03

Bei einer vorsätzlichen Anzeigepflichtverletzung muss der
Versicherer binnen eines Monats reagieren, nachdem er davon Kenntnis erlangt hat; wurde die Anzeigeobliegenheit arglistig verletzt, hat der Versicherer ab Kenntnis ein Jahr Zeit für
die Erklärung.

7. Grobe Fahrlässigkeit

Hat der Versicherungsnehmer eine vorvertragliche Anzeigepflicht grob fahrlässig verletzt, steht dem Versicherer binnen
fünf Jahren nach Vertragsabschluss ein Recht zum Rücktritt
vom Versicherungsvertrag zu, welches einen Monat, nachdem er davon Kenntnis bekommen hat, ausgeübt werden
muss. Rücktritt bedeutet, der Vertrag wird rückwirkend zum
Vertragsabschluss aufgehoben und der Versicherer kann die
vom Versicherungsnehmer gezahlten Beiträge behalten.

Eine grob fahrlässige Anzeigepflichtverletzung ist dann anzunehmen, wenn der Versicherungsnehmer besonders grob
und unentschuldbar etwas außer Acht gelassen hat, was im
konkreten Fall jedermann hätte einleuchten müssen. Damit
der Versicherer einen Rücktritt wegen einer grob fahrlässigen Anzeigepflichtverletzung erklären kann, ist neben den
eingangs erwähnten Punkten Voraussetzung, dass der Versicherer den Vertrag nicht auch bei Kenntnis der nicht angezeigten Umstände, wenn auch zu anderen Bedingungen (Risikoausschluss oder Risikozuschlag), abgeschlossen hätte. Zwar
muss der Versicherer bei einem Rücktritt grundsätzlich nicht
leisten, doch gibt es hiervor eine positive Ausnahme für den
Versicherungsnehmer: Bezieht sich die Verletzung der Anzeigepflicht auf einen Umstand, der weder für den Eintritt oder

Vorsicht
Der Vertrag wird
bei der Anfech-
tung als auch beim
Rücktritt wegen
einer vorsätzlichen
Anzeigepflichtver-
letzung rückwir-
kend nichtig,
das heißt, der
Versicherungsneh-
mer steht ohne
Versicherungs-
schutz da. Die vom
Versicherungs-
nehmer gezahlten
Beiträge darf
der Versicherer
behalten; vom Ver-
sicherer erbrachte
Leistungen müs-
sen hingegen vom
Versicherungsneh-
mer zurückgezahlt
werden.

die Feststellung des Versicherungsfalls noch für die Feststellung oder den Umfang der Leistungspflicht des Versicherers ursächlich ist, muss der Versicherer zahlen, also dann, wenn zwischen der verschwiegenen Erkrankung oder Behandlung und der nun eingetretenen kein Zusammenhang besteht.

8. Einfache Fahrlässigkeit

Hat der Versicherungsnehmer leicht fahrlässig oder schuldlos eine vorvertragliche Anzeigeobliegenheit verletzt, kann der Versicherer binnen eines Monats ab Kenntnis von diesem Umstand den Vertrag kündigen. Dies setzt voraus, dass der Versicherer den Vertrag nicht, auch nicht zu anderen Bedingungen, abgeschlossen hätte, wenn der Versicherungsnehmer den gefahrerheblichen Umstand (die Erkrankung oder Ähnliches) angegeben hätte.

Hätte der Versicherer den Vertrag bei wahrheitsgemäßer Angabe der gefahrerheblichen Umstände geschlossen, allerdings einen Risikoausschluss oder einen Risikozuschlag vereinbart, so steht ihm dieses Recht der Vertragsanpassung nun zu, wenn er von der Anzeigepflichtverletzung erfährt. Haben Sie als Versicherungsnehmer die Anzeigepflicht fahrlässig verletzt, kann der Versicherer verlangen, dass der Risikoausschluss oder -zuschlag rückwirkend ab Vertragsbeginn wirksam wird; war hingegen die Anzeigepflicht nicht schuldhaft verletzt, – wie in dem eingangs zitierten Fall mit dem Hirsutismus, der Akne und der Anti-Baby-Pille – wirkt das Recht des Versicherers erst für die Zukunft. Bei einer Vertragsanpassung durch einen Risikozuschlag von mehr als zehn Prozent der Prämie oder durch einen Risikoausschluss kann der Versicherungsnehmer den Vertrag innerhalb eines Monats nach Zugang der Mitteilung des Versicherers kündigen. Der Versicherer muss den Versicherungsnehmer in der Mitteilung auf dieses Recht hinweisen.

Tipp

Bei einer Kündigung wird der Vertrag nicht rückwirkend aufgehoben, sondern endet mit dem Zugang der Kündigungserklärung, wirkt also nur für die Zukunft, sodass der Versicherer während der Vertragslaufzeit verpflichtet bleibt, die vertraglich vereinbarten Leistungen zu erbringen, unabhängig davon, ob der verschwiegene Umstand mit dem nun relevanten in Zusammenhang steht.

WÄHREND DER VERTRAGSLAUFZEIT

Ist der Versicherungsvertrag einmal abgeschlossen und ordentlich im Ordner abgeheftet, gilt leider oft: „Aus den Augen, aus dem Sinn." Doch auch während der Vertragslaufzeit empfiehlt es sich, den bestehenden Versicherungsschutz zu hinterfragen. Gibt es neue, für das eigene Risiko besser geeignete Versicherungsprodukte oder hat sich das Risiko geändert, für das der Versicherungsschutz abgeschlossen wurde? Sind die Prämien zur Versicherung immer gezahlt worden?

03

ÄNDERUNG DES VERSICHERTEN RISIKOS

Wer beispielsweise eine gebrauchte Immobilie gekauft hat und in den Wohngebäudeversicherungsvertrag des Vorbesitzers eingetreten ist, sollte die Versicherungspolice einmal genauer unter die Lupe nehmen, insbesondere, wenn mit dem Kauf des Hauses umfangreiche Sanierungsarbeiten (neues Dach, neue Rohre, neue Heizung) einhergingen und der Wert des Hauses dadurch gestiegen ist, das Risiko also verändert ist.

Überversicherung/Unterversicherung

Bei Abschluss eines Versicherungsvertrags wird die Versicherungssumme oft richtig ermittelt; der Wert der versicherten Sachen deckt sich dann mit der im Versicherungsschein festgelegten Versicherungssumme. Kommt es aber zu einer Änderung des versicherten Risikos, besteht schnell eine Über- oder eine Unterversicherung. Der häufigste Anwendungsbereich dürfte in der Hausratversicherung bestehen, wenn ein Umzug erfolgt.

Zieht jemand von einer 100 Quadratmeter großen Wohnung mit einer Versicherungssumme von 65.000 Euro in eine nur 75 Quadratmeter große Wohnung und gibt einen Teil seines Hausrats ab, spräche man von einer Überversicherung, wenn er die Versicherungssumme von 65.000 Euro im Schadensfall beibehielte. Ausreichend wäre nun eine Versicherungssumme von (650 x 75 Quadratmeter =) 48.750 Euro. Von einer Überversicherung spricht man, wenn der Versicherungswert um mehr als zehn Prozent überschritten ist. Vorliegend haben wir eine Überschreitung von

Hausratversicherung

33 Prozent, also eine Überversicherung. Der Versicherungsnehmer kann vom Versicherer verlangen, die Versicherungsprämie zu senken. Kommt es zum Schadensfall, muss der Versicherer aber nur in Bezug auf den tatsächlichen Versicherungswert leisten und nicht 33 Prozent mehr. Wird eine Überversicherung allerdings in betrügerischer Absicht geschlossen, dann ist der Vertrag nichtig, der Versicherer aber berechtigt, die Prämie zu behalten, bis er Kenntnis von der absichtlichen Überversicherung erhält. Problematischer ist für den Versicherungsnehmer die Unterversicherung. Ist er aus seiner 100 Quadratmeter großen Wohnung in eine 125 Quadratmeter große Wohnung gezogen und passt den Versicherungsschutz nicht an, liegt eine Unterversicherung vor. Versichert ist eine Versicherungssumme von 65.000 Euro; tatsächlich benötigt der Versicherungsnehmer aber eine Versicherungssumme von (650 Euro x 125 Quadratmeter =) 81.250 Euro. Er hat also 16.250 Euro, in unserem Fall 20 Prozent, zu wenig versichert. Der Versicherer ist daher nun berechtigt, im Schadensfall die Leistung entsprechend zu kürzen. Würde dem Versicherungsnehmer beispielsweise wegen eines Wohnungsbrandes eine Leistung von 50.000 Euro zustehen, zahlt der Versicherer 20 Prozent weniger, also nur 40.000 Euro aus.

Unterversicherungsverzicht

Einer Unterversicherung kann der Versicherungsnehmer entgegenwirken, indem er gegen eine etwas höhere Prämie im Versicherungsvertrag explizit einen Unterversicherungsverzicht vereinbart. Dies bieten die meisten Versicherer bei einer Versicherungssumme von derzeit 650 Euro pro Quadratmeter an.

Bezugsberechtigung

Doch auch andere Änderungen in Bezug auf das versicherte Risiko sind denkbar. So ist derjenige, der in eine andere Wohnung zieht, zwar meist für eine Dauer von zwei, maximal drei Monaten nach Umzugsbeginn unter der alten und der neuen Anschrift hausratversichert, muss aber dafür Sorge tragen, den Versicherungsschutz für eine neue, größere Wohnung anpassen zu lassen. Gleiches gilt für Paare, die sich trennen und auseinanderziehen. Und auch bei einer Lebensversicherung sollte im Auge behalten werden, wer bezugsberechtigt ist. So kommt es nicht selten vor, dass die längst vom Partner geschiedene Exfrau das Geld aus dessen Lebensversicherung bekommt, weil der Versicherungsnehmer vergessen hatte, den Lebensversicherer über seine Scheidung und das Zusammenleben mit einer anderen Frau, die aus seiner Lebensversicherung begünstigt sein soll, zu informieren.

Vorsicht

Immer dann, wenn sich die Lebensverhältnisse ändern, sollte auch der Versicherungsschutz überprüft werden.

GEFAHRERHÖHUNG

Eine Besonderheit bildet insoweit die sogenannte Gefahrerhöhung, da sich hier Folgen für den Versicherungsschutz ergeben. Wer aus dem von ihm bewohnten Haus auszieht und das
Haus über einen Makler verkaufen lässt, muss dem Versicherer den Leerstand des Hauses als Gefahrerhöhung anzeigen.
Gleiches gilt für denjenigen, vor dessen Haus ein Baugerüst
errichtet wird, das potenziellen Tätern den Einbruch übers
Fenster auch in der vierten Etage ermöglicht.

Gefahrerhöhung

Eine Gefahrerhöhung liegt vor, wenn nach Abschluss des Versicherungsvertrags Veränderungen eintreten, mit denen der Eintritt eines
Versicherungsfalls wahrscheinlicher oder der potenzielle Schaden
größer wird.

Die Gefahrerhöhung ist in § 23 VVG geregelt.

Nach § 23 VVG darf der Versicherungsnehmer nach Abgabe
seiner Vertragserklärung keine Gefahrerhöhung vornehmen.
Erkennt der Versicherungsnehmer nachträglich, dass er ohne
Einwilligung des Versicherers eine Gefahrerhöhung vorgenommen hat oder dass eine Gefahrerhöhung unabhängig von
seinem Willen eingetreten ist, so muss er diese dem Versicherer unverzüglich anzeigen.

Gefahrerhöhung un-
verzüglich anzeigen

Bei der privaten Kranken(zusatz)versicherung muss keine
Gefahrerhöhung angezeigt werden. Bei Lebens-, Unfall- und
Berufsunfähigkeitsversicherungen ist eine Erhöhung der Gefahr nur dann anzuzeigen, wenn sich solche Gefahrumstände
ändern, die nach ausdrücklicher Vereinbarung als Gefahrerhöhung angesehen werden sollen (zum Beispiel der Wechsel in

03

einen gefährlicheren Beruf oder die Aufnahme eines gefährlichen Hobbys).

Verletzt der Versicherungsnehmer seine Obliegenheit, eine während der Vertragslaufzeit eingetretene Gefahrerhöhung anzuzeigen, kann der Versicherer binnen fünf Jahren – bei Vorsatz oder Arglist sogar binnen zehn Jahren – nach Vertragsabschluss den Vertrag kündigen, sofern die Gefahrerhöhung weiter besteht. Hierzu hat er einen Monat Zeit, nachdem er von der Gefahrerhöhung erfahren hat. Der Versicherer hat aber auch die Möglichkeit, wegen der Gefahrerhöhung die Prämie zu erhöhen oder aber die Versicherung der höheren Gefahr ausschließen. Erhöht sich die Prämie dadurch um mehr als zehn Prozent oder schließt der Versicherer die Absicherung der erhöhten Gefahr aus, hat der Versicherungsnehmer ein Kündigungsrecht. Darüber muss der Versicherer den Versicherungsnehmer informieren.

All das gilt nicht, wenn die Gefahrerhöhung nur unerheblich oder ohnehin vom Versicherungsschutz abgedeckt ist.

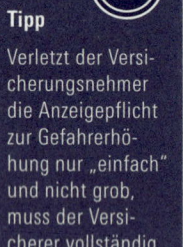

Tipp
Verletzt der Versicherungsnehmer die Anzeigepflicht zur Gefahrerhöhung nur „einfach" und nicht grob, muss der Versicherer vollständig leisten.

Schwierig werden kann eine nicht angezeigte Gefahrerhöhung mitunter bei Eintritt eines Schadensfalls. § 26 VVG regelt, dass der Versicherer nicht zahlen muss, wenn der Versicherungsnehmer die Gefahrerhöhung vorsätzlich nicht angezeigt hat. Bei einer grob fahrlässigen Verletzung kann der Versicherer seine Leistung kürzen und zwar in dem Verhältnis, das der Schwere des Verschuldens des Versicherungsnehmers entspricht. Dies gilt jedoch bei der vorsätzlichen und grob fahrlässigen Verletzung dann nicht, wenn die Gefahrerhöhung nichts mit dem Versicherungsfall („dem Eintritt des Versicherungsfalls oder dem Umfang der Leistungspflicht") zu tun hat oder der Versicherer nicht rechtzeitig binnen eines Monats nach Kenntnis von der Gefahrerhöhung gekündigt hat.

Der Versicherungsnehmer hat ein neues Haus bezogen und möchte sein altes, derzeit leer stehendes Haus, verkaufen. Den Leerstand des Hauses muss der Versicherungsnehmer seinem Gebäudeversicherer als Gefahrerhöhung anzeigen. Bricht beispielsweise jemand in das leere Haus ein und zündet es dann an, um Spuren zu beseitigen, kann der Versicherer wegen grober Fahrlässigkeit die Leistung kürzen, wenn der Versicherungsnehmer den Leerstand nicht angezeigt hat.

03

MEHRFACHVERSICHERUNG

Manchmal denken Versicherungsnehmer, ihre Chancen auf Zahlung im Schadensfall erhöhten sich durch den Abschluss einer zweiten Versicherung für das gleiche Risiko. Natürlich kann es schnell passieren, dass ein Risiko doppelt abgesichert ist. So bieten viele Kreditkartenfirmen ihren Kunden eine Reiserücktrittskostenversicherung. Bucht der Partner des Kreditkarteninhabers eine Reise, lässt er sich gegebenenfalls im Reisebüro vom Sinn und Zweck einer Reiserücktrittskostenversicherung überzeugen und schließt, gegebenenfalls sogar ohne Wissen des anderen, eine (weitere) Reiserücktrittskostenversicherung ab. Man spricht hier von einer Mehrfachversicherung, früher Doppelversicherung. Muss die Reise krankheitsbedingt abgesagt werden, übersendet der Reiseveranstalter eine Stornorechnung. Diese müssen die beiden Versicherer als Gesamtschuldner zahlen, das heißt, jeder für sich kann ganz in Anspruch genommen werden und den Anteil des anderen von diesem zurückverlangen. Der Versicherungsnehmer erhält aber nicht mehr, als ihm zusteht, das heißt, er erhält die Stornokosten trotz zweier Versicherungen nur einmal.

Gerade in der Hausratversicherung kommt es nicht selten vor, dass eine 100 Quadratmeter große Wohnung bis zu einer Versicherungssumme von 50.000 Euro bei einem Versicherer, wegen der übrigen 15.000 Euro bei einem anderen Versicherer versichert ist. Hat jedoch der Versicherungsnehmer die

Tipp

Erfährt der Versicherungsnehmer von einer Mehrfachversicherung, bevor der Schadensfall eintritt, kann er vom neuen Versicherer verlangen, den Versicherungsvertrag aufzuheben. Zumindest aber muss der Versicherungsnehmer dem Versicherer die Mehrfachversicherung anzeigen.

Mehrfachversicherung absichtlich abgeschlossen, weil er sich davon versprochen hat, im Schadensfall doppelt zu kassieren, ist der Vertrag nichtig. Im Zweifelsfall kann der Versicherungsnehmer im Schadensfall ganz ohne Versicherungsschutz dastehen.

PRÄMIENZAHLUNG

Erstprämie/Folgeprämien

Tritt ein Versicherungsschaden ein, prüft der Versicherer, ob denn auch die Versicherungsprämie rechtzeitig gezahlt wurde. Andernfalls riskiert der Versicherungsnehmer seinen Versicherungsschutz.

Das Versicherungsvertragsgesetz (VVG) unterscheidet hierbei zwischen der Erst- oder Einmalprämie, also der ersten Prämie, die der Versicherungsnehmer am Anfang des Versicherungsvertrags zahlt und der Folgeprämie. Der Versicherungsnehmer, der die Erstprämie schon gezahlt und sich als vertragstreu erwiesen hat, soll vom Gesetz besser gestellt sein als der, der sich von Anfang nicht an seine Verpflichtungen aus dem Vertrag hält.

Rücktritt vom Vertrag wegen Zahlungsrückstand

Zahlt der Versicherungsnehmer „schuldhaft" die Erst- oder Einmalprämie nicht rechtzeitig, kann der Versicherer vom Vertrag zurücktreten. Auch ist der Versicherer nicht zur Leistung verpflichtet, wenn er zuvor den Versicherungsnehmer durch eine gesonderte Mitteilung oder durch einen auffälligen Hinweis im Versicherungsschein auf diese Rechtsfolge aufmerksam gemacht hat.

„Rechtzeitig" heißt nicht zwingend sofort, sondern nach § 33 VVG binnen 14 Tagen, nachdem der Versicherungsnehmer den Versicherungsschein erhalten hat.

Wird eine fällige Prämie nicht gezahlt, muss der Versicherer leisten, wenn den Versicherungsnehmer für die Nichtzahlung keine Schuld trifft, zum Beispiel, weil er dem Versicherer eine Ermächtigung zur Lastschrift von seinem Konto gegeben hat und der Versicherer die Prämie dort nicht eingelöst hat. Häufiger und problematischer sind die Fälle, in denen der Versicherungsnehmer dem Versicherer eine Einzugsermächtigung erteilt hat, aber das Konto nicht gedeckt war. Ob der Versicherer dann die Leistung verweigern kann, kommt darauf an, ob der Versicherer dem Versicherungsnehmer den Zeitpunkt und die Höhe des Prämieneinzugs zuverlässig mitgeteilt und ihn deutlich genug über die Folgen eines erfolglosen Abbuchungsversuchs belehrt hat. Besonderheiten können hier für Verträge über eine vorläufige Deckung, zum Beispiel im Kfz-Bereich („Doppelkarte") gelten.

Tipp

Wird eine Folgeprämie schuldhaft nicht gezahlt, kann der Versicherer den Vertrag kündigen. Zahlt der Versicherungsnehmer den rückständigen Beitrag binnen eines Monats nach, hat er ab Eingang der Zahlung beim Versicherer wieder vollen Versicherungsschutz.

03

Der Versicherer muss Sie als Versicherungsnehmer qualifiziert mahnen, das heißt, er muss Ihnen nach nicht rechtzeitiger Zahlung schriftlich eine Zahlungsfrist von mindestens zwei Wochen setzen. Dabei muss der Versicherer die rückständigen Beträge der Prämie, Zinsen und Kosten einzeln beziffern und vor allem den Versicherungsnehmer darüber belehren, dass keine Versicherungsleistung erfolgt, wenn nach Ablauf der zwei Wochen immer noch nicht gezahlt ist und ein Schadensfall eintritt. Die von Versicherern versendeten Mahnungen sind jedoch oft unzureichend, um tatsächlich die Leistung zurückzuhalten, wenn ein Schaden eintritt. Insofern kann eine qualifizierte Beratung lohnen, wenn der Versicherer suggeriert, der Schaden müsse aus eigener Tasche bezahlt werden.

Qualifizierte Mahnung

OBLIEGENHEITSVERLETZUNGEN

Jeder Versicherungsvertrag enthält Verhaltensregeln für den Versicherungsnehmer. Man spricht hier von Obliegenheiten. Verletzt der Versicherungsnehmer eine vertragliche Obliegenheit, enthalten der jeweilige Versicherungsvertrag, aber auch

Vorschriften des Versicherungsvertragsgesetz (unter anderem §§ 28, 81 VVG) die daraus resultierenden Rechtsfolgen.

Der Versicherungsnehmer kann beispielsweise eine Obliegenheit im Wohngebäudeversicherungsvertrag dadurch verletzen, dass er für vier Wochen in die Winterferien verreist und die Heizung im Haus vorher hinunterdreht, um Heizkosten zu sparen; den Haupthahn sperrt er nicht ab. Die Verbundenen Wohngebäudeveresicherungsbedingungen sehen regelmäßig vor, der Versicherungsnehmer habe „in der kalten Jahreszeit alle Gebäude und Gebäudeteile zu beheizen und dies genügend häufig zu kontrollieren oder dort alle wasserführenden Anlagen und Einrichtungen abzusperren, zu entleeren und entleert zu halten". Erfährt der Versicherer vor einem Schadensfall von einer Obliegenheitsverletzung, die vorsätzlich oder grob fahrlässig erfolgt ist, kann er dem Versicherungsnehmer den Vertrag kündigen. Doch nur in den seltensten Fällen erfährt der Versicherer von der Obliegenheitsverletzung, bevor der Schadensfall eintritt. Zumeist erhält der Versicherer Kenntnis von der Obliegenheitsverletzung, wenn der Schadensfall eingetreten ist. Damit verbunden ist wiederum die Gefahr für den Versicherungsnehmer, dass der Versicherer die Leistung verweigert oder kürzt – abhängig davon, ob der Versicherungsnehmer die Obliegenheit vorsätzlich, grob fahrlässig oder einfach fahrlässig verletzt hat.

Quotale Leistungskürzung

Leistungsfreiheit

Verletzten Sie eine Obliegenheit vorsätzlich, wäre Ihnen also bewusst, dass der Schaden eintreten kann und nähmen Sie dies zumindest billigend in Kauf („Ist zwar saukalt, aber wenn ein Rohr wegen der Kälte platzt und das Haus unter Wasser steht, macht mir das nichts"), ist der Versicherer leistungsfrei. Der Versicherer muss dann also für den eingetretenen Schaden nicht zahlen.

Leistungspflicht

Verletzt der Versicherungsnehmer die Obliegenheit nur einfach fahrlässig („Ich wollte das Wasser noch absperren, bevor ich gefahren bin, aber dann rief mich die schwerkranke Nachbarin um Hilfe und ich musste überstürzt das Haus verlassen"), bleibt die Obliegenheitsverletzung folgenlos, das heißt, der Versicherer muss für den eingetretenen Schaden zahlen.

Liegt eine grob fahrlässige Verletzung der Obliegenheitsverletzung vor („Mir ist klar, dass ich für vier Wochen im Winter wegfahre und die Räume kalt sind, aber ich bin sicher, dass nichts passiert."), sieht das Versicherungsvertragsgesetz seit seiner Reform im Jahr 2008 ein quotales Leistungskürzungsrecht vor. Davor galt das Alles-oder-Nichts-Prinzip, bei dem bei einfacher Fahrlässigkeit der Versicherer die volle und bei grober Fahrlässigkeit überhaupt keine Leistung erbringen musste. Nun gilt ein Sanktionssystem, das nach dem Verschuldensgrad abgestuft ist und den Versicherer berechtigt, die Leistung entsprechend der Schwere des Verschuldens zu kürzen, also quotal zu leisten. Vorliegend könnte der Versicherer eine grobe Fahrlässigkeit annehmen und die Leistung entsprechend der Schwere des Verschuldens um ca. 40 bis 50 Prozent kürzen. Beläuft sich der Schaden auf 10.000 Euro, zieht der Versicherer 40 bis 50 Prozent ab und überweist 5.000 bis 6.000 Euro.

Der Versicherer ist allerdings gehalten, den Versicherungsnehmer in den Bedingungen vor den möglichen Sanktionen zu warnen und ihn darüber zu belehren, wie er die Obliegenheiten ordnungsgemäß erfüllen kann. Und der Versicherer muss auch bei einer grob fahrlässigen Obliegenheitsverletzung dann leisten, wenn die Verletzung der Obliegenheit „weder für den Eintritt oder die Feststellung des Versicherungsfalles noch für die Feststellung oder den Umfang der Leistungspflicht des Versicherers ursächlich ist", kurz, wenn das eine nichts mit dem anderen zu tun hat.

Quotales Leistungskürzungsrecht

03

Ein interessantes Urteil des Bundesgerichtshofs für Versicherungsnehmer, deren Versicherungsbedingungen schon vor der Reform des Versicherungsvertragsgesetzes, also vor 2008, galten und die vom Versicherer nicht an die neue Regelung angepasst worden sind, lautet: Klauseln, die auf altes Recht zielen, sind unwirksam (Aktenzeichen IV ZR 199/10). Genau diese anzuwenden hatte ein Versicherer in einem Fall mit einer 50-prozentigen Kürzung versucht, bei der ein Versicherungsnehmer in einem leer stehenden Haus die Heizungsanlage nicht geleert hatte.

04 OBLIEGENHEITEN, SONDER-REGELUNGEN, UNWIRKSAME KLAUSELN

Viele Obliegenheiten des Versicherungsnehmers gelten in verschiedenen Versicherungssparten gleichermaßen. Es gilt allerdings auch Sonderregelungen und unwirksame Klauseln zu beachten.

SCHADENSABWENDUNGS- UND SCHADENSMINDERUNGSPFLICHT

04

Die einzelnen Versicherungsbedingungen sehen für den Versicherungsnehmer diverse Obliegenheiten vor, die er im Schadensfall beachten muss. Auf die wichtigsten wird zu den einzelnen Versicherungssparten eingegangen. Fast allen Versicherungsverträgen sind aber einige Obliegenheiten gemein.

Der Versicherungsnehmer hat eine Schadensabwendungs- und Schadensminderungspflicht, das heißt, er muss konkret dafür sorgen, dass sich ein bereits eingetretener Schaden nicht weiter vergrößert, sondern mindert, indem er angemessen reagiert. Das kann in der Wohngebäudeversicherung beispielsweise bedeuten, bei einem Wasserschaden sofort den Haupthahn abzudrehen, damit nicht noch weiteres Wasser nachläuft.

ANZEIGEPFLICHT DES VERSICHE-RUNGSNEHMERS, § 30 VVG

Tritt ein Versicherungsfall ein, muss der Versicherungsnehmer den Versicherer ferner unverzüglich, das heißt ohne schuldhaftes Zögern darüber in Kenntnis setzen. Unverzüglich ist auch nicht umzudeuten in „bei Gelegenheit". Einzelne Versicherungssparten sehen hier konkretere Regelungen vor, wie zum Beispiel die Unfallversicherung, in der ein Unfall sofort und ein nach einem Unfall eingetretener Tod binnen 48 Stunden anzuzeigen ist.

AUSKUNFTSPFLICHT DES VERSICHE-RUNGSNEHMERS, § 31 VVG

Der Versicherungsnehmer muss dem Versicherer nach dem Eintritt des Versicherungsfalls jede Auskunft erteilen, die zur Feststellung des Versicherungsfalles oder des Umfangs der Leistungspflicht des Versicherers erforderlich ist. Dadurch soll der Versicherer in die Lage versetzt werden, Ursache und Umfang des Schadens zu ermitteln, damit er prüfen kann, ob er den Schaden übernehmen muss.

Im Zweifelsfall muss der Versicherungsnehmer – so führt der Bundesgerichtshof in seiner Entscheidung vom 16. November 2005 (Aktenzeichen IV ZR 307/04) aus – auf Nachfrage des Versicherers auch solche Tatsachen wahrheitsgemäß und vollständig offenbaren, die dazu führen, dass der Versicherer den Schaden nicht übernehmen muss. Dies können zum Beispiel Fragen nach den Vermögensverhältnissen des Versicherungsnehmers sein, weil sich hieraus für den Versicherer Anhaltspunkte für eine genauere Untersuchung des Schadenseintritts ergeben könnten. Der Versicherer wird dann prüfen, ob beispielsweise ein hoch verschuldeter Versicherungsnehmer den Schaden absichtlich herbeigeführt hat, um die Versicherungssumme zu erhalten.

Der Versicherungsnehmer muss auch bei der Ermittlung der Schadenshöhe helfen. Der Versicherer kann insoweit – je nach Ausgestaltung der Versicherungsbedingungen – vom Versicherungsnehmer verlangen, Belege vorzulegen.

Verletzt der Versicherungsnehmer eine dieser Obliegenheiten, gilt das eingangs Erörterte. Bei einer arglistigen oder vorsätzlichen Obliegenheitsverletzung ist der Versicherer nicht verpflichtet, eine Leistung zu erbringen. Ist die Obliegenheit einfach fahrlässig verletzt worden, muss der Versicherer den Schaden vollständig übernehmen. Schwierig sind die Fälle, in denen der Versicherungsnehmer die Obliegenheit im Schadensfall grob fahrlässig verletzt hat. Hier steht dem Versicherer wiederum ein quotales Leistungskürzungsrecht zu, das heißt, er kann die Leistung entsprechend der Schwere des Verschuldens kürzen.

SONDERREGELUNGEN ZUR SCHADENS- UND SACH-VERSICHERUNG

04

Für die Schadensversicherung sehen das Versicherungsvertragsgesetz und die einzelnen Versicherungsbedingungen Regelungen vor

- zu Schadensermittlungskosten,
- zum Sachverständigenverfahren,
- zur Abschlagszahlung,
- zur Verzinsung der Leistung.

UNWIRKSAME KLAUSELN

Ist ein Schadensfall eingetreten, beruft sich der Versicherer oft auf eine Klausel, die im Kleingedruckten, den allgemeinen Versicherungsbedingungen, steht. Zunächst ist zu prüfen, ob die zitierte Klausel tatsächlich Bestandteil der vereinbarten Versicherungsbedingungen ist. Nicht selten verweisen Versicherer auf Klauseln, die zwar im aktuellen Klauselwerk enthalten sind, nicht aber in dem, das einige Jahre zuvor konkret mit dem Versicherungsnehmer vereinbart wurde. Welche Versicherungsbedingungen dem Vertrag zugrunde liegen, steht zum einen in der Versicherungspolice, zum anderen als Überschrift auf der ersten Seite der Versicherungsbedingungen.

Steht im Versicherungsschein und auf dem Deckblatt „VGB 88", bedeutet dies, dass dem Versicherungsvertrag die Verbundenen Wohngebäudeversicherungsbedingungen aus dem Jahr 1988 zugrunde liegen. Da diese Versicherungsbedingungen nicht nur im Jahr 1988, sondern auch in den Folgejahren genutzt wurden, können diese Bedingungen voneinander abweichen, je nachdem, wann genau sie verfasst worden sind. Hierzu ist zumeist unten links am Rand eine vierstellige Zahl zu finden, zum Beispiel „01.95". Diese Zahl gibt den Monat und das Jahr an, mit dem der Stand der Versicherungsbedingungen bezeichnet wird, vorliegend also Januar 1995.

Musterbedingungen GDV

Seit 1994 werden die einzelnen Bedingungen nicht mehr vom Versicherungsaufsichtsamt respektive der heutigen Bundesanstalt für Finanzdienstleistungsaufsicht BaFin kontrolliert, sodass der Versicherer zunächst „frei" in der Gestaltung der Bedingungen ist. Oftmals orientieren sich Versicherer an den von ihrem Verband, dem Gesamtverband der Deutschen Versicherungswirtschaft, herausgegebenen Musterbedingungen. Diese können – allerdings nur in der aktuellen Fassung – unter www.gdv. de/downloads/versicherungsbedingungen abgerufen werden.

Nicht immer leuchtet dem Versicherungsnehmer ein, was der Versicherer mit der einzelnen Klausel meint. Dabei müssen die Klauseln transparent, verständlich und bestimmt sein. Die Rechte und Pflichten müssen für den Versicherungsnehmer möglichst klar und durchschaubar dargestellt werden. Wirtschaftliche Nachteile und Belastungen müssen so deutlich erkennbar sein, wie dies nach den Umständen gefordert werden kann.

Die Rechtsprechung zu Transparenz und Verständlichkeit von Klauseln ist eindeutig: „Allgemeine Versicherungsbedingungen sind so auszulegen, wie sie ein durchschnittlicher Versicherungsnehmer bei verständiger Würdigung, aufmerksamer Durchsicht und Berücksichtigung des erkennbaren Sinnzusammenhangs verstehen muss; es kommt auf die Verständnismöglichkeiten eines Versicherungsnehmers ohne versicherungsrechtliche Spezialkenntnisse und damit auf seine Interessen an."

Sind mindestens zwei Auslegungen einer Versicherungsklausel denkbar und rechtlich vertretbar, kann die Klausel unwirksam sein, das heißt, der Versicherer kann sich im Zweifelsfall nicht auf die Klausel berufen.

04

Auch ansonsten darf die vom Versicherer verwendete Klausel den Versicherungsnehmer nicht entgegen den Geboten von Treu und Glauben unangemessen benachteiligen. Dies kann sehr weitläufig interpretiert werden, was von den Gerichten zum Teil auch mit ganz unterschiedlichen Ergebnissen gehandhabt wird.

Während zum Beispiel das Landgericht Köln eine Klausel in den Versicherungsbedingungen einer Restschuld-Arbeitsunfähigkeitsversicherung für unwirksam hielt, nach welcher die Leistungspflicht endet, wenn die versicherte Person unbefristet berufs- oder arbeitsunfähig wird (Urteil des LG Köln vom 4.11.2009, Aktenzeichen: 23 O 281/08), haben andere Gerichte genau diese Klausel für wirksam erachtet.

Dessen ungeachtet ist zu erkennen, dass immer dann, wenn eine Klausel von einem Gericht für unwirksam gehalten wird, der Versicherer die Versicherungsbedingungen neu fasst und die problematische Klausel durch eine andere ersetzt. Die Versicherungsbedingungen sind so einem Wandel unterworfen, der auf den ersten Blick nicht immer auffällt, sondern nur im Detail erkennbar wird.

Ob eine Klausel bereits für unwirksam gehalten wurde oder noch gehalten werden könnte, auf die sich ein Versicherer bei der Ablehnung eines Schadensfalls beruft, kann insoweit nur eine rechtliche Beratung klären.

Tipp

Es gilt tatsächlich, immer die eigenen Versicherungsbedingungen heranzuziehen, um Rechte und Pflichten (Obliegenheiten) aus dem Versicherungsvertrag zu entnehmen.

HAFTUNG DES VERSICHERUNGS-NEHMERS FÜR DRITTE

In den bisherigen Erörterungen sind wir davon ausgegangen, Sie als Versicherungsnehmer seien selbst immer ganz nah am versicherten Risiko und die Obliegenheiten, die sich aus dem Vertrag ergeben, können und müssen Sie auch selbst erfüllen.

Repräsentant des Versicherungsnehmers

Häufig erledigt der Versicherungsnehmer diese Obliegenheiten, insbesondere die im Schadensfall, aber nicht allein, sondern bedient sich insoweit eines Dritten. Hierbei ist dann zu prüfen, ob der Dritte ein sogenannter Repräsentant des Versicherungsnehmers ist, das heißt jemand, der aufgrund eines Vertretungs- oder ähnlichen Verhältnisses an die Stelle des Versicherungsnehmers getreten ist.

Repräsentant kann nur sein, wer befugt ist, selbstständig in einem gewissen, nicht ganz unbedeutenden Umfang für den Versicherungsnehmer zu handeln (vgl. BGH VersR 1993, 828).

In diesem Fall muss sich der Versicherungsnehmer ein Fehlverhalten seines Repräsentanten zurechnen lassen. So kann sich der Versicherungsnehmer gegenüber dem Versicherer also nicht von seinen vertraglichen Pflichten befreien, indem er einen Dritten mit der Betreuung der versicherten Sache beauftragt.

Die Haftung für ein Fehlverhalten ist allerdings relativ begrenzt, da der Begriff des Repräsentanten eng ausgelegt wird: Wird der Nachbar während des Urlaubs gebeten, die Blumen zu gießen und zu lüften und vergisst dieser einmal, das auf Kipp gestellte Fenster zu schließen, ist bei einem Einbruchdiebstahl eine grobe Fahrlässigkeit des Nachbarn nicht dem Versicherungsnehmer zuzurechnen, weil der Nachbar eben nicht befugt ist, selbstständig in gewissem und bedeutendem Umfang für den Versicherungsnehmer zu handeln.

Familienangehörige sind regelmäßig nicht als Repräsentanten anzusehen, da diese in der Regel nur eine Mitobhut über die versicherte Sache haben und der Versicherungsnehmer sich im Regelfall nicht von jeglicher Risikoverwaltung und Benutzung zurückgezogen hat.

Mitobhut

04

In einem vom OLG Koblenz (Urteil vom 4.2.2005, Aktenzeichen 10 U 1561/03) entschiedenen Fall hatte die Tochter des Versicherungsnehmers betrunken einen Autounfall verursacht. Der Versicherer wollte die Tochter als Repräsentantin des Vaters ansehen, der Versicherungsnehmer in der Kaskoversicherung war und ihm die Leistung wegen grob fahrlässiger Herbeiführung des Versicherungsfalls ablehnen. Vorliegend fuhr die Tochter mit dem Kfz nur gelegentlich; häufig nutzte auch ihre Mutter das Auto. Der Vater war Halter und Eigentümer und hat auch stets die Reparaturen und Serviceleistungen durchgeführt sowie teilweise sogar die Benzinkosten getragen. Gründe genug für das Gericht, anzunehmen, dass weiterhin er und nicht seine Tochter die Risikoverwaltung für das Kfz übernommen hat.

Zusammenfassend sollten folgende Aspekte bei Abschluss eines Versicherungsvertrags, während der Dauer der Versicherung und vor Eintritt eines Schadensfalls ernst genommen werden. Die Punkte, die bei und nach Eintritt eines Schadensfalls beachtet werden müssen, sind in Kapitel 2 ab Seite 16 ff. zu jeder einzelnen Versicherungssparte zusammengefasst.

PRAKTISCHE TIPPS, BEVOR DER SCHADEN EINGETRETEN IST

1. Vor Vertragsabschluss

a. Finden Sie den Versicherungsschutz, der das betreffende Risiko bestmöglich versichert. Achten Sie auch darauf, dass die Versicherungssumme stimmt, also das zu versichernde Risiko ordentlich abgedeckt ist.

b. Füllen Sie den Antrag auf Abschluss des Versicherungsvertrags wahrheitsgemäß aus. Lesen Sie genau die Fragen, die der Versicherer Ihnen hierzu stellt. Nicht das, was Sie für wichtig halten, muss angegeben werden, sondern das, wonach der Versicherer Sie gefragt hat. Lassen sich es vom Vermittler schriftlich bestätigen, wenn er behauptet, die Rückenschmerzen müssten nicht angegeben werden, weil jeder diese einmal hatte. Die Behauptung ist falsch und kann als vorvertragliche Anzeigepflichtverletzung den Versicherungsschutz kosten.

c. Lassen Sie sich das Beratungsprotokoll aushändigen und kontrollieren Sie, ob das Besprochene tatsächlich wahrheitsgemäß und vollständig niedergeschrieben worden ist.

2. Während der Vertragslaufzeit

a. Zahlen Sie die vereinbarte Versicherungsprämie regelmäßig und rechtzeitig. Am sichersten ist, Sie erteilen dem Versicherer eine Einzugsermächtigung und sorgen auf dem Konto für eine ausreichende Deckung.

b. Prüfen Sie regelmäßig, ob der Versicherungsschutz noch zu dem versicherten Risiko passt oder ob Verbesserungen geboten sind.

c. Zeigen Sie Änderungen Ihrer Lebensverhältnisse, die Auswirkungen auf den Versicherungsschutz haben, dem Versicherer an – am besten nachweislich per Einschreiben.

d. Handelt es sich bei der Änderung um eine Gefahrerhöhung, kann der Versicherer die Leistung verweigern oder kürzen.

e. Ist der Wert der Sachen höher als die Versicherungssumme, liegt eine Unterversicherung vor, die den Versicherer berechtigt, im Leistungsfall anteilig zu kürzen.

f. Vergegenwärtigen Sie sich die im Vertrag unter „Obliegenheiten" genannten Punkte und achten Sie auf eine entsprechende Umsetzung.

g. Bewahren Sie Ihre Versicherungsunterlagen sorgfältig auf, sodass Sie im Schadensfall schnell Zugriff auf die Versicherungspolice und die Bedingungen haben. Verwahren Sie Quittungen, insbesondere von wertvolleren Gegenständen, an einem separaten Ort.

3. Bei Eintritt des Schadens

a. Wenden Sie den Schaden ab oder mindern Sie den Schaden.

b. Zeigen Sie dem Versicherer den Schaden an.

c. Erteilen Sie dem Versicherer alle Auskünfte, die er zur Aufklärung des Schadensfalls benötigt.

d. Zu den einzelnen Versicherungssparten siehe Kapitel 2 (siehe Seite 16 ff.).

4. Nach Ablehnung des Schadens

a. Prüfen Sie, ob der Versicherer Sie ordnungsgemäß über Obliegenheiten und die Folgen einer Obliegenheitsverletzung belehrt hat.

b. Prüfen Sie, ob Sie über die Folgen eines etwaigen Zahlungsverzugs in einer qualifizierten Mahnung belehrt worden sind.

c. Kontrollieren Sie die Klauseln, die der Versicherer in seinen Versicherungsbedingungen verwendet hat und auf die er sich in dem Ablehnungsschreiben beruft. Möglicherweise sind die Klauseln mangels Transparenz oder wegen einer anderen Benachteiligung unwirksam, sodass es Chancen gibt, doch noch eine Leistung aus dem Schadensfall zu erhalten.

04

05

RECHTSDURCHSETZUNG

Sein Recht kann der Versicherungsnehmer außergericht-lich oder gerichtlich durchsetzen. Ferner gibt es diverse Möglichkeiten der Schlichtung, zum Beispiel mit der Hilfe von Ombudsmännern.

MÖGLICHKEITEN DER AUSSER-GERICHTLICHEN RECHTSDURCH-SETZUNG

Wer einen Versicherungsschaden zu beklagen hat, kennt die große Unsicherheit. Unsicherheit darüber, ob das viele Papier mit Kleingedrucktem, das der Versicherer bei Vertragsabschluss beigefügt hat, nicht vielleicht doch etwas enthält, was man vor Vertragsabschluss hätte wissen müssen oder jetzt schnell erfahren muss. Aber auch eine Unsicherheit bezüglich des letzten Schreibens vom Versicherer, in dem er Auszüge aus den Versicherungsbedingungen zitiert und mit ernsten und schwer verständlichen Worten „Nein" zum angefragten Versicherungsschutz sagt. Das „Nein" bleibt, auch wenn das Schreiben mit den wieder besser verständlichen Worten endet: „Sicherlich haben Sie Verständnis dafür, dass uns im Sinne der übrigen Versicherten eine andere Entscheidung leider nicht möglich ist."

Der Umstand, dass so manches Ablehnungsschreiben mehrfach gelesen werden muss, um das „Nein" zu verstehen, schüchtert viele ein. Die vom Versicherer zitierten Klauseln aus den allgemeinen Versicherungsbedingungen suggerieren dem Versicherungsnehmer, der Versicherer habe quasi behördengleich einen Gesetzestext angewendet, dessen Gültigkeit nicht in Abrede gestellt werden darf. Gleichzeitig schreckt die Bitte um Verständnis für das Interesse der Versichertengemeinschaft, da sie mancher so versteht, als habe er eine Leistung in Anspruch nehmen wollen, die ihm nicht zusteht.

Ob aber die geforderte Leistung dem Versicherungsnehmer tatsächlich nicht zusteht, der Anspruch doch berechtigt oder ein Vergleichsangebot des Versicherers angemessen ist, kann der Versicherungsnehmer selbst oft nur schwer beurteilen. Es gibt ganz viele unterschiedliche Möglichkeiten, das

Ablehnungschreiben   **05**

Anspruch

Ablehnungsschreiben des Versicherers mit externer Hilfe zu hinterfragen, die mitunter gar nichts oder nicht viel kosten. Erörtert werden zunächst die außergerichtlichen Optionen. Im Anschluss werden die Schlichtungsmöglichkeiten vorgestellt, die für Rechtsstreitigkeiten mit Versicherern eingerichtet wurden. Und für den Fall, dass die außergerichtlichen Bemühungen erfolglos bleiben, gibt es Antworten auf die wichtigsten Fragen zu einem Gerichtsprozess gegen einen Versicherer.

SACHVERSTÄNDIGENVERFAHREN ZUR ERMITTLUNG DER SCHADENSHÖHE

Formelles Sachver-
ständigenverfahren

Hat der Versicherer eine Schadensregulierung noch nicht abgelehnt, sehen viele allgemeine Versicherungsbedingungen in der Sachversicherung (zum Beispiel die Wohngebäude- und Hausratversicherung) neben einer entsprechenden Regelung im Versicherungsvertragsgesetz vor, außergerichtlich ein sogenanntes formelles Sachverständigenverfahren durchzuführen, um die Höhe des Schadens zu ermitteln.

In der Praxis geschieht dies meistens dann, wenn

- sich die Parteien nicht über die Höhe des Schadens einig sind,
- einzelne tatsächliche Voraussetzungen des Entschädigungsanspruchs streitig sind,
- sich die Parteien nicht über die Höhe der Entschädigung einigen können oder der Schaden von hoher Komplexität ist.

Soll ein Sachverständigenverfahren durchgeführt werden, benennen beide Parteien jeweils einen Sachverständigen. Die beiden Sachverständigen benennen dann einen weiteren Sachverständigen als Obmann, der über die Punkte entscheidet, die zwischen den beiden von den Parteien benannten Sachverständigen streitig geblieben sind. Die Entscheidung des Obmanns ist für beide Vertragsparteien bindend und nach

Rechtsprechung des Bundesgerichtshofs nur bei offensichtlicher Unrichtigkeit gerichtlich überprüfbar. Jede Partei trägt die Kosten ihres Sachverständigen selbst, ferner jeweils die hälftigen Kosten des Obmanns.

Ein Vorteil gegenüber einer gerichtlichen Klärung besteht sicherlich darin, dass die Parteien mehr an der Klärung der Angelegenheit beteiligt werden als in einem gerichtlichen Verfahren, da sie ihren Sachverständigen selbst auswählen können. Sie als Versicherungsnehmer müssen allerdings auch dann die Kosten des von Ihnen beauftragten Sachverständigen sowie die hälftigen Kosten des Obmanns tragen, wenn er sich nicht vollständig mit seiner Position durchsetzt.

Tipp

Das Sachverständigenverfahren ist nur möglich, dann aber teilweise zwingend vorgeschrieben, wenn der Versicherer die Leistung noch nicht abgelehnt hat und es nur um die Höhe des Schadens geht und die Versicherungsbedingungen Entsprechendes regeln.

05

AUSSERGERICHTLICHE BERATUNG, TEILWEISE AUCH VERTRETUNG GEGENÜBER DEM VERSICHERER

Versicherungsvertreter

Bei der Abwicklung des Versicherungsschadens können Sie zunächst den Versicherungsvermittler ansprechen, der den Versicherungsvertrag abgeschlossen hat. Bei dem Abschluss eines Vertrags über einen Direktversicherer, also ohne Einschaltung eines Versicherungsvertreters oder -maklers, ist die Korrespondenz ausschließlich mit diesem direkt zu führen. Ob es sich ansonsten um einen Versicherungsvertreter oder einen Versicherungsmakler handelt, lässt sich zumeist den Versicherungsunterlagen entnehmen. Ansonsten ist der Status auch über die von der Deutschen Industrie- und Handelskammer herausgegebene Suchmaschine unter www.vermittlerregister.info abzufragen.

Haben Sie den Vertrag über einen Versicherungsvertreter geschlossen, erweist es sich oft als hilfreich, diesen frühzeitig in die Abwicklung des Schadensfalls mit einzubeziehen. Denn er

Einbindung des Versicherungsvertreters

sollte eigentlich ein Interesse daran haben), dass Sie ihm und seinem Versicherer treu bleiben.

Provision

Er erhält für die Betreuung des Versicherungsvertrags nicht nur bei Abschluss des Vertrags eine Provision, sondern auch während der Zeit, in der die Versicherungsbeiträge regelmäßig gezahlt werden und die Versicherungspolice im Ordner abgeheftet ist, die sogenannte Bestandsprovision. Vielleicht hat der Versicherungsnehmer bei diesem Versicherungsvertreter nicht nur den einen Versicherungsschutz, der für den vorliegenden Schadensfall relevant ist, sondern mehrere Verträge, deren Kündigungen der Versicherungsvertreter wirtschaftlich merken würde. Und schließlich leben die Versicherungsvertreter oft auch im persönlichen Umfeld des Versicherungsvertreters, sodass man sich aus der Nachbarschaft oder dem Sportverein kennt und er schlechte Mundpropaganda fürchtet.

Vorsicht

Lässt der Versicherungsvertreter sich nach der Meldung des Schadensfalls nicht hören oder sehen, ist unbedingt sofort Kontakt mit dem Versicherer direkt aufzunehmen.

Sicherlich wird er nicht aus jedem gemeldeten Schaden eine Leistung erbringen können, aber er kann bei der Meldung des Schadens und dem Ausfüllen des Schadensformulars behilflich sein und beim Versicherer nachhaken, sollte die Leistung ausbleiben. Schließlich ist der Versicherungsschutz bei einem großen Vertreternetz oft teurer, sodass Sie sich vom Vertreter nicht auf eine zentrale Schadensregulierung verweisen lassen sollten.

Nicht selten besichtigt der meist örtlich ansässige Versicherungsvertreter den gemeldeten Versicherungsschaden als Erstes und bestätigt dabei, dass es sich um einen vom Versicherer zu regulierenden Schaden handelt. Eine solche Zusage sollten Sie sich unbedingt schriftlich geben lassen.

Sagt ein Versicherungsvertreter die Regulierung eines Schadens zu, ist diese Zusage bindend. Das gilt auch dann, wenn der Versicherungsvertreter die Übernahme eines Schadens versprochen hat, der von der Versicherung gar nicht gedeckt ist (Urteil des Bundesgerichtshof vom 19.11.2008, IV ZR 293/05). Handelt der Versicherungsvertreter hierbei allerdings ohne Vollmacht des Versicherers und lässt sich der Versicherer nicht überzeugen, für die Aussagen seines Vertreters einzustehen, könnte es allerdings passieren, dass die Ansprüche auch gegen Versicherungsvertreter direkt und nicht nur gegen den Versicherer geltend zu machen sind. Dies dürfte vom individuellen Vertrag, den Versicherungsvertreter und Versicherer geschlossen haben, abhängig sein.

05

Der Versicherungsvertreter hat je nach seinem aktuellen Status beim Versicherer eine Vollmacht, Versicherungsschäden bis zu einer bestimmten Schadenshöhe – oft sind dies Beträge von 1.500 bis 2.000 Euro – zu regulieren. Gerade bei Versicherungsfällen bis zu 2.000 Euro finden Versicherungsvertreter daher oft die passende Klausel im Versicherungsschein oder den Bedingungen, um Ihnen doch noch zur Leistung zu verhelfen. Sicherlich bietet der Versicherungsvertreter dann im Gegenzug, quasi als Bitte um ein Dankeschön, den Abschluss eines neuen Versicherungsvertrags an. Möglicherweise ist die relativ unkomplizierte Schadensabwicklung ein Argument, tatsächlich den Versicherungsschutz mit diesem Versicherungsvertreter beizubehalten.

Tipp

Nicht wenige Versicherungsnehmer berichten, der Mehrpreis für den Versicherungsbeitrag, der bei einem Abschluss über ein engmaschiges Netz von Versicherungsvertretern meist anfällt, habe sich durch eine positive Erfahrung beim Eintritt eines Versicherungsschadens rentiert.

Versicherungsmakler

Der Versicherungsmakler hingegen ist nicht das „Auge und Ohr" des Versicherers, sondern steht im Lager des Versicherungsnehmers. Ob er gute Kontakte zu der Leistungsabteilung des Versicherers hat, bei dem der Versicherungsschaden gemeldet wurde, dürfte von der Versicherungssparte abhängen sowie davon, wie oft und mit welchem Erfolg der Versicherungsmakler Versicherungsnehmer betreut hat, die zuvor einen Versicherungsschaden zu beklagten hatten.

Da der Versicherungsmakler im Lager des Versicherungsnehmers steht und genau wie der Versicherungsvertreter nicht
nur für den Abschluss des Vertrags, sondern auch für die
Betreuung während der Vertragslaufzeit Provision erhält, ist
er – je nachdem, wie sein Maklervertrag ausgestaltet ist – gehalten, sachgemäß zu helfen, etwa beim Ausfüllen des Schadensformulars oder bei der weiteren Korrespondenz mit dem
Versicherer. Der Versicherungsmakler kann den Versicherungsnehmer also gegenüber dem Versicherer in dem Schadensfall vertreten. Er kann im Regelfall allerdings – anders als
der Versicherungsvertreter – keine Zusage zur Regulierung
des Versicherungsschadens machen, auch nicht in Höhe eines Betrags von maximal 2.000 Euro.

Die Hilfestellung des Versicherungsmaklers bei der Schadensabwicklung ist selbstverständlich kostenlos, doch auch
der Versicherungsmakler wird eventuell die Gunst der Stunde
nutzen, um anderweitigen Versicherungsschutz zu vermitteln.

Versicherungsberater

Bei der Abwicklung von Versicherungsschäden sind auch
Versicherungsberater behilflich. Sie helfen nicht nur bei der
bedarfsgerechten Auswahl von notwendigem Versicherungsschutz und suchen das günstige Versicherungsunternehmen,
sondern bieten auch außergerichtli-
che Unterstützung im Schadensfall
an. So dürfen sie zu Versicherungsschäden eine außergerichtliche Beratung und Vertretung anbieten und
mit dem Versicherer im Namen des
Versicherungsnehmers korrespondieren. Hierfür haben die Versicherungsberater eine spezielle Rechts-
beratungsbefugnis, die ihnen nach
dem Rechtsdienstleistungsgesetz
verliehen wird. Die Regelungen zur

Tipp

Da Versicherungsberater von den Versicherungsunternehmen keine Provision oder Courtage
annehmen dürfen, um in ihrer Beratung unabhängig und neutral zu sein, berechnen Versicherungsberater für ihre Tätigkeit ein Honorar, das
vom Beratenen zu tragen ist. Der Stundensatz
liegt bei etwa 90 bis 130 Euro; oftmals wird für
die Bearbeitung des Schadensfalls ein Pauschalhonorar vereinbart.

Berufsausübung von Versicherungsberatern entsprechen weitgehend den Berufspflichten von Rechtsanwälten.

Schadensfallberatung in Verbraucherzentralen

Beratungen zum Versicherungsbedarf werden von den meisten Beratungsstellen der einzelnen landesweit organisierten Verbraucherzentralen angeboten. Einige Bundesländer wie Nordrhein-Westfalen und Bremen bieten aber auch eine Beratung an, wenn es bei der Abwicklung des Versicherungsschadens Schwierigkeiten gibt.

Beratungsstellen der Verbraucherzentralen

05

Manchmal wird dabei auch angeboten, teilweise Fachanwälte für Versicherungsrecht die außergerichtliche Korrespondenz mit dem Versicherer führen zu lassen. Die Beratung und gegebenenfalls Vertretung gibt es zu einem überschaubaren Pauschalhonorar, das selbst dann noch lohnt, wenn nach der Beratung die Gewissheit darüber besteht, dass der Versicherer in dieser Angelegenheit mit seiner Ablehnung Recht hatte. Deutlich häufiger aber dürften die Ratsuchenden erleben, mit ihrer Skepsis in das Ablehnungsschreiben des Versicherers durchaus im Recht gewesen zu sein.

Unfallschäden

Geht es um einen Schaden aus einem Unfall und um die Geltendmachung von Ansprüchen gegen den Unfallverursacher und/oder die eigene Unfallversicherung, ermöglicht die Unfallopferlobby subvenio e. V. ihren Mitgliedern für Unfallgeschädigte ein kostenloses Erstgespräch mit einem einschlägig spezialisierten Rechtsanwalt. Der Mitgliedsbeitrag beläuft sich auf aktuell auf 36 Euro bzw. 18 Euro für Schüler, Studierende, Rentner, Arbeitslose und Wehrpflichtige.

subvenio e. V. für Unfallgeschädigte

Außergerichtliche Tätigkeit eines Rechtsanwalts

Für Rechtsfragen zum Versicherungsvertrag und zum eingetretenen Schadensfall kann auch ein Rechtsanwalt konsultiert werden. Hierbei kann es sich abhängig vom Fall empfehlen,

Fachanwalt für Versicherungsrecht

einen Fachanwalt für Versicherungsrecht auszuwählen, der durch eine gesonderte theoretische Ausbildung und Prüfung sowie den Nachweis einer großen Anzahl versicherungsrechtlicher Fälle belegbar in dem Bereich spezialisiert ist. Zudem ist der Fachanwalt für Versicherungsrecht verpflichtet, jedes Jahr erneut eine ausreichende Fortbildung im Bereich Versicherungsrecht nachzuweisen.

Tipp

Die Kosten für ein erstes Beratungsgespräch liegen bei maximal 190 Euro; etwaig anfallende Auslagen und Mehrwertsteuer kommen dazu. Insgesamt ist so ein Betrag von 226,10 Euro (ohne Auslagen für Post- und Telekommunikation) beziehungsweise 249,90 Euro (mit Auslagen) zu zahlen. Soll der Anwalt ein Gutachten anfertigen, können Kosten von 250 Euro zuzüglich Auslagen und Mehrwertsteuer von bis zu 321,30 Euro anfallen.

Vorsicht

Achten Sie darauf, nicht gesondert etwas anderes zu vereinbaren, das die Erstberatungsgebühr abbedingt. Soll der Anwalt nach der ersten Beratung das Mandat übernehmen, kommt es zu weiteren Terminen oder Bearbeitungen der Angelegenheit entstehen weitere Kosten.

Der Versicherer hat die Kosten für den Anwalt im Regelfall nicht zu übernehmen, wenn dieser „nur" Beistand ist, damit der Anspruch beim Versicherer geltend gemacht wird und die Korrespondenz zwischen Rechtsanwalt und Versicherer abgewickelt wird. Hat aber der Versicherer die beantragte Leistung zu Unrecht abgelehnt und setzt der Anwalt diesen Anspruch durch, muss der Versicherer auch die Ihnen entstandenen Anwaltskosten tragen, soweit diese angemessen sind.

Für die außergerichtliche Tätigkeit kann mit dem Anwalt auch ein Honorar vereinbart werden. Je nach Art und Umfang der Angelegenheit und der zu erwartenden Tätigkeit können Sie entweder ein Stunden- oder ein Pauschalhonorar vereinbaren. Die Stundensätze der Anwälte sind sehr unterschiedlich und variieren von weniger als 75 Euro bis deutlich über 300 Euro, sagen aber wenig über die Qualität der Arbeit aus, die der Anwalt abliefern wird. Im Bundesdurchschnitt liegt der Stundensatz eines Rechtsanwalts bei 182 Euro, was aber eher ein statistischer Mittelwert sein dürfte. Ein günstiger Stundensatz bedeutet nicht zwingend, dass auch die Rechnung günstiger wird. Möglicherweise rechnet der Anwalt das Aktenstudium, Recherchen und die Korrespondenz mit der Gegenseite

„großzügiger" ab als ein Anwaltskollege, der von vornherein einen höheren Stundensatz veranschlagt.

Wird ein Stunden- oder Pauschalhonorar vereinbart, empfiehlt es sich also, im Vorfeld genau abzuklären, mit welchen Kosten gerechnet werden muss. Beachten Sie in dem Zusammenhang aber auch, dass der Anwalt für eine Beurteilung die Angelegenheit etwas genauer kennen und bereits für diesen „Kostenvoranschlag" Zeit aufbringen muss. Ist hiermit eine – wenn auch nur erste – Einschätzung der rechtlichen Situation verbunden, werden hierfür Kosten anfallen, die vom Ratsuchenden zu tragen sind.

05

Kostenvoranschlag

Üblicherweise wird der Rechtsanwalt versicherungsrechtliche Streitigkeiten nach dem Gegenstandswert, auch Streitwert genannt, abrechnen, um den es in der Angelegenheit geht. Näheres zur Berechnung des Gegenstandswerts finden sie im Unterabschnitt dieses Kapitels zum gerichtlichen Verfahren (siehe Seite 177).

Erhält der Anwalt den Auftrag, außergerichtlich und auch gegenüber Dritten tätig zu werden und tritt er nach außen als Anwalt auf, schreibt er dem Versicherer einen Brief oder telefoniert mit diesem, fällt eine sogenannte Geschäftsgebühr an. Diese ist abhängig vom Gegenstandswert. Je nachdem, wie umfangreich die Arbeiten des Anwalts sind, hat er einen Rahmen für die Abrechnung von 0,5 bis 2,5. Für leichtere Fälle kann der Mandant von einer Geschäftsgebühr von 1,3 ausgehen, für etwas umfangreichere oder schwierige Fälle von einer Geschäftsgebühr von 1,5. Hinzuzurechnen sind Auslagen für Post und Telekommunikation. Hier kann der Anwalt entweder seine tatsächlich entstandenen Kosten nachweisen oder eine Pauschale geltend machen.

Geschäftsgebühr

Die Abrechnung einer Pauschale ist deutlich gängiger und beträgt 20 Prozent der entstandenen Gebühren, maximal 20 Euro im außergerichtlichen Verfahren. Eventuell fallen noch Kopierkosten oder Fahrtkosten und ein Abwesenheitsgeld an, wenn der Rechtsanwalt auswärtige Termine wahrnimmt. Kommt es zu einer außergerichtlichen Einigung mit der Gegenseite, an der der Anwalt mitgewirkt hat, erhält er zusätzlich eine Einigungsgebühr von 1,5, die wiederum anhand des Gegenstandswerts berechnet wird.

Unter Ihrem Haus ist ein Abwasserrohr gebrochen. Die reinen Reparaturkosten, also nicht die oft damit verbundene Sanierung des gesamten Rohres, belaufen sich auf 6.000 Euro. Der Wohngebäudeversicherer verweigert die Leistung mit dem Hinweis, außerhalb des Hauses liegende Ableitungsrohre seien bedingungsgemäß nicht versichert. Sie bitten einen Anwalt, tätig zu werden und mit dem Versicherer zu korrespondieren. Der Anwalt findet in Ihrem Versicherungsschein eine Zusatzklausel, wonach Sie den „Bruch von Ableitungsrohren, die außerhalb des Hauses liegen" zusätzlich versichert haben und schreibt den Versicherer an. Der Versicherer lenkt ein. Der Gegenstandswert liegt bei 6.000 Euro. Hierfür erhält der Anwalt einen Betrag von 546,69 Euro, der sich wie folgt zusammensetzt:

1,3 Geschäftsgebühr	439,40 Euro
Auslagenpauschale	20,00 Euro
Honorar netto	**459,40 Euro**
19 % MwSt.	87,29 Euro
GESAMT	**546,69 Euro**

Da der Versicherer vorliegend seine Pflicht versäumt hatte, den Anspruch richtig zu prüfen, weil er nämlich „übersehen" hat, dass der „Bruch von Ableitungsrohren, die außerhalb des Hauses liegen" mitversichert ist, muss der Versicherer Schadensersatz durch die Übernahme der Anwaltskosten leisten. Weigert sich der Versicherer, was im Übrigen gar nicht so selten vorkommt, muss der Ratsuchende die Anwaltskosten natürlich trotzdem zahlen, da er den Anwalt beauftragt hat. Es bleibt aber die Möglichkeit, die Kosten gegen den Versicherer gerichtlich durchzusetzen.

Vertragsrechtsschutz/ Schadensersatzrechtsschutz

Verfügen Sie über eine Rechtsschutzversicherung, übernimmt diese die Kosten für die Beratung durch den Rechtsanwalt, sofern „Vertragsrechtsschutz" beziehungsweise in Angelegenheiten mit dem gegnerischen Haftpflichtversicherer „Schadensersatzrechtsschutz" mitversichert ist und die übrigen Bedingungen (Wartezeit etc.) erfüllt sind. Es gibt noch einige „uralte Versicherungsbedingungen" (sogenannte ARB 69) von Rechtsschutzversicherern, bei denen Rechtsstreitigkeiten mit Versicherern nicht gezahlt werden. Hier empfiehlt es sich, den Versicherungsschutz auf den neuesten Stand zu bringen.

05

Lassen die Einkommens- und Vermögensverhältnisse nicht zu, die Rechtsanwaltskosten aus eigener Tasche aufzubringen, kann beim Amtsgericht ein Beratungshilfeschein beantragt werden. Wichtig ist, das Problem genau schildern und die monatlichen Einnahmen und Ausgaben nachweisen zu können. Der Rechtsanwalt rechnet seine Kosten dann über das Gericht ab und kann vom Ratsuchenden nur zehn Euro verlangen.

Beratungshilfeschein

SCHLICHTUNGSMÖGLICHKEITEN

Können Sie als Versicherungsnehmer eine ablehnende Entscheidung ihres Versicherers nicht nachvollziehen, haben Sie häufig die Möglichkeit einer außergerichtlichen Schlichtung. Die Zuständigkeit ist abhängig vom Gegenstandswert, vor allem aber von der Frage, ob sich die Beschwerde gegen den Versicherer oder gegen den Versicherungsvermittler richtet und ob es um einen allgemeinen Versicherungsvertrag oder um einen Vertrag über eine private Kranken- und Pflegeversicherung geht.

OMBUDSMANN FÜR STREITIGKEITEN GEGEN DEN VERSICHERER

Die größte Schlichtungsstelle im versicherungsrechtlichen Bereich ist der Versicherungsombudsmann e. V. mit Sitz in Berlin. „Ombud" kommt aus dem Altisländischen und bedeutet so viel wie „Bevollmächtigter". Der Versicherungsombudsmann ist Bevollmächtigter gleichermaßen der Versicherungswirtschaft und der privaten Versicherungsnehmer.

Der Versicherungsombudsmann e. V.

Ziel des Versicherungsombudsmann e. V. ist es, möglichst viele Streitigkeiten außergerichtlich zu klären, Vergleiche zu vermitteln und rechtmäßige Entscheidungen zu treffen, damit beide Parteien schnell und unbürokratisch Rechtssicherheit erlangen. Der Verein Versicherungsombudsmann beschäftigt über 40 Mitarbeiter. Der Ombudsmann ist derzeit Prof. Dr. Günter Hirsch, ein ehemaliger Richter des Bundesgerichtshofs, der gemeinsam mit seinen Mitarbeitern in der Schlichtungsstelle jährlich über 18.000 Beschwerden bearbeitet. Mitglieder des Vereins sind die Versicherungsunternehmen. Es gibt einen Vorstand, der unter anderem die Aufgabe hat, den Verein nach außen zu vertreten. Vorstandsmitglieder des Versicherungsombudsmann e. V. sind hochrangige Vertreter der Versicherer, im Regelfall Vorstandsmitglieder der Versicherer.

Beirat

Daneben gibt es einen Beirat, der die Unabhängigkeit und Neutralität der Schlichtungsstelle in besonderem Maße sicherstellen soll. Der Beirat setzt sich überwiegend aus Vertretern von Einrichtungen und Organisationen zusammen, die nicht aus Versicherungsunternehmen stammen. Hierzu zählen Vertreter der Verbraucherorganisationen wie Stiftung Warentest, Verbraucherzentrale Bundesverband (vzbv), der Bund der Versicherten e. V. (BdV) und andere, ferner Vertreter der Versicherungsaufsicht, der Versicherungsvermittlerverbände, der Wissenschaft, des öffentlichen Lebens und der Vereinsmitglieder.

Klageweg

Der Versicherungsombudsmann kann bei Gegenstandswerten bis zu 10.000 Euro den Versicherer verpflichten, die Entscheidung umzusetzen; dem Versicherungsnehmer bleibt hingegen im Falle einer ablehnenden Entscheidung des Versicherungsombudsmanns der Klageweg offen. Beschwerden mit einem Gegenstandswert von über 10.000 Euro bis hin zu 100.000 Euro darf der Versicherungsombudsmann auch bearbeiten. Hier ist allerdings keine verbindliche Entscheidung zu Lasten des Versicherers möglich. Der Versicherungsombudsmann kann nur eine Empfehlung aussprechen.

Neben der Kostenfreiheit besteht für den Versicherungsnehmer ein weiterer Vorteil: Während die Beschwerden beim Versicherungsombudsmann bearbeitet werden, ist die Verjährung gehemmt, die Ansprüche können also nicht verjähren. Dies gilt allerdings nicht für Beschwerden gegen einen privaten Kranken- und Pflegeversicherer, die vom Ombudsmann für die private Kranken- und Pflegeversicherung bearbeitet werden.

Tipp

Für den Verbraucher, also den Versicherungsnehmer, ist die Schlichtung kostenfrei. Die Mitgliedsunternehmen, also die einzelnen Versicherer, finanzieren den Versicherungsombudsmann durch einen Jahresbeitrag, der abhängig von den Bruttobeitragseinnahmen ist, sowie durch eine Fallpauschale für jede zulässige Beschwerde.

Auch die Erfolgschancen für die Einreichung einer Beschwerde beim Versicherungsombudsmann sind passabel. Im Jahr 2010 hatten 38,2 Prozent der gegen Versicherer eingereichten Beschwerden rechtlichen oder wirtschaftlichen Erfolg.

Beschwerde beim Versicherungsombudsmann

Ein rechtlicher Vorteil war beispielsweise eine Anpassung der Vertragszeit gemäß dem Wunsch des Versicherungsnehmers. Unter wirtschaftlichen Vorteilen kann exemplarisch eine höhere Schadenszahlung oder aber die erwirkte Deckungszusage des Rechtsschutzversicherers verstanden werden. Beschwerden aus der Lebensversicherung haben geringere Erfolgsaussichten, da die seitens des Versicherers mitgeteilte Höhe der Überschüsse oder Ablaufleistungen rechtlich oft nicht zu beanstanden ist. Für die übrigen Sparten bleibt zu konstatieren, dass 38,2 Prozent der Beschwerden – zumindest teilweise – den gewünschten Erfolg gebracht haben. Das ist mehr als jede dritte Beschwerde.

Tipp

Ein Verfahren vor dem Versicherungsombudsmann sollte gerade für denjenigen Versicherungsnehmer lohnen, der eine gerichtliche Klärung der Angelegenheit scheut.

Voraussetzungen

Voraussetzung für eine Beschwerde über einen Versicherer beim Versicherungsombudsmann ist die Mitgliedschaft der Versicherer im Verein. Andernfalls kann der Versicherungsombudsmann keine Schlichtung durchführen. 280 Versicherer sowie der Gesamtverband der Deutschen Versicherungswirtschaft (GDV) sind Mitglied im Verein Versicherungsombudsmann (Stand: Jahresbericht 2010 des Versicherungsombudsmanns). Damit werden über 95 Prozent des Marktes im Privatkundengeschäft durch die Mitglieder repräsentiert.

Ausländische Versicherer

Diverse ausländische Versicherer, namentlich solche aus Luxemburg oder Liechtenstein, sind nicht Mitglied im Versicherungsombudsmann und unterwerfen sich folglich auch nicht seiner Entscheidung. Gleiches gilt für einige inländische Versicherer, vorrangig solche, die Versicherungen in den Bereichen Restschuldversicherung und Reiserücktrittskosten anbieten.

Zudem kann nur der eine Beschwerde gegen einen Versicherer vor den Versicherungsombudsmann bringen, der Versicherungsnehmer ist. Ist also der Ehepartner Versicherungsnehmer der Rechtsschutzversicherung, kann eine Beschwerde gegen den Rechtsschutzversicherer, der die angefragte Deckungszusage verweigert hat, nur von diesem geführt werden und nicht von einer mitversicherten Person wie dem anderen Ehepartner.

Eignung der Beschwerde

Die Beschwerde muss außerdem geeignet sein, ohne Beweisaufnahme durch Zeugen oder Sachverständige bearbeitet und entschieden werden zu können. Zeugen werden vom Versicherungsombudsmann nicht angehört, Sachverständigengutachten nicht durchgeführt. Gibt es mit dem Versicherer also Streit darüber, ob bei dem gemeldeten Einbruch Einbruchspuren vorhanden sind und die Hausratversicherung leistet, kann der Versicherungsombudsmann nicht den erforderlichen Beweis erheben, um diese Frage zu klären.

Verfahren

Das Verfahren vor dem Versicherungsombudsmann e.V. beginnt mit der Einlegung einer Beschwerde – schriftlich, per Brief oder Fax, telefonisch oder per Email.

Auf den Internetseiten des Versicherungsombudsmann e. V. (siehe Link in Kapitel 6 „Musterbriefe und Formulierungshilfen" Seite 200) befindet sich das Formular, das der Versicherungsombudsmann zur Hilfestellung für die Einreichung einer Beschwerde gibt.

Den Eingang der Beschwerde bestätigt der Versicherungsombudsmann und leitet die Beschwerde an den Versicherer mit der Bitte um Stellungnahme weiter – außer, der beschwerte Versicherer ist kein Mitglied oder der Gegenstandswert liegt über 100.000 Euro. Lenkt der Versicherer daraufhin sofort ein, kann er der Beschwerde abhelfen. Andernfalls übersendet der Versicherer dem Ombudsmann eine Stellungnahme. Sind keine weiteren Rückfragen beim Versicherungsnehmer, also beim Beschwerdeführer, erforderlich, trifft der Ombudsmann bei Streitigkeiten mit einem Gegenstandswert bis 10.000 Euro eine Entscheidung oder gibt bei Streitigkeiten mit einem Gegenstandswert von mehr als 10.000 Euro und bis 100.000 Euro eine Empfehlung ab. Alternativ kann der Ombudsmann auch auf eine Streitschlichtung im Wege eines Vergleichs hinwirken.

Versicherer sehen die Aufgabe des Versicherungsombudsmanns als Ergänzung zu ihrem Beschwerdemanagement. Sie hoffen, dass der Versicherungsnehmer, auch wenn die Entscheidung oder Empfehlung des Ombudsmanns nicht in seinem Sinne ausfällt, nach der Erläuterung durch den Versicherungsombudsmann die Leistung besser versteht, die mit dem

Tipp

Formulieren Sie die Beschwerde und das Ziel, das mit der Beschwerde erreicht werden soll, unbedingt klar und eindeutig. Auch sind die Unterlagen in Kopie beizufügen, die der Ombudsmann für die Beurteilung der Angelegenheit benötigt. Dies sind im Regelfall die Korrespondenz mit dem Versicherer über den Gegenstand der Beschwerde, ferner der Versicherungsschein sowie die Versicherungsbedingungen, die dem Vertrag zugrunde liegen.

Tipp

Fällt die Entscheidung oder Empfehlung nicht im Sinne des Versicherungsnehmers aus, steht diesem noch das gerichtliche Verfahren offen. Der Versicherer hingegen ist an die Entscheidung des Ombudsmanns, das heißt, an einen Schlichtungsspruch in einer Angelegenheit bis 10.000 Euro Gegenstandswert, gebunden.

Versicherer vereinbart ist. Insoweit erfolgte zwar keine Leistung aus dem Versicherungsvertrag, zumindest aber bliebe eine harmonischere Kundenbeziehung nach der Ablehnung der Ansprüche erhalten.

Verfahrensordnung für das Schlichtungsverfahren

Die Verfahrensordnung für das Schlichtungsverfahren gegen Versicherer ist unter folgendem Link abrufbar: www.versicherungsombudsmann.de/Verfahrensordnung (VomVO bei Streitigkeiten mit dem Versicherer)

OMBUDSMANN FÜR STREITIGKEITEN GEGEN DEN PKV-VERSICHERER

Im Bereich der privaten Kranken- und Pflegeversicherung gibt es auch einen Ombudsmann, der Versicherern und Versicherungsnehmern die Möglichkeit bietet, Meinungsverschiedenheiten einvernehmlich ohne ein Gerichtsverfahren zu schlichten. Auch der Ombudsmann für die private Kranken- und Pflegeversicherung muss neutral sein und hat bei seinen Entscheidungen Recht und Gesetz zu beachten, er kann unabhängig davon aber auch Vorschläge für eine gütliche Einigung unterbreiten.

Tipp

Der Beschwerde fügen Sie in Kopie die Unterlagen zu, mit der der Versicherungsombudsmann für die private Kranken- und Pflegeversicherung den Sachverhalt der Beschwerde erfassen kann. Dabei handelt es sich im Wesentlichen um die zuletzt mit dem Versicherer geführte Korrespondenz zu dem Thema, das nun zur Beschwerde führt. Wird die Beschwerde für einen Dritten eingelegt, muss eine schriftliche Vollmacht beigefügt werden.

Die Beschwerde beim Ombudsmann für die private Kranken- und Pflegeversicherung kann schriftlich per Post oder über dessen Homepage unter dem Punkt „Online-Beschwerde" eingereicht werden. Formulieren Sie die Beschwerde und das Ziel, das mit der Beschwerde erreicht werden soll, unbedingt präzise. Das auf der Homepage befindliche Formular (siehe Link auf Seite 200) hilft, alle für die Schlichtung erforderlichen Aspekte zu beachten.

Sobald den Versicherungsombudsmann für die private Kranken- und Pflegeversicherung die Beschwerde erreicht, wird der Eingang der Beschwerde bestätigt; Hinweise für das weitere Verfahren erfolgen. Sind die eingereichten Unterlagen vollständig, sendet der Ombudsmann die Beschwerde dem Versicherer zur Stellungnahme. Sollten keine weiteren Schritte notwendig sein, wie zum Beispiel die Einholung zusätzlicher Auskünfte, wägt der Ombudsmann die vorgebrachten Argumente ab und trifft eine Entscheidung. Eine Entscheidung ist entweder ein Verfahrensabschluss, eine Empfehlung an den Versicherer oder eine sogenannte förmliche Empfehlung, das heißt eine Bekräftigung der Empfehlung, sollte der Versicherer sich der Argumentation der Schlichtungsstelle gänzlich verschließen. Verbindlich aber sind die Entscheidungen für die Versicherer nicht.

Die Statuten für das Schlichtungsverfahren gegen private Kranken- und Pflegeversicherer sind unter folgendem Link abrufbar: www.pkv-ombudsmann.de/statut

OMBUDSMANN FÜR STREITIGKEITEN GEGEN DEN VERSICHERUNGSVERMITTLER

Der Ombudsmann für Versicherungen ist seit der Geltung des Vermittlergesetzes am 22. Mai 2007 auch als Schlichtungsstelle zur Beilegung von Streitigkeiten zwischen Versicherungsvermittlern oder Versicherungsberatern und Versicherungsnehmern zuständig, soweit es um die Vermittlung von Versicherungsverträgen geht. Aktuell entfallen ca. fünf Prozent der beim Versicherungsombudsmann eingehenden Beschwerden auf Vermittler.

**Die für dieses Beschwerdeverfahren geltende Verfahrens-
ordnung weicht gravierend von der Verfahrensordnung
ab, die für Streitigkeiten mit Versicherern gilt. Die wichtigsten Punkte sind:**

a. Es können nur solche Streitigkeiten mit Versicherungsvermittlern oder -beratern bearbeitet werden, die „im Zusammenhang mit der Vermittlung von Versicherungsverträgen" stehen. Es kann daher immer nur um die Vermittlung
gehen. Für Beschwerden darüber, wie sich der Vermittler
an der Regulierung eines Versicherungsschadens beteiligt
oder eben nicht beteiligt hat, gibt es ebenso wenig Raum
wie für Streitigkeiten, die die reine Betreuung oder die Kündigung von Versicherungsverträgen betreffen.

b. Da es ausschließlich um Streitigkeiten bei der Vermittlung
des Versicherungsvertrags geht und die Schlichtungsstelle
erst seit Mai 2007 aktiv ist, werden solche Beschwerden
als unzulässig zurückgewiesen, bei denen die schlechte
Vermittlungsleistung bereits vor Mai 2007 erfolgte. 2010
waren dies nahezu 50 Prozent der Beschwerden.

c. Das Einreichen der Beschwerde hemmt – anders als beim
Verfahren gegen Versicherer vor dem Versicherungsombudsmann – nicht die Verjährung.

d. Außerdem gibt es keine Entscheidungskompetenz des Versicherungsombudsmanns, an die sich ein Versicherungsvermittler binden lassen muss. Allerdings haben sich der
Bundesverband Deutscher Versicherungskaufleute e.V.
(VGK) sowie der Verband Deutscher Versicherungsmakler
e.V. (VDVM) entschieden, dass ihre Mitglieder sich am Beschwerdeverfahren beteiligen und „Entscheidungen" des
Ombudsmanns anerkennen.

e. Die Beschwerden gegen Vermittler können nicht nur von privaten, sondern auch von gewerblichen Versicherungsnehmern und von Verbraucherschutzverbänden eingelegt werden.

Die Verfahrensordnung für das Schlichtungsverfahren gegen Versicherer ist unter folgendem Link abrufbar: www.versicherungsombudsmann.de/VermVo.jsp (VermVO für Streitigkeiten mit dem Vermittler)

05

BUNDESANSTALT FÜR FINANZDIENST-LEISTUNGSAUFSICHT (BAFIN)

Bei der Bundesanstalt für Finanzdienstleistungsaufsicht, kurz BaFin, können all die Beschwerden gegen Versicherer vorgebracht werden, die nicht von den zuvor erwähnten Schlichtungsstellen geklärt werden können, insbesondere also Streitigkeiten mit einem Gegenstandswert über 100.000 Euro oder wenn inländische Versicherer nicht Mitglied im Versicherungsombudsmann e. V. sind.

Daneben können aber auch die Beschwerden vorgetragen werden, für die der Ombudsmann für Versicherungen oder der Ombudsmann für die private Kranken- und Pflegeversicherung zuständig ist. Allerdings kann die Bundesanstalt für Finanzdienstleistungsaufsicht – anders als der Versicherungsombudsmann bei Beschwerden gegen den Versicherer – keine verbindliche Entscheidung zu Lasten des Versicherers treffen. Auch wird die Verjährung durch die Einreichung einer Beschwerde bei der BaFin nicht gehemmt.

Schlichtungsmöglichkeiten im Überblick

Ombudsmann für Versicherungen (bei Streitigkeiten mit dem Versicherer)	Ombudsmann für private Kranken- und Pflegeversicherung (PKV)	Ombudsmann für Versicherungen (bei Streitigkeiten mit dem Vermittler)	Bundesanstalt für Finanzdienstleistungsaufsicht (BaFin)
Beschwerden gegen Versicherer, die Mitglied im Verein Versicherungsombudsmann e.V. sind	Beschwerden gegen alle privaten Kranken- und Pflegeversicherer	Beschwerden gegen Versicherungsvertreter und Versicherungsmakler	• Beschwerden vor allem auch gegen Versicherer, die nicht Mitglied im Versicherungsombudsmann e.V., aber in Deutschland ansässig sind • Beschwerden auch gegen Versicherer, bei denen der Gegenstandswert 100.000 Euro übersteigt
• verbindlich für den Versicherer bei Gegenstandswert bis 10.000 Euro • keine Verbindlichkeit, nur Empfehlung von 10.000,01 Euro bis 100.000 Euro	keine Verbindlichkeit, nur Empfehlung	keine Verbindlichkeit, nur Selbstverpflichtungserklärung der Vermittlerverbände für ihre Mitglieder	keine Verbindlichkeit, nur Empfehlung
keine Beschwerden bei • Streitigkeiten über die private Kranken- und Pflegeversicherung • Streitigkeiten mit Nichtmitgliedern • Streitigkeiten mit dem gegnerischem Haftpflichtversicherer • wenn die versicherte Person und nicht der Versicherungsnehmer die Ansprüche geltend macht	keine Beschwerden bei Versicherern aus anderen Sparten	keine Beschwerden • sofern sich diese nicht auf den Abschluss des Versicherungsvertrags beziehen • die einen Zeitpunkt vor dem 22. Mai 2007 betreffen	
für den Verbraucher kostenfrei	für den Verbraucher kostenfrei	für den Verbraucher kostenfrei	für den Verbraucher kostenfrei
Verjährung während der Dauer der Beschwerde gehemmt	Verjährung nicht gehemmt	Verjährung nicht gehemmt	Verjährung nicht gehemmt
kann keine Beweise durch Zeugen und Sachverständige einholen	kann keine Beweise durch Zeugen und Sachverständige einholen	kann keine Beweise durch Zeugen und Sachverständige einholen	kann keine Beweise durch Zeugen und Sachverständige einholen

GERICHTLICHE KLÄRUNG

Nicht alle Streitigkeiten mit Versicherern lassen sich außergerichtlich klären. Bleibt es nach allen Bemühungen bei der Ablehnung oder einem gänzlich unzureichenden Vergleichsangebot, bleibt dem Versicherungsnehmer nur ein gerichtliches
Verfahren, um die Angelegenheit abschließend zu klären.

05

Zahlen, die Versicherer vorlegen, um die Anzahl der geführ-
ten Prozesse zu dokumentieren, decken sich nicht mit einer
fachkundigen Einschätzung, wie sie beispielsweise von map-report erfolgt,
die jährlich die Prozesszahlen der einzelnen Versicherer, sortiert nach den
einzelnen Versicherungssparten, listen. Im Jahr 2008 gaben die Versicherer beispielsweise 33.200 gerichtliche Prozesse an; map-report ging jedoch
davon aus, dass diese Zahl etwa drei Mal so hoch sein müsse und jährlich
bei etwa 100.000 liege.

Die einzelnen Versicherungssparten sind unterschiedlich stark
betroffen. Die meisten gerichtlichen Verfahren gibt es im
Bereich der Kfz-Haftpflichtversicherung, bei der Lebensversicherung mit Todesfall-Leistung eher weniger, dazwischen
bewegen sich die Hausratversicherung, die Wohngebäudeversicherung, die Kfz-Kaskoversicherung, die Berufsunfähigkeitsversicherung und die Krankenversicherung.

PROZESSKOSTEN

Entschließen Sie sich, ein gerichtliches Verfahren einzuleiten,
gibt es ein oft nicht unerhebliches Prozesskostenrisiko; es besteht die Gefahr, dass Sie entstehende Anwalts- und Gerichtskosten selbst tragen müssen. Obsiegen Sie als Versicherungsnehmer in dem gerichtlichen Verfahren vollumfänglich, muss
der Versicherer die Kosten des Verfahrens vollständig übernehmen; bereits bezahlte Kosten erhält der Versicherungsnehmer erstattet. Verlieren Sie als Versicherungsnehmer das Verfahren, so haben Sie sämtliche Prozesskosten zu übernehmen.

Vergleichsweise Einigung

Ganz häufig bemüht sich das angerufene Gericht um eine vergleichsweise Einigung, indem es den beiden Parteien seine rechtliche Einschätzung erläutert und Chancen und Risiken der beiden Parteien gegeneinander abwägt, den Prozess zu gewinnen oder zu verlieren, um dann dem Versicherer vorzuschlagen, einen Teilbetrag der vom Versicherungsnehmer geforderten Summe zu zahlen.

Tendiert das Gericht dazu, der Klage des Versicherungsnehmers stattzugeben, bilden oft 75 bis 90 Prozent der Klageforderung die Grundlage des Vergleichs. Sieht das Gericht hingegen wenig Chancen für den Versicherungsnehmer und nur ein geringes Risiko für den Versicherer, liegen die Vergleichsvorschläge eher bei 10 bis 25 Prozent. Insbesondere wenn eine Beweisfrage streitig ist und unklar ist, zu wessen Gunsten ein Sachverständigengutachten ausgehen würde, wird oft angeregt, sich – abhängig von der Verteilung der Beweislast – in der Mitte zu treffen, sodass 33 bis 66 Prozent der Klageforderung gezahlt würden. Die Kosten des Verfahrens werden dann entsprechend der gebildeten Quote geteilt, das heißt, jede Partei übernimmt die Prozesskosten in Höhe des Anteils, den sie verloren hat.

Gibt es einen Vergleich, durch den der Versicherer sich verpflichtet, 75 Prozent der Klageforderung zu zahlen, hat er im Regelfall auch 75 Prozent der Prozesskosten zu tragen. Besteht eine Rechtsschutzversicherung, achten Sie darauf, dass die Prozesskosten entsprechend dem Vergleich gequotelt werden. Das sehen die allgemeinen Rechtsschutzbedingungen so vor.

Online-Berechnung

Der Versicherungsnehmer, der das gerichtliche Verfahren gegen den Versicherer anstrengt, hat zunächst die Gerichtskosten und auch einen Teil seiner Anwaltskosten vorzustrecken, damit das Verfahren überhaupt in Gang kommt. Daher scheuen viele Versicherungsnehmer ein gerichtliches Verfahren und das ziehen Versicherer bei der Regulierung beziehungsweise Ablehnung der Schäden durchaus häufiger ins Kalkül. Um das Prozesskosten-

risiko zu ermitteln, bieten Internetseiten wie www.prozesskos-
tenrisiko.de oder von rvg.pentos.ag eine Online-Berechnung an.

Bei einem gerichtlichen Verfahren fallen immer Gerichtskosten und fast immer Anwaltskosten an. Muss eine Beweisaufnahme vorgenommen werden, weil der Sachverhalt streitig ist
und hierzu ein Sachverständigengutachten eingeholt oder ein
Zeuge befragt werden muss, müssen Sie die Auslagen für
Zeugen und Sachverständige dazurechnen.

05

Gegenstandswert

Die Kosten des Gerichtsverfahrens
bestimmen sich nach dem Gegenstandswert, auch Streitwert genannt.
Das ist der Betrag, um den mit dem
Versicherer gestritten wird. Je höher
der Gegenstandswert ist, desto mehr
Kosten sind für den eigenen und gegebenenfalls gegnerischen Anwalt
und das Gericht zu zahlen. Daher ist
der Gegenstandswert ein wichtiges,
aber häufig umstrittenes Thema, zu
dem es entsprechende Literatur gibt.

Tipp

Die Höhe des Gegenstandswerts sollte mit dem
Anwalt und dem Rechtsschutzversicherer verbind-
lich vorab geklärt werden. Sonst kann demjenigen
Versicherungsnehmer, der seinem Anwalt nur die
Kontaktdaten in die Hand drückt, später eine böse
Überraschung, zumindest aber einiges an Schwie-
rigkeiten bei der Abwicklung mit dem Rechts-
schutzversicherer und dem Anwalt erwarten. Im
Zweifelsfall muss der Rechtsschutzversicherer, der
eine höhere Leistung verweigert, eine Deckungs-
zusage erteilen, falls der Anwalt seine ausstehende
Honorarforderung gerichtlich durchsetzen will.

Einfacher gestaltet es sich, wenn die vom Versicherer verlangte
Leistung feststeht, zum Beispiel, wenn der Versicherer behauptet, bei dem Einbruch seien keine Einbruchspuren festgestellt
worden und es läge kein versicherter Schaden vor. Ist der Versicherungsnehmer der Auffassung, einen Einbruch nachweisen zu
können, wird er die Forderung klageweise geltend machen, die er
als Versicherungsleistung erwartet hat.

Schwieriger jedoch ist es, wenn sich beispielsweise beim Kauf
eines gebrauchten Hauses herausstellt, dass für den erfolgten
Dachausbau die Genehmigung fehlte. Geht der Käufer gegen
den Verkäufer vor, kann die Genehmigung für den Dachausbau

(zum Beispiel ca. 10.000 Euro) oder der Kaufpreis des Hauses (zum Beispiel 300.000 Euro) zugrunde gelegt werden. Eventuell wird der Anwalt, der bei dem höheren Gegenstandswert deutlich mehr verdient, dem Verkäufer den Rücktritt vom Kaufvertrag androhen, sollte die Genehmigung für den Dachausbau nicht erfolgen. Der Rücktritt vom Kaufvertrag könnte den Gegenstandswert von 300.000 Euro bedeuten. Der Rechtsschutzversicherer wird sich auf den Standpunkt stellen, es gehe wohl nur um die Genehmigung für den Dachausbau und wird die Anwaltsgebühren nach einem Gegenstandswert von 10.000 Euro abrechnen.

Gerichtskosten, Zeugen und Sachverständige

Gegenstands-wert in Euro bis	Gebühr in Euro	Gegenstands-wert in Euro bis	Gebühr in Euro
300	25	40.000	398
600	35	45.000	427
900	45	50.000	456
1.200	55	65.000	556
1.500	65	80.000	656
2.000	73	95.000	756
2.500	81	110.000	856
3.000	89	125.000	956
3.500	97	140.000	1.056
4.000	105	155.000	1.156
4.500	113	170.000	1.256
5.000	121	185.000	1.356
6.000	136	200.000	1.456
7.000	151	230.000	1.606
8.000	166	260.000	1.756
9.000	181	290.000	1.906
10.000	196	320.000	2.056
13.000	219	350.000	2.206
16.000	242	380.000	2.356
19.000	265	410.000	2.506
22.000	288	440.000	2.656
25.000	311	470.000	2.806
30.000	340	500.000	2.956
35.000	369		

Eine alleinstehende Frau errichtete ein handschriftliches Testament, in dem sie über ihren vor allem aus Sparguthaben bestehenden Nachlass mit den folgenden Worten verfügte: „Nach Abwicklung der gesamten anfallenden Kosten geht das restliche Sparguthaben zu gleichen Teilen an vorliegende Erben (s. Liste)". Die aus sechs Personen bestehende Auflistung der vermeintlichen Erben war nicht im unterzeichneten Testamenttext enthalten, sondern erfolgte nach der Unterschrift.

05

Die Gerichtskosten setzen sich aus den gerichtlichen Gebühren und den gerichtlichen Auslagen zusammen. Dies ist zunächst eine Gebühr für die Tätigkeit des Gerichts. Diese ist nicht davon abhängig, welche Aufwendungen das Gericht tatsächlich hat, sondern richtet sich nach dem Gegenstandswert. Näheres bestimmt Anlage 2 zu § 34 Gerichtskostengesetz (GKG).

Bei Streitigkeiten mit Versicherern nimmt das Gericht als Vorschuss für seine Tätigkeit drei, im Berufungsverfahren vier Gerichtsgebühren. Kommt es zu einem Urteil, behält das Gericht die Gerichtsgebühren. Wird ein Vergleich geschlossen, erkennt der Versicherer an oder nimmt der Versicherungsnehmer aufgrund eines deutlichen Hinweises des Gerichts, dass im Prozess keine Erfolgsaussichten bestehen, die Klage zurück, behält das Gericht nur eine der Gerichtsgebühren und erstattet die übrigen. Daneben kann eine Dokumentenpauschale anfallen, wenn beispielsweise das Gericht für den Prozess Schriftstücke kopieren muss. Deren Höhe ist im Vergleich zu den übrigen Prozesskosten aber marginal.

Höhe der Gerichtsgebühren

Bei einem Streit mit dem Versicherer um 5.679 Euro ist der Gegenstandswert „bis 6.000 Euro", sodass eine Gerichtsgebühr bei 136 Euro liegt. Für das Verfahren in der ersten Instanz sind drei Gerichtsgebühren zu zahlen, das heißt 3 x 136 Euro. Das Gericht wird daher, um überhaupt tätig zu werden, eine Vorschussrechnung von 408 Euro an den Versicherungsnehmer versenden. Kommt es zu einem Urteil, behält das Gericht die Gebühren vollständig. Hat der Versicherer verloren, sind diese jedoch von ihm zu erstatten. Kommt es zu einem Vergleich, einem Anerkenntnis oder einer Klagerücknahme, behält das Gericht nur eine Gerichtsgebühr, also 136 Euro.

| Auslagen | Neben den Gebühren für das Gericht können Auslagen für Zeugen und Sachverständige anfallen, wenn eine Beweisaufnahme erforderlich ist, der Sachverhalt also zwischen dem Versicherer und dem Versicherungsnehmer streitig ist. Diese Kosten bestimmen sich nach dem Justizvergütungs- und entschädigungsgesetz (JVEG). Zeugen und Schöffen werden grundsätzlich nach ihrem Verdienstausfall entschädigt; zudem werden ihre Anreisekosten erstattet. |

| Honorar für Sachverständige | Sachverständige erhalten einen festgelegten Stundensatz abhängig von der im JVEG genannten Honorargruppe, also dem Rechtsgebiet, für das das Gutachten erstellt wird, von derzeit 50 bis 85 Euro pro Stunde. |

| Honorar für Dolmetscher | Ist ein Dolmetscher erforderlich, was bei Prozessen von Versicherungsnehmern eher selten vorkommt, erhält dieser 55 Euro pro Stunde. |

| Honorar für Gutachter | Damit der Gutachter ein Gutachten erstellen kann, fordert das Gericht auch hier einen Vorschuss vom Kläger, das heißt vom dem Versicherungsnehmer, der das gerichtliche Verfahren anstrengt, an. Bei einem medizinischen Sachverständigengutachten in der Berufsunfähigkeitsversicherung liegt der Vorschuss oft bei ca. 2.000 Euro, bei der Klärung von einfacheren Beweisfragen zum Beispiel in der Sachversicherung bei der Klärung, ob durch den Einbruchdiebstahl die Tür so beschädigt ist, dass sie ersetzt werden muss oder eine Reparatur ausreicht, bei etwa 800 bis 1.000 Euro. |

Anwaltskosten

Bei Streitigkeiten, die erstinstanzlich vor dem Landgericht ausgetragen werden, das heißt einen Gegenstandswert von mehr als 5.000 Euro oder eine Berufung betreffen, ist die Führung des Verfahrens durch einen Anwalt erforderlich. Streitigkeiten bis zu einem Gegenstandswert von bis zu 5.000 Euro müssen in der ersten Instanz nicht von einem Anwalt bearbeitet werden. Allerdings ist die Hinzuziehung eines Anwalts sinnvoll, da viele der von Versicherungsnehmern entworfenen Schriftsätze oft die für das Gericht zur Entscheidung relevanten Punkte nicht beinhalten.

Die Anwaltskosten bestimmen sich nach dem Rechtsanwaltsvergütungsgesetz (RVG). Der Anwalt kann für seine Tätigkeit im gerichtlichen Verfahren eine Verfahrensgebühr, eine Terminsgebühr und bei einem Vergleich eine Einigungsgebühr geltend machen. Darüber hinaus fallen Auslagen – meist pauschal in Höhe von 20 Euro – und Mehrwertsteuer an. Nimmt der Rechtsanwalt einen auswärtigen Termin wahr, zum Beispiel, weil die Klage gegen den Versicherer nicht am Wohnort des Versicherungsnehmers, sondern am Sitz des Versicherers eingereicht wird, fallen Fahrtkosten und ein sogenanntes Abwesenheitsgeld an.

Rechtsanwalts-
vergütungsgesetz
05

Das Rechtsanwaltsvergütungsgesetz (RVG) regelt die Höhe der Vergütung in Abhängigkeit vom Gegenstandswert.

Für die Vertretung, das heißt für die Führung der Korrespondenz mit dem Gericht und den Beistand für den Versicherungsnehmer, erhält der Anwalt eine sogenannte 1,3 Verfahrensgebühr, in der Berufungsinstanz eine 1,6 Verfahrensgebühr. War der Anwalt bereits außergerichtlich tätig, rechnet er die Hälfte (max. 0,75) der dort abgerechneten Geschäftsgebühr an.

Für die Wahrnehmung des Gerichtstermins, also den Verhandlungstermin oder den Erörterungstermin zwecks Güteverhandlung, erhält der Rechtsanwalt eine 1,2 Terminsgebühr. Schließen die Parteien im gerichtlichen Verfahren einen Vergleich, ist eine 1,0 Einigungsgebühr hinzuzurechnen.

Gegenstands- wert bis/in Euro	Gebühr in Euro	Gegenstands- wert bis/in Euro	Gebühr in Euro
300	25	40.000	902
600	45	45.000	974
900	65	50.000	1.046
1.200	85	65.000	1.123
1.500	105	80.000	1.200
2.000	133	95.000	1.277
2.500	161	110.000	1.354
3.000	189	125.000	1.431
3.500	217	140.000	1.508
4.000	245	155.000	1.585
4.500	273	170.000	1.662
5.000	301	185.000	1.739
6.000	338	200.000	1.816
7.000	375	230.000	1.934
8.000	412	260.000	2.052
9.000	449	290.000	2.170
10.000	486	320.000	2.288
13.000	526	350.000	2.406
16.000	566	380.000	2.524
19.000	606	410.000	2.641
22.000	646	440.000	2.760
25.000	686	470.000	2.878
30.000	758	500.000	2.996
35.000	830		

Bei einem Gegenstandswert von 5.679 Euro handelt es sich um einen Gegenstandswert „bis 6.000 Euro". Eine 1,0 Gebühr des Rechtsanwalts liegt – wie die obige Tabelle zeigt – bei 338 Euro. Für das Betreiben des Verfahrens bei Gericht erhält der Anwalt eine 1,3 Verfahrensgebühr, also 1,3 x 338 Euro. Das sind 439,40 Euro. Für die Wahrnehmung des Termins bei Gericht erhält er eine 1,2 Terminsgebühr, das heißt 1,2 x 338 Euro, also 405,60 Euro. Kommt es zu einem Vergleich, wird eine Einigungsgebühr von 1,0 fällig, also 1,0 x 338 Euro. Der Anwalt rechnet mehr ab, wenn er schon außergerichtlich aktiv war. Dann gibt es eine Geschäftsgebühr; im Gegenzug reduziert sich die Verfahrensgebühr.

Beispielrechnung des Rechtsanwalts

12345/11   4. September 2012
Musterfrau ./. AG

Sehr geehrte Frau Musterfrau,

in obiger Angelegenheit erlauben wir uns, Ihnen unsere Kostennote für
das außergerichtliche sowie gerichtliche Verfahren mit der Bitte um
Ausgleich binnen zwei Wochen zu übersenden.

Gegenstandswert: 5.679 EUR

1,3 Geschäftsgebühr gem. Nr. 2400 VV, §§ 2, 13, 14 RVG	439,40 EUR
1,3 Verfahrensgebühr gem. Nr. 3100 VV, §§ 2, 9, 13 RVG	439,40 EUR
Anrechnung der hälftigen Geschäftsgebür	- 219,70 EUR
1,2 Terminsgebühr gem. Nr. 3104 VV, §§ 2, 9, 13 RVG	405,60 EUR
Telekommunikationspauschale gem. Nr. 7002 VV	20,00 EUR
Honorar netto	**1.084,70 EUR**
19% Umsatzsteuer gem. Nr. 7008 RVG/VV, § 12 Abs. 1 UStG	206,93 EUR
Honorar brutto	**1.290,79 EUR**

Mit freundlichen Grüßen

Rechtsschutzversicherung

Rechtsstreitigkeiten, die der Versicherungsnehmer mit seinem Versicherer führt, sind im Regelfall dann über eine bestehende Rechtsschutzversicherung abgedeckt, wenn in der
Rechtsschutzpolice Vertragsrechtsschutz vereinbart ist, da es
um eine Streitigkeit aus einem Vertrag, dem Versicherungsvertrag, geht.

Vertragsrechtsschutz

Werden Ansprüche an einen gegnerischen Haftpflichtversicherer gestellt, zum Beispiel bei Verkehrsunfällen gegen den
Kfz-Haftpflichtversicherer des Fahrers, ist es erforderlich, dass
die Rechtsschutzpolice die Geltendmachung von Schadenser-

*Schadensersatzrechts-
schutz*

satzansprüchen beinhaltet (Schadensersatzrechtsschutz). Sowohl der Vertrags- als auch der Schadensersatzrechtsschutz sollten Standard sein, wenn Privatrechtsschutz vereinbart ist. Probleme können auftreten, wenn der gemeldete Schaden vor Versicherungsbeginn der Rechtsschutzversicherung eingetreten ist und keine Vorversicherung besteht. Bestand zuvor lückenlos Versicherungsschutz bei einem anderen Rechtsschutzversicherer, verpflichtet sich – auf Basis einer vom Gesamtverband der Versicherungswirtschaft verfassten Selbstverpflichtungserklärung – der neue Rechtsschutzversicherer, die Kosten des Verfahrens zu tragen.

Ermittlung Gegenstandswert

Ein weiterer Streitpunkt ist häufig die Ermittlung des Gegenstandswerts. Sollten der beauftragte Anwalt und der Rechtsschutzversicherer insoweit unterschiedliche Positionen beziehen, wird der Rechtsanwalt androhen, die Kosten gegen den Versicherungsnehmer direkt – notfalls klageweise – durchzusetzen, da zum Ausgleich der Kostennote des Rechtsanwalts der klagende Versicherungsnehmer und nicht der Rechtsschutzversicherer verpflichtet ist. In einem solchen Fall sind häufig außergerichtliche Einigungen zwischen Anwalt und Rechtsschutzversicherer möglich. Andernfalls muss der Rechtsschutzversicherer auch für das Verfahren, das der Rechtsanwalt wegen der Nicht- oder Teilzahlung seiner Kostennote anstrengt, einstehen.

Prozesskostenhilfe

Formular zur Prozesskostenhilfe

Besteht keine Rechtsschutzversicherung und erlauben es die persönlichen und wirtschaftlichen Verhältnisse des Versicherungsnehmers nicht, nur zum Teil oder nur in Raten, die Prozesskosten aufzubringen, kann Prozesskostenhilfe beantragt werden. Hier prüft das Gericht zunächst die wirtschaftliche Situation des Versicherungsnehmers (oder jedes anderen Klägers) anhand eines auszufüllenden Formulars (mit weiteren Erläuterungen zur Prozesskostenhilfe beispielsweise abzurufen unter www.justiz.nrw.de, dort unter „Formulare" und „Prozesskostenhilfe") und den beizufügenden Unterlagen über regelmäßige Einnahmen und Ausgaben.

Darüber hinaus müssen für das Verfahren Erfolgsaussichten bestehen. Dem Gericht müssen daher sämtliche Ausführungen zum Sachverhalt, die für den Versicherungsnehmer sprechenden Argumente und möglichen Beweismittel vorgelegt werden. Dies geschieht im Regelfall durch die Einreichung des Entwurfs zur Klageschrift oder – wenn der Versicherungsnehmer beklagt ist und beispielsweise eine vermeintlich oder tatsächlich vom Versicherer zu viel gezahlte Leistung herausgegeben werden soll – zur Klageerwiderung. Sobald ein Anwalt dies übernimmt, kann er hierfür Gebühren berechnen, auch wenn die Prozesskostenhilfe vom Gericht nicht bewilligt wird, weil das Gericht beispielsweise keine Erfolgsaussichten in dem Verfahren sieht.

Erfolgsaussichten

05

Wird die Prozesskostenhilfe bewilligt und **gewinnt** der Versicherungsnehmer den Prozess, zahlt der Versicherer sämtliche Kosten. Wird die Prozesskostenhilfe bewilligt und der Versicherungsnehmer **verliert**, weil etwa ein Sachverständigengutachten die ablehnende Auffassung des Versicherers bestätigt, trägt der Staat die Kosten des eigenen Anwalts, ferner die Gerichtskosten, einschließlich der Auslagen für Zeugen und Sachverständige. Der Anwalt kann dann ab einem gewissen Gegenstandswert von mehr als 3.000 Euro nur geringere Gebühren geltend machen als die zuvor dargestellten. Die Anwaltskosten der Gegenseite sind trotz Prozesskostenhilfe jedoch von dem Versicherungsnehmer zu übernehmen, der den Prozess verliert. Bei einem Vergleich gibt es eine entsprechende Quotelung.

Kosten

Prozessfinanzierer

Gerade bei größeren Streitigkeiten mit einem Versicherer, bei denen keine Rechtsschutzversicherung in Anspruch genommen werden kann und Prozesskostenhilfe wegen zu positiver

Vermögensverhältnisse ausscheidet, kann eine professionelle Prozessfinanzierung durch einen Prozessfinanzierer wie zum Beispiel die Allianz ProzessFinanz GmbH, die LEGIAL AG (die frühere D.A.S. Prozessfinanzierung AG), die FORIS AG und die ROLAND ProzessFinanz AG in Betracht kommen.

Beteiligungsquote

Prozessfinanzierer übernehmen die Gerichtskosten, Anwaltshonorare sowie Vergütungen der Sachverständigen, wenn Aussicht auf Erfolg des gerichtlichen Verfahrens besteht. **Verliert** der Versicherungsnehmer den Prozess, entstehen ihm keine Kosten, weil die Kosten vom Prozessfinanzierer getragen werden. **Obsiegt** der Versicherungsnehmer allerdings, erhält der Prozessfinanzierer einen Teil des vor Gericht erstrittenen Erlöses, die sogenannte Beteiligungsquote. Diese ist abhängig vom Prozessfinanzierer, teilweise auch vom schließlich erzielten Erlös und liegt zwischen 10 Prozent und 37 Prozent.

Gewinnt der Versicherungsnehmer einen Rechtsstreit mit einem Gegenstandswert von 100.000 Euro gegen seinen Versicherer und hat ein Prozessfinanzierer das Kostenrisiko übernommen, erhält der Prozessfinanzierer mindestens 10.000 Euro von dem Gewinn.

Voraussetzung für die Übernahme durch einen Prozessfinanzierer ist das Erreichen eines Mindestgegenstandswerts. Bei den größeren und bekannteren Unternehmen liegt dieser Wert bei mindestens 50.000 Euro.

Klagearten

Leistungsklage/ Feststellungsklage

Wer gegen einen Versicherer gerichtlich vorgeht, wählt meistens eine Leistungs- oder Feststellungsklage. Bei der Leistungsklage wird der Versicherer zur Zahlung eines bestimmten Geldbetrags verurteilt, also auf eine Leistung verklagt. Hier heißt es dann im Klageantrag: „Die Beklagte (der Versicherer) ist verpflichtet, an den Kläger (den Versicherungsnehmer) aus dem Versicherungsvertrag mit der Versicherungsscheinnummer 123456 wegen des Schadensfalls vom 1.1.20xx einen Betrag von 10.000 Euro zu leisten."

Bei der Feststellungsklage geht es darum, das Bestehen (die sogenannte positive Feststellungsklage) oder Nichtbestehen (negative Feststellungsklage) eines Rechtsverhältnisses feststellen zu lassen. So kann beispielsweise dann, wenn der Versicherer die Anfechtung eines Versicherungsvertrags wegen vorvertraglicher Anzeigepflichtverletzung behauptet, ein Klageantrag lauten: „Es wird festgestellt, dass der Vertrag der Parteien mit der Versicherungsscheinnummer 123456 fortbesteht und insbesondere nicht durch die Anfechtungserklärung der Beklagten (des Versicherers) rückwirkend aufgehoben wurde."

05

Ist eine Eilbedürftigkeit dringend geboten, weil dem Versicherungsnehmer wegen der üblichen Dauer des Verfahrens ein Abwarten nicht zugemutet werden kann, kommt in wenigen Einzelfällen vorläufiger Rechtsschutz in Betracht, zum Beispiel durch eine einstweilige Verfügung, manchmal auch durch eine einstweilige Anordnung. Eine einstweilige Verfügung setzt voraus, dass der geltend gemachte Anspruch voraussichtlich besteht (Verfügungsanspruch) und ohne die einstweilige Verfügung die Durchsetzung des Anspruchs gefährdet wäre oder aber die einstweilige Verfügung zur Erhaltung des Rechtsfriedens notwendig erscheint (Verfügungsgrund).

Vorläufiger Rechtsschutz

Durch ein gerichtliches Verfahren im vorläufigen Rechtsschutz entstehen annähernd die gleichen Gebühren wie in dem „normalen", also dem Hauptsacheverfahren. Da im Regelfall sowohl das Hauptsacheverfahren als auch das einstweilige Verfügungsverfahren gleichzeitig angestrengt werden, fallen quasi doppelte Kosten an.

Vorsicht
Der vorläufige Rechtsschutz ist wirklich nur in ganz wenigen Einzelfällen gegeben.

Gerade bei Auseinandersetzungen mit Versicherern kann es, wenn es bei dem Streit primär um eine Beweisfrage geht, sinnvoll sein, ein selbstständiges Beweisverfahren (früher: Beweissicherungsverfahren) bei Gericht einzuleiten, um schnell Tatsachen feststellen zu lassen.

Hierbei wird vor Gericht noch gar nicht um die Sache als solche verhandelt, sondern nur – üblicherweise schneller als im normalen gerichtlichen Verfahren – eine Beweissicherung durchgeführt, wenn beispielsweise der Verlust des Beweises droht oder aufgrund der gewonnenen Ergebnisse ein weiteres streitiges Gerichtsverfahren verhindert werden kann.

Austausch oder Reparaturen

Ein typisches versicherungsrechtliches Beispiel ist die Frage, ob nach einem Einbruchdiebstahl der Hausratversicherer die beim Einbruch beschädigte Balkontüre austauschen muss oder eine Reparatur ausreichend ist. Der **Handwerker,** der vom Versicherungsnehmer zur Schadensstelle gerufen wird, ist fest überzeugt, ein Austausch der Fensteranlage sei zwingend erforderlich, da eine Reparatur nicht die bisherige Optik und erst recht nicht die bisherige Sicherheit gewährleisten könne. Der **Versicherer** hingegen stellt sich oft auf den Standpunkt, es gäbe Firmen, die gerade auf diese Reparaturen spezialisiert seien und Sicherheit und Optik wiederherstellen können.

Dass der Hausratversicherer grundsätzlich leisten muss, ist zwischen den Parteien unstreitig, ein normales gerichtliches Verfahren ist nicht erforderlich. Hinzu kommt, dass der Versicherungsnehmer – auch aus Angst vor einem neuen Einbruch – den Schaden schnellstmöglich beheben möchte und wissen muss, welche Kosten der Versicherer erstatten muss. Beim selbstständigen Beweisverfahren benennt das Gericht einen unabhängigen Sachverständigen, der genau die Frage „Reparatur möglich oder Austausch erforderlich" prüft. Kommt der Sachverständige zum nicht so ungewöhnlichen Ergebnis, der Fensterrahmen sei gebrochen und ein Austausch erforderlich, übernimmt der Versicherer im Regelfall ohne ein weiteres Gerichtsverfahren sämtliche bisher angefallenen Anwalts- und Gerichtskosten einschließlich der Sachverständigenkosten und natürlich der Kosten für den Austausch des Fensters.

Gerichtsstand

Bis zur Reform des Versicherungsvertragsgesetzes im Jahr 2008 konnte der Versicherungsnehmer nur am Sitz des Versicherers oder am Sitz einer selbstständigen Niederlassung des Versicherers klagen oder aber, wenn der Vertrag über einen Versicherungsvertreter vermittelt wurde, an dessen Firmensitz, den er zum Zeitpunkt des Vertragsabschlusses innehatte. In der Folge mussten sämtliche über einen Versicherungsmakler abgeschlossenen Verträge an dem Gerichtsstand verhandelt werden, an dem der Versicherer seinen Sitz hatte und dem Gericht bestens bekannt war. Auch heute können versicherungsrechtliche Streitigkeiten, die der Versicherungsnehmer vor Gericht bringt, noch am Sitz des Versicherers oder einer selbstständigen Niederlassung eingereicht werden.

Der neue § 215 VVG sieht vor, dass Klage auch an dem Gericht eingereicht werden kann, an dem der Versicherungsnehmer, nach einhelliger Auffassung auch die versicherte Person, bei Erhebung der Klage wohnt. Dies erspart dem Versicherungsnehmer eine weite Anreise zum Gericht und ferner auch Anwaltskosten, da neben dem hiesigen Anwalt nicht noch ein Korrespondenzanwalt eingeschaltet werden muss, der im entfernten Gerichtsbezirk tätig ist.

---

06 MUSTERBRIEFE/ FORMULIERUNGSHILFEN

Schriftwechsel mit dem Versicherer oder den Ombudsmännern bedürfen bestimmter Angaben, Formulierungen
und Anlagen. Auch müssen bestimmte Fristen gewahrt
werden.

Im Folgenden finden Sie Musterbriefe und Formulierungshilfen, die für die Korrespondenz mit dem Versicherer am häufigsten benötigt werden. Dazu einige allgemeine Hinweise:

Am besten versenden Sie das Schreiben per Einschreiben oder per Fax, damit Sie sicherstellen, dass Ihr Schreiben den Versicherer auch erreicht und Sie einen Versendungsnachweis haben, wenn dies später streitig ist. Gerade bei Schreiben, mit denen Sie eine bestimmte Frist einhalten müssen (zum Beispiel Widerruf oder Kündigung des Versicherungsvertrags), ist ein Zustellungsnachweis unverzichtbar.

Einschreiben/Fax

06

Beachten Sie hierbei, dass Papierpost bei den meisten Versicherern zunächst eingescannt und dem für Sie zuständigen Sachbearbeiter oder Serviceteam elektronisch übermittelt wird. Durch dieses Procedere können ein oder zwei Tage vergehen, bis der richtige Ansprechpartner sie erhalten hat.

Eingang

Geben Sie in jedem Schreiben unbedingt Ihre Versicherungs-(schein)nummer an. Diese finden Sie auf dem Versicherungsschein, der Beitragsrechnung oder – wenn Sie am Lastschriftverfahren zur Zahlung der Beiträge teilnehmen – auf Ihrem Kontoauszug. Sind Sie nicht selbst der Versicherungsnehmer, sondern eine mitversicherte Person (zum Beispiel, weil Ihr Arbeitgeber, Ihr Ehepartner oder jemand anderes den Versicherungsvertrag abgeschlossen hat, Sie aber auch Versicherungsschutz genießen), empfiehlt es sich, den Versicherungsnehmer namentlich zu benennen und – vor allem in der Rechtsschutzversicherung – auch anzugeben, in welcher Beziehung Sie zu ihm stehen.

Versicherungsnummer

Ist ein Versicherungsschaden bereits gemeldet und eine Schadensakte angelegt, erhalten Sie eine Schadennummer, deren Angabe dem Versicherer eine noch schnellere Zuordnung ermöglicht.

Schadennummer

Tipp

Besser als eine Formulierung ohne Frist wie „Ich freue mich auf eine Bestätigung von Ihnen" können Sie schreiben „Gern sehe ich Ihrer Antwort bis zum 15. Februar 20xx entgegen" oder „Ihre Stellungnahme erwarte ich bis zum 15. Februar 20xx. Für Ihre Bemühungen bedanke ich mich". Angemessen dürfte in den meisten Fällen eine Frist von zwei Wochen sein.

Für die meisten Ihrer Schreiben werden Sie eine **Bestätigung** erhalten wollen, dass der Versicherer den Widerruf, die Kündigung oder die für die Schadensbearbeitung relevanten Unterlagen erhalten hat. Sie können dem Versicherer hierfür – freundlich, aber bestimmt – eine angemessene **Frist setzen** und diese in einem bestimmten Datum fixieren.

Erscheint allerdings Eile geboten, weil beispielsweise ein Schadensbild sich bei zu langem Warten verschlechtern würde, kann die Frist in Einzelfällen auch kürzer sein. Beachten Sie insoweit aber Ihre Schadensminderungspflicht.

- **Widerruf des Versicherungsvertrags bei ordnungsgemäßer Widerrufsbelehrung**

Frist: 14 Tage ab Erhalt des Versicherungsscheins oder ab Absendung der Annahmeerklärung (bei Lebens- und Berufsunfähigkeitsversicherungen 30 Tage). Für die Wahrung der Frist reicht die rechtzeitige Absendung!

Absender:
Michaela Muster
Musterweg 1
12345 Musterstadt

Per Einschreiben
Regulär Versicherungs AG
Regulär-Platz 1
99999 Musterort

Versicherungsscheinnummer: 1234567A

Sehr geehrte Damen und Herren,

hiermit widerrufe ich meine Willenserklärung auf Abschluss des Versicherungsvertrags zur Hausratversicherung (Wohngebäude-/Haftpflicht-/Berufsunfähigkeitsversicherung oder andere).

Ich bitte Sie, mir den Widerruf schriftlich zu bestätigen, und habe mir für Ihre Antwort den _____(Datum von heute + zwei Wochen) notiert.

Mit freundlichen Grüßen
(Unterschrift)

- **Widerruf des Versicherungsvertrags bei fehlenden Informationen oder nicht ordnungsgemäßer Widerrufsbelehrung**

Frist: Keine, Widerruf ist jederzeit möglich, die Erstattung der für das erste Jahr gezahlten Beiträge erfolgt jedoch nur, wenn der Versicherer noch keine Leistung erbracht hat.

06

Versicherungsscheinnummer: 1234567A

Sehr geehrte Damen und Herren,

hiermit widerrufe ich meine Willenserklärung auf Abschluss des Versicherungsvertrags zur Hausratversicherung (Wohngebäude-/Haftpflicht-/Berufsunfähigsversicherung). Der Widerruf ist auch jetzt noch möglich, da die Widerrufsfrist mangels ordnungsgemäßer Widerrufsbelehrung (oder mangels vollständiger oder korrekter Informationen) noch nicht zu laufen begonnen hat.

Ich bitte Sie, mir den Widerruf schriftlich zu bestätigen, und habe mir für Ihre Antwort den _____ (Datum von heute + zwei Wochen) notiert.

Innerhalb der genannten Frist wollen Sie bitte auch den überschüssigen Teil der von mir im Voraus gezahlten Versicherungsprämie sowie die Prämie für das erste Versicherungsjahr auf folgendes Konto erstatten:

Michaela Musterfrau
Kontonummer 777 777
Bankleitzahl 700 700 70
Musterbank Musterstadt

Mit freundlichen Grüßen

(Unterschrift)

- **Ordentliche Kündigung des Versicherungsvertrags**

Frist: grundsätzlich drei Monate vor Ablauf des Versicherungsjahres, bei neueren Versicherungsverträgen eventuell erst zum Ablauf von drei Jahren.

Ausnahmen sind:

- Ost-Verträge, die vor 1993 geschlossen wurden,
  Frist: ein Monat

Vorsicht

Aufgepasst, für die Wahrung der Kündigungsfrist muss das Schreiben rechtzeitig beim Versicherer eingehen! Es genügt – anders als beim Widerruf – nicht die rechtzeitige Absendung.

- Kfz-Versicherung: Hier gilt eine Frist von einem Monat vor Jahreshauptfälligkeit (meist zum 1. Januar eines Jahres)
- Lebens- und Berufsunfähigkeitsversicherung: Frist von einem Monat zum Ende eines Versicherungsjahres, bei Ratenzahlung zum Ende des Ratenzahlungsabschnitts

27. März 20xx

Versicherungsscheinnummer: 1234567A

Sehr geehrte Damen und Herren,

hiermit kündige ich den Vertrag zur Hausratversicherung (Wohngebäude-/Haftpflicht-/Berufsunfähigkeitsversicherung oder andere) zum 30. Juni 20xx. Gleichzeitig erlischt die Einzugsermächtigung für die Abbuchung der Beiträge von meinem Konto.

Ich bitte Sie, mir die Kündigung schriftlich zu bestätigen, und habe mir für Ihre Antwort den _____ (Datum von heute + zwei Wochen) notiert.

Mit freundlichen Grüßen

(Unterschrift)

- **Außerordentliche Kündigung des Versicherungsvertrags im Schadensfall**

Frist: ein Monat seit dem Abschluss der Verhandlungen über die Entschädigung. Für die Wahrung der Frist muss Ihr Schreiben rechtzeitig beim Versicherer eingehen. Sie können immer mit sofortiger Wirkung kündigen oder auch einen beliebigen Zeitpunkt bis zum Ablauf des Versicherungsjahres wählen, falls Sie für den Abschluss eines alternativen Vertrags noch Zeit benötigen.

Ausnahme Rechtsschutzversicherung:

- Kündigung nach dem zweiten und jedem weiteren versicherten Rechtsschutzfall innerhalb von zwölf Monaten mit sofortiger Wirkung oder zum Ende des Versicherungsjahres (Frist: ein Monat nach Deckungszusage)

- Kündigung der Rechtsschutzversicherung mit sofortiger Wirkung oder zum Ende des Versicherungsjahres nach Ablehnung der Leistung durch den Versicherer, obwohl Leistungspflicht bestand (Frist: ein Monat nach Deckungsablehnung)

06

15. März 20xx

Versicherungsscheinnummer: 1234567A

Schadennummer: 12-77-777-1234

Sehr geehrte Damen und Herren,

mit Schreiben/Überweisung vom 15. März 20xx haben Sie obigen Schaden abschließend reguliert. Hiermit mache ich von meinem Sonderkündigungsrecht Gebrauch und kündige den Vertrag zur Hausratversicherung (Wohngebäude-/Haftpflicht-/Berufsunfähigkeitsversicherung oder andere) mit sofortiger Wirkung (oder zum xx.xx.20xx). Gleichzeitig erlischt die Einzugsermächtigung für die Abbuchung der Beiträge von meinem Konto.

Ich bitte Sie, mir die Kündigung schriftlich zu bestätigen, und habe mir für Ihre Antwort den _____ (Datum von heute + zwei Wochen) notiert.

Mit freundlichen Grüßen

(Unterschrift)

- **Außerordentliche Kündigung des Versicherungsvertrags wegen Beitragserhöhung**

Gilt nicht für die Gleitende Neuwertversicherung (Hausrat/ Wohngebäude), da hier mit der Beitragserhöhung auch die Leistung erhöht wird.

Frist: innerhalb eines Monats ab Erhalt der Mitteilung, Kündigung zum Termin, an dem die Erhöhung wirksam wird

20. November 20xx

Versicherungsscheinnummer: 1234567A

Sehr geehrte Damen und Herren,

mit Schreiben vom 15. November 20xx teilten Sie mit, dass ab dem 1. Januar 20xx für den Versicherungsschutz ein erhöhter Beitrag zu zahlen ist. Ich erlaube mir, von meinem Sonderkündigungsrecht Gebrauch zu machen, und kündige den Vertrag mit Wirkung zum 31. Dezember 20xx. Gleichzeitig erlischt die Einzugsermächtigung für die Abbuchung der Beiträge von meinem Konto.

Ich bitte Sie, mir die Kündigung schriftlich zu bestätigen, und habe mir für Ihre Antwort den _____ (Datum von heute + zwei Wochen) notiert.

Mit freundlichen Grüßen

(Unterschrift)

- **Kündigung wegen Wagniswegfall**

Kündigung möglich, wenn ein versichertes Risiko dauerhaft und vollständig wegfällt; vom Kündigungsrecht gibt es jedoch diverse Ausnahmen.

Frist: jederzeit, am besten sofort erledigen

15. März 20xx

Versicherungsscheinnummer: 1234567A

Kfz, amtliches Kennzeichen: D-XX 777

Sehr geehrte Damen und Herren,

das bei Ihnen versicherte Kfz habe ich heute abgemeldet und verkauft. Die Abmeldebestätigung finden Sie anbei. Aufgrund des Wagniswegfalls kündige ich den Versicherungsvertrag mit sofortiger Wirkung. Gleichzeitig erlischt die Einzugsermächtigung für die Abbuchung der Beiträge von meinem Konto.

Ich bitte Sie, mir die Kündigung schriftlich zu bestätigen, und habe mir für Ihre Antwort den _____ (Datum von heute + zwei Wochen) notiert.

Mit freundlichen Grüßen

(Unterschrift)

06

- **Deckungsanfrage in der Rechtsschutzversicherung**

Eine Deckungsanfrage sollte generell die folgenden Fakten enthalten, der Inhalt des Schreibens ist dabei auf den jeweiligen Sachverhalt abzustimmen:

- Wer ist versichert?
- Was ist versichert?
- Was ist passiert?
- Um welchen Wert streitet man sich?

15. März 20xx

Versicherungsscheinnummer: 1234567A

Versicherungsnehmer: Martin Muster

Sehr geehrte Damen und Herren,

mein Ehemann Martin Muster ist bei Ihnen unter obiger Versicherungsscheinnummer rechtsschutzversichert. Vertragsrechtsschutz ist im Versicherungsumfang enthalten.

Ich habe vor sieben Monaten für 1.000 Euro ein neues Schlafsofa bei der Firma Chic&Mehr gekauft, das trotz dreimaliger Nachbesserung durch den Händler noch nicht funktionsfähig ist. Nun möchte ich das Schlafsofa nicht mehr haben und mein Geld zurück. Der Händler weigert sich.

Ich möchte Sie bitten, mir kurzfristig eine Deckungszusage zu erteilen, damit ich einen Anwalt außergerichtlich und gegebenenfalls gerichtlich mit der Wahrnehmung meiner Interessen beauftragen kann.

Mit bestem Dank und freundlichen Grüßen

(Unterschrift)

- **Abschlagszahlung**

Voraussetzung ist, dass der Versicherer tatsächlich leistungspflichtig ist und nur noch die genaue Schadenshöhe ermittelt werden muss, § 14 Abs. 2 VVG.

Wann? Frühestens einen Monat nach Anzeige des Schadens
Wie viel? Mindestbetrag, der für den Schaden nach Sachlage zu zahlen ist.

15. Juli 20xx

Versicherungsscheinnummer: 1234567A

Schadennummer: 12-77-777-1234

Sehr geehrte Damen und Herren,

am 31. Mai 20xx habe ich Ihnen mitgeteilt, dass in meinem Haus ein Brandschaden eingetreten ist. Der von Ihnen beauftragte Außendienstmitarbeiter teilte beim Termin vor Ort mit, es handele sich um einen versicherten Schaden, er müsse allerdings noch prüfen, welche Kosten für die erforderlichen Malerarbeiten entstehen. Nach Auskunft eines Malerbetriebs ist ein Betrag von mindestens 1.000 Euro aufzuwenden.

Da bereits mehr als ein Monat seit der Anzeige des Schadens vergangen ist und der Schaden dem Grunde nach feststeht, erlaube ich mir, eine Abschlagszahlung in Höhe von 1.000 Euro zu fordern. Den Betrag überweisen Sie bitte bis zum 30. Juli 20xx auf folgendes Konto:

Michaela Musterfrau
Kontonummer 777 777
Bankleitzahl 700 700 70
Musterbank Musterstadt

Mit freundlichen Grüßen

(Unterschrift)

- **Beschwerde beim Ombudsmann für Versicherungen**

Beschwerden gegen Versicherer in sämtlichen Versicherungssparten außer der privaten Kranken- und Pflegeversicherung und Beschwerden gegen Versicherungsvermittler

Unter www.versicherungsombudsmann.de/IhreBeschwerde/UnterlagenUndAngaben finden Sie ein Beschwerdeformular. Sie können die Beschwerde aber auch selbst formulieren, dabei sollten generell folgende Fakten genannt beziehungsweise Aspekte berücksichtigt werden:

- Welcher Versicherer?
- Welche Versicherungs- oder Schadennummer?
- Was wollen Sie erreichen?

- Kurze Sachverhaltsdarstellung
- Erforderliche Unterlagen, vor allem sämtliche wichtigen
  Schreiben

Versicherungsombudsmann e. V.
Postfach 08 06 32
10006 Berlin

15. Juli 20xx

Regulär Hausratversicherungs AG

Versicherungsscheinnummer: 1234567A

Schadennummer: 12-77-777-1234

Sehr geehrte Damen und Herren,

hiermit möchte ich mich über die Regulär Hausratversicherungs AG
beschweren, da diese von einem Einbruchdiebstahlschaden nur 40 Prozent
ersetzt hat.

Zum Sachverhalt: Bei uns ist am 11. November 20xx eingebrochen worden,
als mein Mann, unsere Tochter und ich im Supermarkt einkaufen waren.
Da wir nur eine Stunde unterwegs waren, hatten wir die Wohnungstüre
nur ins Schloss fallen lassen, aber nicht abgeschlossen. Bei uns in der
Gegend ist nie etwas passiert und wir haben sehr aufmerksame Nachbarn. Ich habe den Schaden unverzüglich der Polizei und dem Versicherer
gemeldet. Der Versicherer wirft mir grobe Fahrlässigkeit vor, weil ich die
Türe nicht abgeschlossen habe und kürzt die Leistung um 50 Prozent. Darf
er das? Schließlich waren wir nur für eine Stunde unterwegs.

Ich füge Ihnen zur Prüfung der Angelegenheit folgende Unterlagen bei:

- Kopien des Versicherungsscheins
- Kopien der Versicherungsbedingungen (falls griffbereit)
- Kopien des Schriftwechsels mit der Regulär (das heißt, sowohl Ihr(e)
  Schreiben als auch die Antwort(en) der Versicherung)

Für etwaige Rückfragen stehe ich gern telefonisch unter (0123) 456 789 0
oder per Mail unter michaela.mustermann@muster.de zur Verfügung.

Ich danke für Ihre Bemühungen und verbleibe mit freundlichen Grüßen.

(Unterschrift)

Beschwerde beim Ombudsmann für die private Kranken- und Pflegeversicherung
Beschwerden gegen private Kranken- und Pflegeversicherer

Ein Beschwerdeformular finden Sie unter
www.pkv-ombudsmann.de/ihre-beschwerde/beschwerde-einreichen/beschwerdevordruck

Sie können die Beschwerde aber auch selbst formulieren, zum Beispiel wie im Musterbrief auf Seite 199. Beachten Sie den geänderten Adressaten. Eventuell ist noch eine Erklärung über die Entbindung von der Schweigepflicht erforderlich, da es sich – sofern es um Ihre Erkrankungen geht – um vertrauliche Daten handelt.

www.pkv-ombudsmann.de/ihre-beschwerde/beschwerde-einreichen/schweigepflicht

Ansprüche beim gegnerischen Haftpflichtversicherer stellen

- Wenn Sie gegen jemanden Schadensersatz- und/oder Schmerzensgeldansprüche geltend machen wollen, ist der Schädiger und nicht dessen Haftpflichtversicherer Ihr Ansprechpartner.

- Eine Ausnahme besteht bei der Kfz-Haftpflichtversicherung. Sind Sie Geschädigter eines Verkehrsunfalls, können Sie die Ansprüche nicht nur gegen den Fahrer und den Halter, sondern auch gegen den Kfz-Haftpflichtversicherer stellen.

- Oft übernehmen auch Privathaftpflichtversicherer für den Schädiger die Korrespondenz mit Ihnen.

- Grundsätzlich dürfen Sie zur Geltendmachung Ihrer Schadensersatzansprüche einen Anwalt einschalten. Achten Sie darauf, dass der Anwalt nicht mehr fordert, als Ihnen zusteht, da Sie andernfalls auf einem Teil der Anwaltskosten sitzen bleiben. Manches lässt sich aber auch allein regeln.

In einem Schreiben an den Versicherer sollten generell folgende Punkte benannt werden:

- Daten zum Schädiger
- Wann ist es passiert?
- Gegen wen?
- Kurze Sachverhaltsschilderung

06

Hier ein Musterschreiben für die Geltendmachung von Ansprüchen:

---

15. Juli 20xx

Versicherungsscheinnummer: 1234567A
Versicherungsnehmer: Uwe Ungeschickt
Schadentag: 13. Juli 20xx

Sehr geehrte Damen und Herren,

hiermit mache ich Schadensersatzansprüche gegen Ihren Versicherungsnehmer Uwe Ungeschickt geltend.

Ich war vorgestern auf einer Vortragsveranstaltung in der Stadthalle. Anschließend gab es im Foyer einen Empfang mit Sekt, Wein und kleinen Delikatessen. Herr Ungeschickt stand mir am Stehtisch gegenüber. Er war über den Vortrag sehr aufgebracht und gestikulierte wild. Hierbei warf er aus Unachtsamkeit sein Rotweinglas um, das direkt vor ihm stand, sodass der Wein sich über den Tisch ergoss und auf meine schöne Seiden-Mix-Bluse spritzte.

Meine Reinigung sagte, die Bluse könne wegen ihres außergewöhnlichen Materials nicht gereinigt werden. Die Bluse war gerade einmal einen Monat alt und hat bei Chic&mehr 100 Euro gekostet. Die Quittung füge ich in Kopie anbei.

Ich fordere Sie auf, diesen Betrag nebst einer Kostenpauschale in Höhe von 25 Euro für meine Aufwendungen, das heißt insgesamt 125 Euro, bis zum _____ (Datum von heute + zwei Wochen) auf folgendes Konto zu überweisen:

Michaela Musterfrau
Kontonummer 777 777
Bankleitzahl 700 700 70
Musterbank Musterstadt

Mit freundlichen Grüßen

(Unterschrift)

Tipp

Der Schadensverursacher beziehungsweise sein Versicherer sind nur zum Ersatz des Zeitwerts verpflichtet. Da die Bluse quasi neu war, dürfte kein Zeitwertabzug berechtigt sein, sodass der Neupreis zu erstatten wäre. Die Kostenpauschale von 25 Euro wird im Kfz-Haftpflichtbereich für Ihre Aufwendungen bei der Abwicklung des Schadensfalls gezahlt. Privathaftpflichtversicherer erstatten sie oft auch – wenn Sie sie anfordern.

07 MUSTERBEDINGUNGEN

Versicherungsbedingungen und damit Regulierungen von Schadensfällen können von Versicherung zu Versicherung unterschiedlich lauten und werden stets ganz auf den individuellen Fall des Versicherungsnehmers bezogen formuliert und gehandhabt.

07

Im Jahr 1994 wurde der Versicherungsmarkt dereguliert. Wurden bis dato sämtliche Tarife und die allgemeinen Versicherungsbedingungen vorab vom Bundesamt für das Versicherungswesen (der heutigen Bundesanstalt für Finanzdienstleistungen) genehmigt, sind die Versicherer in der Gestaltung der Versicherungsbedingungen freier. Dies führt in den jeweiligen Sparten zu zahlreichen und teilweise deutlich voneinander abweichenden Versicherungsbedingungen. Was bei dem einen Versicherer als versichert gilt, ist es bei dem anderen nicht zwingend.

Unterschiedliche Versicherungsprodukte

Viele Versicherer bieten für eine Sparte oft verschiedene Versicherungsprodukte an, die nicht nur Unterschiede in der Höhe der Prämie, sondern vor allem einen unterschiedlichen Leistungsumfang mit sich bringen. Zumeist sind die Tarife entsprechend der Kleidungsgrößen als L, XL und XXL bezeichnet oder sie nennen sich Basis-, Komfort- und Top-Schutz. Werden dann noch die Tarife auf eine bestimmte Zielgruppe, zum Beispiel Single oder Familie, abgestimmt, bringt das regelmäßige weitere Unterschiede in den Versicherungsbedingungen mit sich. Doch auch bei ein und demselben Versicherer variieren die auf eine bestimmte Absicherung zugeschnittenen Versicherungsbedingungen in Abhängigkeit davon, wann der Versicherungsvertrag abgeschlossen wurde.

Tritt ein Schadensfall ein, kommt man nicht umhin, sich mit dem Versicherungsschein und mit den Versicherungsbedingungen auseinanderzusetzen, die mit dem Versicherer vereinbart sind. Hierbei können manche Klauseln in den Versicherungsbedingungen vom üblicherweise gewährten Versicherungsschutz abweichen. Wenn also Ihr Arbeitskollege beispielsweise erzählt, auch er sei Opfer eines Einbruchs in sein Hotelzimmer auf den Bahamas geworden und sein Hausratversicherer habe den Schaden reguliert, bedeutet dies nicht unbedingt, dass Ihr Versicherer dies auch tun muss, selbst dann nicht, wenn Sie Kunde beim selben Versicherer sind.

Musterbedingungen

Die gern gestellte Frage, ob der Versicherer einer Sparte bei diesem oder jenen Sachverhalt einen Schaden regulieren muss, ist vergleichbar mit der, ob das verunfallte Kraftfahrzeug einen Airbag hat. Auch diese Frage lässt sich aus dem Stand nicht beantworten. Hier kommt es darauf an, welches Fabrikat das Fahrzeug ist, wann es gebaut wurde und welche Ausstattung es üblicherweise hat. Eine vage Einschätzung ist möglich, wenn die Information, es handele sich um ein fabrikneues Fahrzeug eines deutschen Fabrikats, vorliegt. Die Wahrscheinlichkeit, dass dieses Kfz über mindestens zwei Frontairbags verfügt, dürfte sehr, sehr groß sein. Handelt es sich hingegen um einen Oldtimer, wäre die Ausstattung mit einem Airbag eher ungewöhnlich. Auch hier gilt es, sich vor dem Kauf und vor allem vor der Fahrt damit vertraut zu machen.

Als unverbindliche Empfehlung geben der Gesamtverband der Deutschen Versicherungswirtschaft (GDV) sowie der Verband für die Private Krankenversicherung (PKV-Verband) regelmäßig Musterbedingungen zu den einzelnen Versicherungssparten heraus. Es handelt sich hierbei nicht zwingend um die Versicherungsbedingungen, die auch Ihrem Versicherungsvertrag zugrunde liegen.

Ob die Musterbedingungen aus dem gleichen Bedingungswerk gelten, können Sie anhand der Bezeichnung der Bedingungen feststellen. Steht in der Versicherungspolice und/oder über den Versicherungsbedingungen beispielsweise „VHB 2010", finden die allgemeinen Hausratversicherungsbedingungen, die im Jahr 2010 neu strukturiert wurden, vom Grundsatz her Anwendung. Meistens befinden sich auf der ersten Seite der Versicherungsbedingungen unten links im Kleingedruckten noch vier oder sechs Ziffern, zum Beispiel 01/11 oder 01.2011. Dann entsprechen die allgemeinen Hausratversicherungsbedingungen den Musterbedingungen aus dem Jahr 2010, wurden aber im Januar 2011 nochmals überarbeitet und haben daher den Stand 01/2011.

Zurück zu unserem Ausgangsfall und dem Nachbarn, der seinen Schaden ersetzt bekommen hat, den er bei einem Einbruch in sein Hotelzimmer auf den Bahamas erlitten hat. Wenn er in seiner Hausratversicherung die Versicherungsbedingungen VHB 2010 versichert hat, gilt der Versicherungsschutz für seinen Hausrat, den er vorübergehend mit auf die Reise nimmt, weltweit, also auch auf den Bahamas. Wenn Ihr Versicherungsvertrag aber ein „Oldtimer" ist und die Versicherungsbedingungen aus dem Jahr 1974 trägt, die VHB 74, dann wäre der durch den Einbruchdiebstahl entstandene Schaden nach den Bedingungen nicht versichert. Versichert sind nach Ihrem Versicherungsvertrag im Rahmen der Außenversicherung, wenn also ein Teil Ihres Hausrats auf Reisen geht, nur Schäden, die in Europa eintreten. Die Bahamas liegen nicht in Europa, ebenso wenig wie nach überwiegender Ansicht übrigens die Kanarischen Inseln. Dabei geht es nicht um die politische und wirtschaftliche Zugehörigkeit zu Spanien und damit zu Europa, sondern um die geographische Zugehörigkeit zu Afrika.

Die Musterbedingungen finden Sie auf der Homepage des Gesamtverbands der Deutschen Versicherungswirtschaft (GDV) unter der Rubrik „Downloads" unter dem Link: www.gdv.de/downloads/versicherungsbedingungen

07

Tipp

Die Musterbedingungen des Gesamtverbands der Deutschen Versicherungswirtschaft (GDV) können allenfalls einen ersten Anhaltspunkt geben, inwieweit Versicherungsschutz besteht, vor allem aber auch darüber, was im Schadensfall zu erledigen ist. Maßgeblich für Ihren Schadensfall sind aber die Versicherungspolice und die Versicherungsbedingungen, die Ihrem Versicherungsvertrag zugrunde liegen.

08 GLOSSAR SCHADENS-REGULIERUNG

Die wichtigsten Begriffe von A bis Z

Die wichtigsten Begriffe A bis Z

08

1914

In der Wohngebäudeversicherung wird zumeist davon ausgegangen, dass das Gebäude im Jahr 1914 erbaut worden wäre und damals eine gewisse Summe in Mark gekostet hätte. Berücksichtigt wird ein Gesamtbaupreisindex, der die ungefähre Preissteigerung angibt, damit ein realistisches Bild des Immobilienwerts gezeichnet wird. Im Zweifelsfall sollte der Versicherer den Versicherungswert selbst vor Ort bestimmen, damit beim Errechnen des Versicherungswerts 1914 keine Fehler unterlaufen.

Abfindungsvergleich

ist ein Vergleich, der zur abschließenden Regulierung von Ansprüchen zwischen dem Versicherer und dem Versicherungsnehmer (oder aber einem Geschädigten) geschlossen wird. Ein Widerruf ist im Regelfall nicht möglich.

Ableitungsrohre

dienen der Entsorgung des gebrauchten Wassers. Regenwasser, das nicht als Frischwasser genutzt wird, gehört nicht dazu. Der Bruch von Ableitungsrohren ist standardmäßig nur versichert, wenn es sich um im Haus liegende Ableitungsrohre handelt. Außerhalb des Hauses liegende Ableitungsrohre können gegen Mehrprämie oft mitversichert werden.

Abrechnung auf Basis des Kostenvoranschlags

Bei der Geltendmachung von Schadensersatzansprüchen bestimmt das Gesetz, bei vielen Versicherungsverträgen die in den Bedingungen enthaltenen Klauseln, dass zunächst nur der Nettobetrag erstattet wird. Wird die Reparatur oder Ersatzbeschaffung später nachgeholt, wird die Mehrwertsteuer gegen Vorlage der Quittung nachträglich erstattet.

Abschlagszahlung

Der Versicherungsnehmer kann einen Monat nach der Anzeige des Schadens eine Abschlagszahlung fordern, wenn die Leistungspflicht des Versicherers und die Höhe des Schadens festgestellt worden sind.

Abschleppkosten

werden bei unverschuldeten Unfällen bis zur nächstgelegenen Reparaturwerkstatt vom gegnerischen Kfz-Haftpflichtversicherer erstattet, wenn das Kfz nicht mehr fahrbereit oder nicht mehr verkehrssicher ist.

Abstrakte Verweisung

ist ein Begriff aus der Berufsunfähigkeitsversicherung und meint, dass der Versicherer den berufsunfähigen Versicherungsnehmer auf eine andere Tätigkeit verweisen kann, die – abhängig von den jeweiligen Bedingungen – seinen Erfahrungen, Kenntnissen oder Ähnliches und seiner bisherigen Lebensstellung (seinem Einkommen!) entspricht. Anders als bei der konkreten Verweisung ist nicht erforderlich, dass der Versicherungsnehmer diese Tätigkeit bereits ausübt.

Abtretungserklärung

Der Zahlungsanspruch, den der Versicherungsnehmer oder ein geschädigter Dritter gegenüber dem Versicherer für die Regulierung eines Versicherungsschadens hat, wird an das Unternehmen abgegeben, das beispielsweise die Reparatur durchführen soll. Aufgepasst: Die Abtretungserklärungen der Reparaturfirmen weisen immer darauf hin, dass der Geschädigte die Kosten selbst trägt, wenn der Versicherer nicht oder nur teilweise reguliert. Daher sollte vorher unbedingt ein Kostenvoranschlag gemacht und eine Zusage des Versicherers eingeholt werden.

Alkohol

kann ab einer gewissen Blutalkoholkonzentration in der Kfz-Haftpflichtversicherung zu einem Regress des Versicherers für regu-

lierte Schäden führen. In der Unfallversicherung kann durch einen
zu hohen Promillegehalt der Versicherungsschutz ganz riskiert
werden und in den Sachversicherungen wie Wohngebäude- und
Hausratversicherung kann, wenn alkoholbedingt ein Schaden verursacht wird, der Versicherer sich auf grobe Fahrlässigkeit berufen
und die Leistung kürzen.

08

Allgemeine Versicherungsbedingungen

kurz AVB. Jedem Versicherungsvertrag liegen allgemeine Versicherungsbedingungen zugrunde, das heißt Klauseln, die den Versicherungsschutz definieren und die vertraglichen Rechte und Pflichten
regeln. Es gelten grundsätzlich die zum Zeitpunkt des Vertragsabschlusses gültigen Versicherungsbedingungen.

Allgemeine Rechtsschutzversicherungsbedingungen

kurz ARB, sind die Versicherungsvertragsbedingungen, die üblicherweise einem Rechtsschutzversicherungsvertrag zugrunde liegen. Die gängigsten Bedingungswerke sind die ARB 75, die ARB
2000 und die ARB 2010, die sich nach ihrem Versicherungsumfang
deutlich unterscheiden.

Allgemeine Unfallversicherungsbedingungen

kurz AUB, liegen dem Vertrag über eine private Unfallversicherung
üblicherweise zugrunde. Die gängigsten Bedingungswerke sind
die AUB 88 und die AUB 2000, es gibt neuere aus dem Jahr 2010;
Einzelheiten zu dem Versicherungsschutz regelt insbesondere der
Versicherungsschein.

Allmählichkeitsschaden

ist ein Schaden, der erst allmählich sichtbar wird oder eintritt.

Anerkenntnisverbot

galt bis 2008 in der Haftpflichtversicherung und verbot dem Versicherungsnehmer, den vom geschädigten Dritten geltend gemachten Schadensersatzanspruch anzuerkennen. Zwar existiert das An-
erkenntnisverbot so heute nicht mehr, doch bezahlt der Versicherer

tatsächlich nur in der Höhe, zu deren Regulierung er verpflichtet ist. Erkennt der Versicherungsnehmer, also der Schädiger, in zu großer Höhe an, bleibt er im Zweifelsfall auf einem Teil der Kosten sitzen.

Anfechtung

Verletzt der Versicherungsnehmer bei Antragstellung arglistig vorvertragliche Anzeigepflichten, kann der Versicherer seine Annahmeerklärung anfechten. Der Vertrag ist rückwirkend (bis) zum Zeitpunkt des Versicherungsabschlusses nichtig, der Versicherer behält die Prämien und muss im Schadensfall nicht leisten, egal, ob der verschwiegene Aspekt für den eingetretenen Schadensfall relevant ist oder nicht.

Anfechtungsfrist

meint die Frist, innerhalb derer ein Versicherer sich wegen einer arglistigen Täuschung des Versicherungsnehmers vom Vertrag lösen kann. Die Frist beläuft sich gem. § 124 BGB auf zehn Jahre ab Willenserklärung des Versicherers (meist ist dies die Annahme des Versicherungsantrags); sobald der Versicherer von den fehlerhaften Angaben weiß, muss er aber binnen eines Jahres reagieren.

Angehörigenklausel

gibt es unter anderem in der Haftpflichtversicherung, in der Haftpflichtansprüche von Angehörigen des Versicherungsnehmers, die mit diesem in häuslicher Gemeinschaft leben oder die in derselben Haftpflichtversicherung mitversichert sind, vom Versicherungsschutz ausgeschlossen ist. Auch in der privaten Krankenversicherung gibt es etwas Ähnliches: Hier werden nach den Versicherungsbedingungen die Behandlungen durch Ehegatten, Lebenspartner gemäß § 1 Lebenspartnerschaftsgesetz, Eltern oder Kinder nicht erstattet. Erstattet werden nur nachgewiesene Sachkosten.

Anwaltskosten

sind in der Wohngebäude- und Hausratversicherung nicht mitversichert und werden nur erstattet, wenn der Versicherer mit einer

Leistung im Verzug ist oder die Leistung unberechtigt abgelehnt hat. Im Regelfall darf ein Anwalt tätig werden, der vom Versicherer zu zahlen ist, wenn Ansprüche gegen einen gegnerischen Kfz- oder Privathaftpflichtversicherer geltend gemacht werden.

Anzeigepflicht des Versicherungsschadens
Der Versicherungsnehmer muss den Versicherungsfall, das heißt den Schaden, unverzüglich anzeigen. Hierbei ist unbedingt auf die Frist im Versicherungsvertrag zu achten, denn bei grob fahrlässiger oder gar vorsätzlicher Verletzung der Anzeigepflicht kann der Versicherer die Leistung kürzen beziehungsweise verweigern.

08

Anzeigepflicht, vorvertragliche
vorvertragliche Anzeigepflicht

ARB
Allgemeine Rechtsschutzversicherungsbedingungen

Arglistige Täuschung
ist anzunehmen, wenn vorsätzlich und bewusst falsche Tatsachen vorgespiegelt oder wahre Tatsachen entstellt oder verschwiegen werden, um einen Irrtum zu verursachen oder aufrechtzuerhalten.

Assistance-Leistungen
sind zusätzlich im Versicherungsvertrag (zumeist Kfz-Versicherung, Reiseversicherung und Hausratversicherung) enthaltene Dienstleistungen, die dem Versicherungsnehmer in aktueller Notlage weiterhelfen.

AUB
Allgemeine Unfallversicherungsbedingungen

Aufklärungsobliegenheit
meint die in fast allen Versicherungsverträgen geregelte Pflicht des Versicherungsnehmers, alle Tatumstände den Schadensfall betreffend mitzuteilen und alle nach Ansicht des Versicherers für die Be-

urteilung des Schadensfalles erheblichen Unterlagen einzusenden. Der Versicherer soll so in die Lage versetzt werden, sachgemäße Entscheidungen über die Behandlung des Versicherungsfalles zu treffen.

Aufräumungs- und Abbruchkosten

sind in der Wohngebäudeversicherung die Kosten für das Aufräumen und den Abbruch von versicherten Sachen, das Abfahren von Schutt und sonstigen Resten zum nächsten Ablagerungsplatz und das Vernichten dieser Sachen. Die Aufräumungskosten werden im Regelfall auch von der Hausratversicherung bezahlt, soweit Hausrat betroffen ist.

Aufrechnung

ist ein Rechtsinstitut aus dem BGB (§§ 387 ff.) und meint, dass wechselseitige Forderungen miteinander verrechnet werden. Die Aufrechnung muss erklärt werden und wird nicht automatisch vorgenommen, auch nicht, wenn sich dem Gegenüber aufdrängen sollte, dass seinem geltend gemachten Anspruch noch eine Forderung gegenübersteht.

Aufsichtspflichtverletzung

liegt vor, wenn Eltern oder Aufsichtspersonen ihre Aufsichtspflicht über minderjährige Kinder verletzen und ist relevant für die Haftpflichtversicherung.

Augenblicksversagen

ist gegeben, wenn ein ansonsten höchst konzentriert agierender Mensch für eine sehr kurze Zeitspanne die im Verkehr erforderliche Sorgfalt unwillentlich außer Acht lässt. Hier muss geprüft werden, ob bei einem Augenblicksversagen, zum Beispiel wegen einer Geschwindigkeitsüberschreitung, eine Ahndung wegen grob pflichtwidrigen Verhaltens überhaupt möglich ist.

Auge-und-Ohr-Rechtsprechung

besagt, dass der Versicherer für seine Vermittler verantwortlich ist und sich auch deren persönliches Wissen grundsätzlich zurechnen lassen muss. Der Versicherungsvertreter (und nicht der Versicherungsmakler!) ist also das Auge und Ohr des Versicherers. Alles, was der Versicherungsvertreter vor Ort sieht und hört, gilt als beim Versicherer angekommen.

08

Ausfalldeckung

Wer durch einen anderen geschädigt wird, der den Schaden nicht aus eigener Tasche begleichen kann und nicht über eine Haftpflichtversicherung verfügt, kann von seinem eigenen Haftpflichtversicherer Ersatz verlangen, wenn im Versicherungsvertrag eine Ausfalldeckung gesondert vereinbart ist.

Auskunftei

siehe Hinweis- und Informationssystem, HIS

Auskunftsobliegenheit

Der Versicherungsnehmer muss nach Eintritt des Versicherungsfalles dem Versicherer jede Auskunft erteilen, die zur Feststellung des Versicherungsfalles oder des Umfanges der Leistungspflicht erforderlich ist.

Auslands(reise)krankenversicherung

übernimmt bei Urlaubsreisen weltweit die Kosten für die medizinische Behandlung und – falls erforderlich – auch den Rücktransport nach Hause. Wichtigster Ausschluss: Der Versicherer zahlt nicht, wenn die Erkrankung absehbar war. Auch das Erfordernis eines Rücktransports ist nur selten gegeben.

Außenregulierer

sind vom Versicherer eingesetzte Mitarbeiter, die vor Ort den Versicherungsschaden regulieren sollen. Es ist wichtig, sich vor dem Termin mit dem Außenregulierer gut vorzubereiten und den tatsächlichen Schaden und die Versicherungsbedingungen genauestens zu kennen, damit kein ungünstiger Abfindungsvergleich geschlossen wird.

Außenversicherung

Bei vorübergehender (bis zu drei Monaten) Entfernung vom Haushalt sind Sachen in der Hausratversicherung versichert, zum Beispiel wenn Sachen vorübergehend zum Arbeitsplatz oder in den Urlaub genommen werden.

BaFin

siehe Bundesanstalt für Finanzdienstleistungsaufsicht

Baupreisindex

zeigt die Entwicklung der vom Bauherrn tatsächlich gezahlten Baupreise auf. Er wird jährlich vom Statistischen Bundesamt herausgegeben und ist für die gleitende Neuwertversicherung bei der Wohngebäudeversicherung von Bedeutung.

Be- und Entladen

eines Kfz gehört bereits zum Gebrauch eines Fahrzeugs. Ein Schaden, der hierbei entsteht, zum Beispiel wenn auf dem Parkplatz beim Einladen der Einkäufe ins eigene Kfz der Einkaufswagen wegrollt und ein anderes Fahrzeug schädigt, ist nach ständiger Rechtsprechung ein Schaden für die Kfz- und nicht für die Privathaftpflichtversicherung, Änderung des Schadensfreiheitsrabatts inklusive.

Bedingter Vorsatz

liegt vor, wenn jemand die Folgen des bewussten Handelns billigend in Kauf nimmt. (Bedingt) vorsätzlich herbeigeführte Schäden sind vom Versicherungsschutz ausgeschlossen, auch in der Haftpflichtversicherung. Die Abgrenzung zwischen bedingtem Vorsatz und grober Fahrlässigkeit ist oft schwierig.

Befriedigungsverbot

gibt es seit der Reform des Versicherungsvertragsgesetzes im Jahr 2008 so nicht mehr. Früher galt, dass der Versicherungsnehmer einer Haftpflichtversicherung den vom geschädigten Dritten geltend gemachten Schadensersatzanspruch nicht bezahlen durfte, ohne dass der Haftpflichtversicherer zugestimmt hat. Aufgepasst: Wird mehr an den Geschädigten gezahlt, als der Versicherer hätte leisten müssen, erhält der Versicherungsnehmer vom Versicherer nur diesen und nicht den tatsächlich gezahlten Betrag erstattet.

08

Belehrungspflicht

Der Versicherer muss den Versicherungsnehmer vor möglichen Sanktionen warnen und ihn anhalten, seine Obliegenheiten bei Vertragsabschluss, im Schadensfall und danach ordnungsgemäß zu erfüllen.

Bereicherungsverbot

Der Versicherer hat dem Versicherungsnehmer in der Schadensversicherung nicht mehr als den Betrag zu ersetzen, der durch den Schaden entstanden ist. Ausnahmen gibt es in der Wohngebäude- und Hausratversicherung, bei der üblicherweise der Neuwert versichert ist.

Berufsunfähigkeit

Der Versicherte kann – dies muss ein Arzt bestätigen – infolge von Krankheit, Körperverletzung oder mehr als altersentsprechendem Kräfteverfall ganz oder teilweise seinen zuletzt ausgeübten Beruf voraussichtlich auf Dauer nicht mehr ausüben. Näheres regeln die jeweiligen Versicherungsbedingungen.

Betrieb eines Kfz

ist die Teilnahme des Kfz am Straßenverkehr, unabhängig vom betriebsbereiten Zustand und der Inbetriebnahme. Dies umfasst jedwedes Einwirken des Fahrzeugs auf den Straßenverkehr, also das Versetzen in betriebsbereiten Zustand, die Inbetriebnahme, das

Führen einschließlich des Abschleppens und Anschleppens, ferner das Parken, Ein-/Aussteigen, Be-/Entladen oder Anschieben.

Bewegungs- und Schutzkosten

sind in der Wohngebäude- und Hausratversicherung versicherte Kosten, die dadurch entstehen, dass zum Zweck der Wiederherstellung oder Wiederbeschaffung versicherter Sachen andere Sachen bewegt, verändert oder geschützt werden müssen.

Beweislast

ist ein Begriff aus dem Prozessrecht und regelt, dass der, der einen Anspruch behauptet, diesen darlegen und beweisen muss, zum Beispiel, indem er für seine Behauptung ein Sachverständigengutachten einholen lässt oder Zeugen benennt.

Bezugsrecht

meint das Recht, über eine fällige Leistung zu verfügen. Hierfür wird in Lebensversicherungen ein Bezugsberechtigter benannt. Dies kann widerruflich und unwiderruflich erfolgen.

BGB

siehe Bürgerliches Gesetzbuch

Blitzschlag

ist das unmittelbare Auftreffen eines Blitzes auf Sachen.

Blutalkoholkonzentration

oft BAK abgekürzt, ist ein Maß für die Menge von Alkohol im Blut. Sie wird üblicherweise in Gewichtsanteilen als g/kg (Promille) angegeben.

Brand

setzt eine offene Flamme voraus; reine Seng- und Schmorschäden fallen nicht unter den Begriff.

Bruchschaden

sind Löcher, Risse und Veränderungen des Werkstoffs, die die Funktion beeinträchtigen, aber kein Muffenversatz.

Bundesanstalt für Finanzdienstleistungsaufsicht

kurz BaFin, ist eine Anstalt des öffentlichen Rechts mit Sitz in Bonn (und Frankfurt), die die Aufsicht unter anderem über das Versicherungswesen hat.

Bundesverband der Versicherungsberater e. V.

kurz BVVB, bietet durch seine Mitglieder neutrale und unabhängige Beratung in allen Versicherungsfragen, ohne Verkauf oder Vermittlung.

Bürgerliches Gesetzbuch

kurz BGB, enthält die wichtigsten zivilrechtlichen Regelungen und ist punktuell auch für Versicherungsverträge relevant, zum Beispiel § 124 BGB zur Anfechtung.

BVVB

siehe Bundesverband der Versicherungsberater e. V.

Dauerschaden

ist in der Unfallversicherung gegeben, wenn nach einem Unfall eine Invalidität dauerhaft verbleibt.

DDR-Haushaltspolice

In der DDR wurden die Haushalte gegen Haushalts- und Haftpflichtschäden versichert. Die Bedingungen der DDR-Haushaltspolice weichen von den üblichen Bedingungen für die Hausratversicherung zu Gunsten der Versicherungsnehmer ab. So entfällt bei korrekter Angabe der Wohnflächengröße die Einrede des Versicherers wegen Unterversicherung. Ferner sind Elementarschäden typischerweise mitversichert, gegebenenfalls auch der einfache Diebstahl.

Deckung
meint den Versicherungsschutz, also die Schäden, die die jeweilige Versicherung abdeckt.

Deckungserweiterung
Der zunächst fixierte Umfang des Versicherungsschutzes wird erweitert.

Deckungssumme
ist die monetäre Höchstgrenze der Leistung je Schadensereignis.

Deckungszusage
meint vor allem in der Rechtsschutzversicherung, dass der Versicherer seine Zustimmung zu einem anwaltlichen oder gerichtlichen Vorgehen in einem Rechtsstreit gegeben hat.

Deckungszusage, vorläufige
ist die Zusage des Versicherers, dass es zu einem Versicherungsvertrag kommen wird, zum Beispiel durch eine Doppelkarte in der Kfz-Versicherung.

Delikts(un)fähigkeit
Nicht deliktsfähig ist eine Person, die das siebte Lebensjahr noch nicht vollendet hat (§ 828 BGB). Für einen Schaden kann das Kind nicht haftbar gemacht werden. Gleiches gilt auch für Kinder, die einen Schaden bei einem Unfall mit einem Kfz anrichten und noch nicht zehn Jahre alt sind. Wer das siebte beziehungsweise zehnte, aber noch nicht das 18. Lebensjahr vollendet hat, ist für den Schaden, den er einem anderen zugefügt hat, nur verantwortlich, wenn er beim Begehen der schädigenden Handlung schon die zur Erkenntnis erforderliche Einsicht hatte. Haben die Erziehungsberechtigten ihre Aufsichtspflicht verletzt, können eventuell sie zur Verantwortung gezogen werden.

Diebstahl

bedeutet Bruch fremden und Begründung neuen, nicht notwendig eigenen Gewahrsams. Geht mit dem Diebstahl Gewalt einher oder wird diese angedroht, spricht man von Raub oder räuberischer Erpressung. Wird in ein Gebäude eingebrochen, liegt ein Einbruch(sdiebstahl) vor. Wird eine Sache „einfach" weggenommen, zum Beispiel weil man unaufmerksam war, liegt ein einfacher Diebstahl vor, der nicht in der Hausratversicherung versichert ist.

Direktanspruch

meint, dass ein Geschädigter nicht nur gegen den Schädiger, sondern direkt auch gegen dessen Haftpflichtversicherer vorgehen kann, vorranging im Bereich der Kfz-Haftpflicht. Keinen Direktanspruch gibt es bei der Privathaftpflichtversicherung.

Doppelkarte

ist in der Kfz-Versicherung die Zusage des Versicherers, dass es zu einem Versicherungsvertrag kommen wird (vorläufige Deckung).

Doppelversicherung

liegt vor, wenn eine Sache gegen die gleiche Gefahr bei mehreren Anbietern versichert ist. Hierbei darf jedoch die von den Versicherern gesamtschuldnerisch geleistete Entschädigungssumme nicht die tatsächliche Schadenssumme übersteigen. Aufgepasst: Versicherer müssen nicht leisten, wenn die Doppelversicherung in betrügerischer Absicht geschlossen wurde.

Dread Disease

ist eine abgespeckte Berufsunfähigkeits- oder Lebensversicherung bei der die Versicherungsleistung dem Versicherungsnehmer nur bei bestimmten und klar definierten schweren Krankheiten ausbezahlt wird.

Dynamik

ist die planmäßige, automatische Erhöhung der Versicherungsbeiträge und der Versicherungssumme. Soll bei Berufsunfähigkeitsversicherungen auch die Rente dynamisch erhöht werden, wenn der Versicherungsfall eingetreten ist, bedarf es der Option „Dynamik im Leistungsfall".

Einbruchdiebstahl

ist in den Versicherungsbedingungen zur Hausratversicherung geregelt und umfasst zahlreiche alternative Tatbestände, wie das Einbrechen oder Einsteigen in einen Raum eines Gebäudes etc.

Elementarschäden

sind Schäden, die durch Naturereignisse wie Überschwemmung, Erdbeben, Erdrutsch, Schneedruck, Lawinen und Vulkanausbruch, unter bestimmten Bedingungen auch Schäden durch Rückstau, hervorgerufen werden. Standardmäßig in der Wohngebäudeversicherung sind Sturm und Hagel versichert, daneben kann gesondert ein Versicherungsschutz für „erweiterte Elementarschäden" (Elementarschadenversicherung) versichert werden.

Entbindung von der Schweigepflicht

Der (zukünftige) Versicherungsnehmer erlaubt dem Versicherer, für bestimme Zeiten die Angaben zu seiner Gesundheit oder zu Vorerkrankungen bei Ärzten, Krankenhäusern, Krankenversicherern, teilweise sogar Arbeitgebern zu prüfen.

Erdbeben

wird in den Versicherungsbedingungen meist definiert als eine naturbedingte Erschütterung des Erdbodens, die durch geophysikalische Vorgänge im Erdinneren ausgelöst wird. Versichert sind Schäden, die nach seismischen Messungen durch Erdbeben ab einer Stärke von 4,0 nach der Magnituden-Skala (Lokalmagnitude nach C. F. Richter) verursacht werden.

Erdrutsch

ist sowohl im allgemeinen Sprachgebrauch als auch in den Versicherungsbedingungen das naturbedingte Abrutschen oder Abstürzen von Erd- oder Gesteinsmassen.

Erdsenkung
ist in den Versicherungsbedingungen eine naturbedingte Absenkung des Erdbodens über natürlichen Hohlräumen.

Erstprämie
ist die Prämie, die – als erste Prämie – bei Versicherungsbeginn zu zahlen ist und den Versicherungsschutz in Kraft setzt.

Erwerb einer Immobilie
Der Erwerber tritt in den Versicherungsvertrag des Verkäufers oder Bauträgers ein, hat aber ein Sonderkündigungsrecht.

Erwerbsminderung
ist anzunehmen, wenn der Versicherungsnehmer aufgrund von Krankheit oder Kräfteverfall nicht mehr in der Lage ist, irgendeiner Berufstätigkeit nachzugehen. Aufgepasst: Es geht nur um irgendeine Berufstätigkeit, nicht um die zuletzt ausgeübte. Die zuletzt ausgeübte Tätigkeit ist über die Berufsunfähigkeitsversicherung (Berufsunfähigkeit) abgesichert.

Explosion
ist eine plötzliche Kraftäußerung durch Ausdehnung von Gasen oder Dämpfen.

Fachanwalt für Versicherungsrecht
ist ein Anwalt, der auf Streitigkeiten mit Versicherern spezialisiert ist, entsprechende Prüfungen ablegen und Fortbildungen nachweisen muss.

Fälligkeit
ist gegeben, wenn die Leistung des Versicherers dem Grunde und der Höhe nach feststeht, also dann, wenn er alle nötigen Erhebungen beendet hat. Hierbei muss der Versicherer darauf achten, die Schadensregulierung nicht über Gebühr zu verzögern und Sachverständige, die den Schaden begutachten sollen, ihre Aufträge zügig bearbeiten.

Fahrlässigkeit

liegt vor, wenn die im Verkehr erforderliche Sorgfalt außer Acht gelassen wird (auch grobe Fahrlässigkeit).

Fahrradversicherung

Werden Fahrräder durch Einbruch und Raub entwendet, deckt dies die Hausratversicherung, egal, um welche Uhrzeit der Diebstahl oder der Raub stattgefunden haben. Einfacher Diebstahl, das heißt, ein Diebstahl eines Fahrrads, das in der Zeit von 6 bis 22 Uhr gestohlen wurde und/oder besonders gesichert ist, kann gegen eine zusätzliche Prämie mitversichert werden.

Fahruntüchtigkeit

ist anzunehmen, wenn ein Kfz nicht mehr sicher geführt werden kann. Dabei wird zwischen „relativer" und „absoluter Fahruntüchtigkeit" unterschieden. „Relative Fahruntüchtigkeit" ist ab 0,3 Promille anzunehmen. Wenn typische Ausfallerscheinungen, Fahrfehler oder konkrete Gefährdungen hinzutreten, ist die Fahreignung nicht mehr gegeben. „Absolute Fahruntüchtigkeit" beim Führen eines Kfz im Straßenverkehr wird ab einer Blutalkoholkonzentration von 1,1 Promille angenommen. Die Trunkenheit des Fahrzeugführers hat Auswirkungen auf den üblichen Versicherungsschutz: Wenn der Alkohol eindeutig für den Unfall verantwortlich ist, greift die Trunkenheitsklausel. Der Kfz-Haftpflichtversicherer ist von seiner Leistungspflicht befreit. Zwar reguliert er den Schaden, nimmt den Fahrer jedoch mit bis zu 5.000 Euro in Regress.

Falschberatung

liegt vor, wenn der Versicherungsvermittler bei Abschluss des Versicherungsvertrags einen unpassenden Versicherungsschutz empfohlen oder den Antrag auf Abschluss des Versicherungsvertrags falsch ausgefüllt hat und dem Versicherungsnehmer dadurch ein Schaden entstanden ist.

Feuerversicherung

ersetzt durch Feuer entstandene Schäden, also Brandschäden, Schäden durch einen Blitzschlag, der direkt in die versicherte Sache übergeht und andere. Nicht versichert sind Sengschäden und Blitzschäden an elektrischen Einrichtungen, wenn der Blitz nicht direkt in sie eingeschlagen hat. Dies könnten Überspannungsschäden sein, die gesondert versichert werden müssten.

Fiktive Abrechnung

meint, dass die Reparatur noch nicht durchgeführt wurde, sondern auf Basis des Kostenvoranschlags abgerechnet wird. Viele Versicherungsbedingungen sehen für diesen Fall vor, die Mehrwertsteuer (zunächst) nicht zu erstatten.

Folgeprämie

ist die Prämie, die nach der Erstprämie fällig wird und vom Versicherungsnehmer zu zahlen ist. Bei Zahlungsverzug und qualifizierter Mahnung kann der Versicherer gegebenenfalls von der Leistungspflicht befreit sein, wenn ein Schadensfall eintritt.

Frostschäden

sind in der Wohngebäudeversicherung versichert. Hierbei ist in den Bedingungen darauf zu achten, ob „Frost- und sonstige Bruchschäden" oder nur „Frostschäden" versichert sind. Denn dies kann bedeuten, dass entweder ein Bruchschaden gegeben sein muss oder aber jeder Schaden durch Frost für den Versicherungsschutz ausreicht, ohne dass es auf die Gestalt oder Form der Schäden ankommt.

GDV

siehe Gesamtverband der Deutschen Versicherungswirtschaft e. V.

Gebäude

sind Bauwerke, die fest und dauerhaft mit dem Erdboden verbunden sind, überwiegend zu Wohnzwecken genutzt werden und gegen äußere Einflüsse geschützt sind.

Gebäudebestandteile

sind in das Wohngebäude eingebrachte Sachen, die fest mit dem Gebäude verbunden sind und dadurch ihre Selbstständigkeit verloren haben, zum Beispiel Fenster, Tapeten und Teppiche sowie Heizungsanlagen. Bei Einbauküchen kommt es darauf an, ob sie individuell für das Gebäude geplant wurden (Wohngebäudeversicherung) oder es sich um serienmäßig gefertigte Produkte handelt (Hausratversicherung).

Gebäudezubehör

meint beispielsweise Klingel- und Briefkastenanlagen, Müllboxen, Hof- und Gehwegbefestigungen, Wege- und Gartenbeleuchtung sowie Terrassen. Es ist unbedingt darauf zu achten, was im Versicherungsvertrag mitversichert ist!

Gebrauch des Kraftfahrzeugs

Betrieb eines Kfz

Gefährdungshaftung

meint, dass ein Schädiger auf Schadensersatz in Anspruch genommen werden kann, ganz unabhängig davon, ob ihn am Schadenshergang ein Verschulden trifft oder nicht (zum Beispiel Kfz-Halter, Tierhalter).

Gefälligkeitshandlung

Wer einem anderen aus Gefälligkeit hilft, zum Beispiel beim Umzug, und hierbei fahrlässig einen Schaden anrichtet, ist dem Geschädigten im Regelfall nicht zu einer Entschädigung verpflichtet. Einige Versicherer bieten gegen entsprechende Mehrprämie an, auch Haftpflichtschäden zu regulieren, die im Rahmen einer Gefälligkeitshandlung passiert sind.

Gefahrerhöhung

Versichert ist grundsätzlich die Gefahr, die zum Zeitpunkt des Vertragsabschlusses gegeben ist. Erhöht sich die Gefahr, besteht vor

allem bei Hausrat- und Wohngebäudeversicherungsverträgen die
Pflicht, dies dem Versicherer anzuzeigen.

Gefahrminderung

Der Versicherer kann im Versicherungsvertrag eine Pflicht zur Ge-
fahrminderung (zum Beispiel Alarmanlage, Blitzableiter oder Ähnliches) festlegen. Wird die Pflicht verletzt, kann der Versicherer im
Schadensfall eventuell leistungsfrei sein oder die Leistung kürzen,
je nachdem, ob die Pflicht vorsätzlich oder grob fahrlässig verletzt
wurde.

Gefahrstandspflicht

Der Versicherungsnehmer darf nach Abschluss des Versicherungsvertrags ohne Einwilligung des Versicherers keine Gefahrerhöhung
vornehmen oder gestatten. Eingetretene Gefahrerhöhungen sind
dem Versicherer anzuzeigen.

Geistes- und Bewusstseinsstörung

ist ein Ausschlusskriterium in der Unfallversicherung und meint
nach Rechtsprechung des Bundesgerichtshofs eine Störung der
Aufnahme- und Reaktionsfähigkeit, die auf Krankheit, Alkoholge-
nuss oder künstlichen Mitteln beruht und den Versicherten außer-
stande setzen kann, den Sicherheitsanforderungen seiner Umwelt
zu genügen, und die einen Grad erreicht hat, bei dem er die Gefah-
renlage nicht mehr beherrschen kann.

Gemischte Anstalt

sind Krankenhäuser, die sowohl eine medizinisch notwendige stationäre Heilbehandlung, als auch Kur- bzw. Sanatoriumsbehandlungen durchführen. Wenn eine stationäre Heilbehandlung in einer
gemischten Anstalt durchgeführt werden soll, ist vor Behandlungsbeginn eine schriftliche Kostenzusage des Krankenversicherers
einzuholen.

08

Genesungsgeld

wird in der Unfallversicherung für die Zeit der Genesung angeboten, die der Versicherungsnehmer oder die versicherte Person benötigt, um von den Unfallfolgen zu genesen. Aufgepasst: Im Regelfall zahlt der Versicherer nur für so viele Tage Genesungsgeld, wie auch der vorherige Krankenhausaufenthalt andauerte.

Gerichtsstand

Rechtsstreitigkeiten aus Versicherungsverträgen können vor Gerichten ausgetragen werden

- am Sitz der Hauptverwaltung des Versicherers,
- am Sitz einer eigenständigen Niederlassung,
- am Wohnort des Versicherungsnehmers und/oder der versicherten Person.

Gesamtverband der Deutschen Versicherungswirtschaft e. V.

kurz GDV, ist der Verband, dem gut 97 Prozent der Versicherungsunternehmen angehören und der deren Interessen zum Beispiel gegenüber der Bundesregierung, im Bundes- oder Landtag, in den Gremien der Europäischen Union und zahlreichen nationalen und internationalen Institutionen und Organisationen vertritt.

Gesundheitsfragen

Für den Abschluss von Lebens-, Berufs- und teilweise auch Unfallversicherungsverträgen stellt der Versicherer Fragen zum derzeitigen Gesundheitszustand und zu Krankheiten und Beschwerden in den vorangegangenen Jahren. Die Fragen müssen wahrheitsgemäß und vollständig beantwortet werden. Andernfalls kann der Versicherer eine vorvertragliche Anzeigepflichtverletzung behaupten und sich – je nachdem, wie schwer der Vorwurf der Unwahrheit wiegt – vom Vertrag durch Anfechtung, Rücktritt oder Kündigung lösen. Aufgepasst: Versicherer prüfen nur ganz selten bei Abschluss des Vertrags die Richtigkeit und Vollständigkeit Ihrer Angaben, sondern meist erst im Schadensfall, also dann, wenn Sie die Leistung brauchen und anderweitig kein Versicherungsschutz mehr zu erhalten ist.

Gesundheitsprüfung

ist oft die Voraussetzung für den Abschluss einer Lebens- oder Berufsunfähigkeitsversicherung, aber auch für eine private Krankenversicherung.

Glasversicherung

versichert sind Glasscheiben und andere Teile aus Glas gegen Schäden durch Zerbrechen. Oberflächenbeschädigungen wie Schrammen oder Kratzer sind regelmäßig nicht mitversichert.

08

Gleitende Neuwertversicherung

Die Versicherung passt Prämie und Versicherungswert an die Veränderung der Preise an.

Grobe Fahrlässigkeit

meint nicht nur, dass die im Verkehr erforderliche Sorgfalt außer Acht gelassen wurde, sondern ein „besonders grobes schlechthin unentschuldbares Außerachtlassen dessen, was im konkreten Fall jedermann hätte einleuchten müssen". Richtet jemand grob fahrlässig einen Schaden an, muss der Versicherer zwar zahlen, er darf jedoch – je nach Grad des Verschuldens – die Leistung kürzen. Anders in der Haftpflichtversicherung: Diese ersetzt auch Schäden, die grob fahrlässig angerichtet wurden, voll.

Grüne Karte e. V.

ist eine zentrale Einrichtung der Kraftfahrzeughaftpflichtversicherer, durch die Schäden nach deutschem Recht reguliert werden, die ein ausländisches Fahrzeug in Deutschland verursacht hat. Die Grüne Karte gilt in allen Europäischen sowie diversen weiteren Staaten, dann jeweils mit dem Recht des Unfalllandes.

Gutachterkosten

werden von den Versicherern nur übernommen, wenn diese die Begutachtung des gemeldeten Schadens für erforderlich halten und selbst einen Gutachter beauftragen. Der Versicherungsnehmer, der selbst einen Gutachter beauftragt, muss die Kosten im Regelfall selbst tragen. Soll das Gutachten auch vor Gericht Bestand haben, kann ein selbstständiges Beweissicherungsverfahren in Betracht gezogen werden. Etwas anderes gilt bei Kfz-Haftpflichtschäden: Hier kann der Geschädigte einen Sachverständigen beauftragen, wenn der voraussichtliche Schaden nicht gering ist, also um ca. 800 Euro oder höher ausfällt.

Haftpflicht(grundsatz)

besagt, dass der, der vorsätzlich oder fahrlässig das Leben, den Körper, die Gesundheit, die Freiheit, das Eigentum oder ein sonstiges Recht eines anderen widerrechtlich verletzt, dem anderen zum Schadensersatz verpflichtet ist.

Haftpflichtversicherung

reguliert berechtigte Personen-, Sach- oder Vermögensschäden durch Dritte und wehrt unberechtigte Ansprüche für den Versicherungsnehmer ab.

Hagel

ist als Elementarschadenrisiko in neueren Wohngebäudeversicherungsverträgen mitversichert und bietet Schutz gegen Schäden, die Hagel – unabhängig vom Ausmaß (beispielsweise der Korngröße) – verursacht.

Haus- und Grundbesitzerhaftpflicht

Haftpflichtversicherung, die für Schäden eintritt, die vom Haus oder Grundstück ausgehen, etwa herunterfallende Dachziegel etc. Wichtig für alle, die ein Haus besitzen, in dem sie selbst nicht wohnen oder sich noch weitere Wohneinheiten befinden; Schäden durch selbst bewohnte Einfamilienhäuser können über die Privathaftpflichtversicherung abgesichert werden.

Haushaltsführungsschaden

ist bei Schadensersatzansprüchen gegenüber einem gegnerischen Haftpflichtversicherer relevant, wenn der Geschädigte durch den Unfall seinen Haushalt nicht oder nur eingeschränkt führen konnte.

Ersetzt werden – anhand bestimmter Kriterien wie Größe der Wohnung und in der Wohnung lebende Personen – die fiktiven oder tatsächlichen Kosten einer geeigneten Hilfskraft.

Hausrat

umfasst alles, was in einem Haushalt zur Einrichtung, zum Gebrauch und zum Verbrauch dient, ferner Bargeld, Goldmünzen, Barrengold, Urkunden einschließlich Wertpapiere, Sammlungen und anderes. In Abgrenzung zur Wohngebäudeversicherung gilt als Faustregel als Hausrat all das, was nicht fest mit dem Haus verbunden ist und bei einem Auszug üblicherweise mitgenommen wird.

Hausratversicherung

schützt bei Schäden am beweglichen Inventar eines Hauses oder einer Wohnung durch Blitzschlag, Explosion, Feuer, Einbruch, Raub, Vandalismus, Sturm und Hagel.

Heilbehandlung

ist in der privaten Krankenversicherung die ärztliche Tätigkeit, die durch eine Krankheit verursacht wurde und vom Arzt auf Heilung oder Linderung behandelt wird. Kosmetische Behandlungen gehören nicht dazu.

Hinweis- und Informationssystem

kurz: HIS (auch: Uniwagnis), ist eine gemeinsame Warn- und Hinweisdatenbank der im Gesamtverband der Deutschen Versicherungswirtschaft (GDV) organisierten Versicherungsunternehmen. Es werden Daten der Versicherungsnehmer und von Nichtversicherten gespeichert, um Versicherungsbetrug und -missbrauch aufzudecken. Die Einträge erfolgen in den Kategorien Kfz-Versicherung, Unfallversicherung, Rechtsschutzversicherung, Sachversicherung, Lebensversicherung, Transportversicherung inklusive Reiserücktritt, Reisegepäck- sowie Haftpflichtversicherung, nicht aber in der privaten Krankenversicherung. Seit dem 1. April 2011 wird das HIS von der informa Insurance Risk and Fraud Prevention GmbH betrieben.

HIS

siehe Hinweis- und Informationssystem

Höhere Gewalt

ist ein außergewöhnliches Ereignis, das auch unter den gegebenen Umständen durch äußerste, nach Lage der Sache vom Betroffenen zu erwartende Sorgfalt nicht verhütet werden kann. Für Schäden durch höhere Gewalt muss der Schuldner prinzipiell nicht haften.

Hotelkosten

werden – falls entsprechend vereinbart – vom Wohngebäude- oder Hausratversicherer übernommen, solange das Haus beziehungsweise die Wohnung durch einen versicherten Schaden unbewohnbar wurde und auch die eingeschränkte Nutzung eines noch bewohnbaren Teils nicht zumutbar ist. Es werden nur die Übernachtungskosten, nicht Kosten für die Verpflegung übernommen. Die Hotelkosten sind in der Regel auf eine bestimmte Anzahl Tagen und einen Höchstsatz an täglichen Kosten begrenzt.

Immaterieller Schaden

ist ein Schaden, der Beeinträchtigungen wie Schmerzen, Ehre oder Freiheit umfasst.

Implosion

ist eine plötzliche Zerstörung eines Hohlkörpers durch äußeren Überdruck infolge eines inneren Unterdrucks.

Invalidität

meint eine dauerhafte Beeinträchtigung der körperlichen Funktionsfähigkeit, die in einem bestimmten Grad gemessen wird. Die Leistung des Versicherers bemisst sich nach dem Grad der Beeinträchtigung.

Invaliditätsleistung

ist ein Kapitalbetrag (Einmalbetrag oder Rente), der vom Unfallversicherer gezahlt wird, wenn die versicherte Person durch den Unfall auf Dauer in ihrer körperlichen oder geistigen Leistungsfähigkeit beeinträchtigt ist.

Juwelen-, Schmuck- und Pelzsachenversicherung

ist, soweit es um Privatleute geht, eine sonstige Sachversicherung gegen den Verlust, die Zerstörung oder die Beschädigung von Juwelen, Schmuck und Pelzsachen.

Karenzzeit

ist die Vereinbarung zwischen dem Versicherer und dem Versicherungsnehmer, dass die Zahlung der Versicherungsleistung nicht direkt mit dem Eintritt des Schadensfalls beginnt, sondern sich mehrere Monate verzögert.

Kaskoversicherung

ist die Versicherung für das eigene Kraftfahrzeug, gegebenenfalls aber auch für das eigene Land-, Wasser- und Luftfahrzeug, als Teilkasko nur gegen bestimmte, als Vollkasko auch gegen weitere Risiken.

Kausalereignistheorie

legen die meisten Rechtsschutzversicherer zugrunde, wenn sie darauf abstellen, wo der Zusammenhang (der sogenannte kausale Grund) für den jeweiligen Rechtsstreit gegeben war und nicht wann sich der Schaden tatsächlich realisiert hat (Schadensereignistheorie).

Kausalität

meint den Zusammenhang zwischen dem Schadensereignis und dem Schaden. Im Versicherungsrecht herrscht die Adäquanztheorie, wonach ein Zusammenhang dann angenommen wird, wenn die Gefahr nicht nur unter besonders eigenartigen, ganz unwahrscheinlichen und nach dem regelmäßigen Lauf der Dinge außer Betracht zu lassenden Umständen zur Herbeiführung eines Schadens dieser Art geeignet war, also dann, wenn sich ein Risiko so verwirklicht, wie es zu erwarten gewesen ist.

Kfz-Haftpflichtversicherung

ist die obligatorische Versicherung für Kfz-Halter gegen Personen- und Sachschäden, um sicherzustellen, dass ein verunfallter Dritter Schadensersatz- und Schmerzensgeldansprüche durchsetzen kann, wenn durch den Gebrauch des Fahrzeugs Personen verletzt oder getötet, Sachen beschädigt oder zerstört oder Vermögensschäden herbeigeführt werden, die weder mit einem Personen- noch mit einem Sachschaden mittelbar oder unmittelbar zusammenhängen.

Kfz-Versicherung

Das eigene Kfz ist versichert gegen die Beschädigung, die Zerstörung oder den Verlust des Fahrzeugs und seiner an ihm befestigten Teile, ferner die in einer zum Versicherungsvertrag gehörenden Liste ausgewiesenen Fahrzeug- und Zubehörteile. Teilkasko leistet nur bei Schäden durch Brand, Explosion, Diebstahl oder Beschädigungen durch äußere Einwirkungen wie Sturm, Hagel, Blitzschlag, Kollision mit Wild etc.

Kinder

sind in der Privathaftpflichtversicherung der Eltern üblicherweise mitversichert. Problematisch ist allerdings, wenn ein deliktsunfähiges Kind (also ein Kind unter sieben Jahren beziehungsweise bei einem Unfall im Verkehr unter zehn Jahren) einen Schaden anrichtet und den Eltern keine Verletzung der Aufsichtspflichtverletzung vorgeworfen werden kann. Hier bleibt der Geschädigte gegebenenfalls auf seinem Schaden sitzen; es sei denn, die Eltern des Kindes haben in ihrer Privathaftpflichtversicherung eine Zusatzvereinbarung für Schäden durch deliktsunfähige Kinder vereinbart.

Konkrete Verweisung

ist ein Begriff in der Berufsunfähigkeitsversicherung und meint die Verweisung auf einen einmal tatsächlich ausgeübten Beruf der versicherten Person. Anders als bei der abstrakten Verweisung geht es nicht nur um die Möglichkeit, eine andere Tätigkeit auszuüben, die der bisherigen Lebensstellung entspricht, sondern darum, dass die Tätigkeit tatsächlich schon ausgeübt wird.

Kostenpauschale
Ein Geschädigter kann gegenüber dem gegnerischen Kfz-Haftpflichtversicherer für seine Kosten rund um die Abwicklung des Schadens eine Kostenpauschale geltend machen. Üblich ist aktuell ein Pauschalbetrag von 25 Euro.

08

Krankentagegeldversicherung
schützt gegen Verdienstausfall bei Arbeitsunfähigkeit.

Kündigung des Versicherungsvertrags
Ein außerordentliches Kündigungsrecht besteht bei Wegfall des versicherten Risikos, bei einer mehr als nur unerheblichen Beitragserhöhung und bei vielen Versicherungen auch im Schadensfall. Der Versicherer kann auch bei Nichtzahlung der Erst- oder der Folgeprämie außerordentlich kündigen, wenn er zuvor qualifiziert gemahnt hat.

Kündigung wegen vorvertraglicher Anzeigepflichtverletzung
riskiert ein Versicherungsnehmer, der im Versicherungsantrag fahrlässig (Fahrlässigkeit), aber nicht grob fahrlässig (grobe Fahrlässigkeit) im Versicherungsantrag falsche Angaben macht. Der Versicherer kann den Vertrag mit einer Frist von einem Monat kündigen. Die Frist beginnt, sobald der Versicherer von der Anzeigepflichtverletzung erfährt, zum Beispiel durch ein ärztliches Attest.

Kürzungsquote
siehe Quotales Leistungskürzungsrecht

Kur- und Sanatoriumsaufenthalt
ist eine Ausschlussklausel in dem Vertrag über die private Krankenversicherung, das heißt, hierfür besteht kein tariflicher Leistungsanspruch. Einige Versicherer zahlen freiwillige Leistungen.

Leistungsfreiheit

Der Versicherer kann von der Pflicht, die Leistung zu erbringen, ganz oder teilweise frei sein, wenn Obliegenheiten verletzt werden, Anzeigepflichten nicht erfüllt sind, der Versicherungsfall vorsätzlich oder grob fahrlässig herbeigeführt wurde. .

Leistungspflicht

Der Versicherer muss die im Versicherungsvertrag vereinbarte Leistung (den Ersatz des Schadens oder bestimmter Aufwendungen) erbringen.

Mahnung

Der Versicherer fordert den säumigen Versicherungsnehmer auf, die Prämie zu zahlen. Mit einer qualifizierten Mahnung kommt der Versicherungsnehmer in Verzug. Zahlt der Versicherungsnehmer auch in den folgenden zwei Wochen die fällige Prämie nicht, kann der Versicherer von der Pflicht zur Leistung befreit sein, wenn ein Schadensfall eintritt. Hat der Versicherungsnehmer die Mahnung nicht erhalten oder entspricht die Mahnung nicht den gesetzlichen Vorgaben, kann sich der Versicherer nicht auf Leistungsfreiheit berufen.

Mallorca-Police

ist ein zusätzlicher Versicherungsschutz über den Privathaftpflicht- oder Kfz-Versicherer für die Anhebung der Haftpflichtdeckungssummen bei im Ausland gemieteten Fahrzeugen.

Marderbiss

Die durch Marderbiss am Kfz beschädigten Leitungen, Kabel, Schläuche etc. sind standardmäßig nicht versichert; manche Versicherer bieten aber eine Deckungserweiterung an.

Materieller Schaden

ist ein Schaden, bei dem das Vermögen gemindert wird. Im Gegensatz dazu steht der immaterielle Schaden, der Beeinträchtigungen wie Schmerzen, Ehre oder Freiheit umfasst.

08

Medizinische Notwendigkeit

Eine Behandlungsmaßnahme ist nach höchstrichterlicher Rechtsprechung medizinisch notwendig, wenn es nach den objektiven medizinischen Befunden und wissenschaftlichen Erkenntnissen zum Zeitpunkt der Behandlung vertretbar war, sie als notwendig anzusehen.

Mehrwertsteuer

wird vom gegnerischen Haftpflichtversicherer immer erst dann bezahlt, wenn sie tatsächlich angefallen ist, also dann, wenn eine Rechnung vorgelegt werden kann. Dies ergibt sich aus § 249 Abs. 2 BGB. Immer mehr Kfz-, Wohngebäude- und Hausratversicherungsverträge handhaben dies mittlerweile auch so.

Mietsachschadenklausel

Grundsätzlich werden in der Privathaftpflichtversicherung solche Schäden nicht reguliert, die der Versicherungsnehmer gemietet, geleast, gepachtet, geliehen, durch verbotene Eigenmacht erlangt hat oder die Gegenstand eines besonderen Verwahrungsvertrages sind. Eine Ausnahme gilt für gemietete Räume: Schäden, die an den Räumen (aber nicht am Inventar) angerichtet werden, werden übernommen.

Mitverschulden

ist gegeben, wenn mehrere Personen einen Schaden verursacht haben.

Mitwirkungsobliegenheit /-pflicht

ergibt sich für den Versicherungsnehmer aus dem Versicherungsvertrag, wenn er einen Leistungsanspruch geltend macht, beispielsweise die Überlassung von Nachweisen, ärztliche Untersuchungen und Ähnliches Näheres regeln die Versicherungsbedingungen.

Musterbedingungen

sind vom Gesamtverband der Deutschen Versicherungswirtschaft e.V. herausgegebene Versicherungsbedingungen, die ein Muster für den üblicherweise gewährten Versicherungsschutz abbilden. Maßgeblich sind jedoch die konkreten Versicherungsbedingungen des eigenen Vertrags.

Nachhaftung
meint die zeitliche Erweiterung des Versicherungsschutzes über den Zeitraum der Wirksamkeit des Versicherungsvertrags hinaus, da das Schadensereignis nicht immer sofort festgestellt wird.

Nachtrag des Versicherungsscheins
ändert oder ergänzt den geschlossenen Versicherungsvertrag

Neu für alt
ist ein Abzug, den der Haftpflichtversicherer vornimmt, um eine Wertsteigerung auszugleichen, die durch den Einbau eines neuen Teils in die beschädigte Sache vorgenommen wird.

Neuwert
ist der Betrag, der für die Neuanschaffung einer Sache oder den Wiederaufbau eines Gebäudes erforderlich ist. Von einer „gleitenden Neuwertversicherung" spricht man, wenn die Versicherung Prämie und Versicherungswert an die Veränderung der Preise anpasst.

Nutzungsausfalltabelle
bestimmt die vom gegnerischen Kfz-Haftpflichtversicherer zu zahlende Leistung dafür, dass der Geschädigte sein Kfz nicht nutzen kann, weil er dieses reparieren oder aber ein neues anschaffen muss. Die Zahlung ist abhängig von Modell, Alter, Laufleistung und Zustand des beschädigten Kfz.

Obliegenheiten
sind dem Versicherungsnehmer durch Gesetz oder Versicherungsvertrag auferlegte Pflichten. Verletzt der Versicherungsnehmer diese Pflichten, kann dies negative Auswirkungen auf den Vertrag, vor allem aber auch auf die Leistungspflicht des Versicherers im Scha-

densfall haben. Sind die Obliegenheiten nicht nur leicht fahrlässig verletzt, kann der Versicherer – je nach dem Grad des Verschuldens – die Leistung verweigern oder kürzen.

Ombudsmann für Versicherungen
ist eine für den Verbraucher kostenfrei arbeitende Schlichtungsstelle mit Sitz in Berlin bei Beschwerden zu fast allen Versicherungsverträgen. Ausgenommen sind Kranken- und Pflegeversicherungsverträge und Streitigkeiten mit solchen Versicherern, die nicht Mitglied im Versicherungsombudsmann e. V. sind. Der Versicherungsombudsmann kann bis zu einem Streitwert von 10.000 Euro verbindlich eine Pflicht des Versicherers zur Leistung bestimmen. Der Versicherungsombudsmann ist auch für Beschwerden über Vermittler zuständig, entscheidet hier aber nicht verbindlich.

Ombudsmann Private Kranken- und Pflegeversicherung
ist eine für den Verbraucher kostenfrei arbeitende Schlichtungsstelle mit Sitz in Berlin bei Beschwerden zu Kranken- und Pflegeversicherungsverträgen. Der Ombudsmann für die private Kranken- und Pflegeversicherung kann nicht verbindlich entscheiden, sondern nur eine Empfehlung aussprechen.

Originalbelege
Grundsätzlich müssen dem Versicherer im Schadensfall die Originale eingereicht werden. Sind keine Originalbelege vorhanden, können oft auch Kopien, Fotos und Zeugenaussagen weiterhelfen.

PKV
siehe private Kranken- und Pflegeversicherung

PKV-Ombudsmann
siehe Ombudsmann Private Kranken- und Pflegeversicherung

PKV-Verband
siehe Verband der privaten Krankenversicherung e. V.

Police

ist der Versicherungsschein in Textform über den Vertrag zwischen dem Versicherer und dem Versicherungsnehmer.

Policendarlehen

meint eine Beleihung der Lebensversicherungspolice gegen Zinsen. Tritt der Leistungsfall ein, wird der ausstehende Betrag regelmäßig mit der Leistung verrechnet.

Private Haftpflichtversicherung

bietet Versicherungsschutz gegen Schadensersatz- und Schmerzensgeldansprüche, die ein Geschädigter wegen eines leicht oder grob fahrlässigen Verhaltens geltend macht.

Private Kranken- und Pflegeversicherung

erstattet Kosten, die bei Krankheit, Krankheitsvorsorge, Schwangerschaft und Geburt entstehen. Die separat abschließbare private Kranken(tagegeld)versicherung zahlt bei Verdienstausfall im Krankheitsfall.

Private Unfallversicherung

bietet Versicherungsschutz und erbringt bei Unfällen bei der Arbeit, in der Freizeit, im Straßenverkehr, im Haushalt und im Sport eine Invaliditätsleistung, eventuell auch weitere Leistungen wie Unfallkrankenhaustagegeld, Genesungsgeld, Bergungskosten etc.

Produkthaftung

Der Hersteller eines Endprodukts, eines Grundstoffs oder Teilprodukts oder aber der Importeur oder der Händler, der seinen Namen, sein Warenzeichen oder ein anderes Erkennungszeichen an einem Produkt anbringt, haftet, wenn durch ein mangelhaftes Produkt ein Personen- oder Sachschaden entsteht. Für Sachschäden gilt eine Selbstbeteiligung von 500 Euro. Näheres regelt das Gesetz über die Haftung für fehlerhafte Produkte (Produkthaftungsgesetz).

Progressionsstaffel

ist ein Begriff aus der Unfallversicherung und meint, dass die Versicherungsleistung mit einem höheren Invaliditätsgrad überproportional steigt. Je höher der Invaliditätsgrad, je höher die Leistung des Versicherers.

08

Quotales Leistungskürzungsrecht/Quotelung

verletzt ein Versicherungsnehmer eine vertragliche Obliegenheit grob fahrlässig (grobe Fahrlässigkeit), ist der Versicherer berechtigt, seine Leistung in einem Verhältnis zu kürzen, das dem Grad der groben Fahrlässigkeit entspricht.

Raub

ist ein Diebstahl mit Gewaltanwendung oder unter Androhung gegenwärtiger Gefahren für Leib und Leben.

Rechtsschutzversicherung

trägt die Kosten für den eigenen und den gegnerischen Rechtsanwalt, ferner die des Gerichts und etwaiger Zeugen und Sachverständige, wenn der Versicherungsnehmer seine rechtlichen Interessen wahrnimmt und das Vorgehen hinreichende Aussicht auf Erfolg bietet.

Regen(fall)rohr

führt Regenwasser und kein Leitungswasser, sodass Schäden, die durch Regen(fall)rohre entstehen, grundsätzlich nicht über die Wohngebäude- oder Hausratversicherung reguliert werden. Es ist aber ein zusätzlicher Versicherungsschutz möglich für im Gebäude verlaufende Regen(fall)rohre.

Regress

In der Kfz-Haftpflichtversicherung zahlt der Versicherer an den Geschädigten. Der Kfz-Versicherer kann unter bestimmten Umständen den Versicherungsnehmer in Regress nehmen, wenn dieser sich unerlaubt vom Unfallort entfernt hat, betrunken den Unfall herbeigeführt hat und anderes.

Regulierungsvollmacht

meint das Recht des Kfz-Haftpflichtversicherers, einen Schaden gegenüber einem Dritten zu regulieren.

Reisegepäckversicherung

bietet Versicherungsschutz für Reisegepäck auch gegen einfachen Diebstahl. Raub und Einbruchdiebstahl während der Reise ist im Regelfall über die Außenversicherung der Hausratversicherung abgedeckt.

Reiserücktrittsversicherung

übernimmt die Kosten, die bei einer Stornierung wegen einer unerwarteten Erkrankung, teilweise auch der unerwarteten Verschlechterung einer bestehenden Erkrankung vom Reiseveranstalter geltend gemacht werden. Zusätzliche Risiken (Arbeitslosigkeit, Studienplatzzuweisung und Ähnliches) können mitversichert werden. Ausgeschlossen sind fast alle Erkrankungen, die vor der Reisebuchung schon behandelt wurden.

Repräsentant

ist, wer befugt ist, selbstständig in einem gewissen, nicht ganz unbedeutenden Umfang für den Versicherungsnehmer zu handeln und dabei auch dessen Rechte und Pflichten als Versicherungsnehmer wahrzunehmen. Das (fehlerhafte) Handeln des Repräsentanten wird dem Versicherungsnehmer so zugerechnet, als habe er selbst gehandelt.

Restschuldversicherung

ist eine spezielle Form der Lebens-, Unfall-, Berufsunfähigkeits- und/oder Arbeitslosigkeitsversicherung, die im Zusammenhang mit einem Darlehen verkauft wird und den Versicherungsnehmer – oder im Falle seines Todes seine Erben beziehungsweise Begünstigten – schützen soll, wenn er verstirbt, verunfallt, für längere Zeit erkrankt und/oder arbeitslos wird.

Restwert
ist der Wert der Sache zum Zeitpunkt beziehungsweise unmittelbar
nach Eintritt des Schadens.

Risikoausschluss
meint, dass der üblicherweise gewährte Versicherungsschutz für
ein bestimmtes Risiko nicht besteht, beispielsweise in der privaten
Krankenversicherung für Behandlungen wegen Allergien.

08

Risiko-Lebensversicherung
bietet Versicherungsschutz für Hinterbliebene bei Tod des Versicherungsnehmers beziehungsweise der versicherten Person. Erlebt der Versicherte das Ende der Vertragslaufzeit, erhält er nichts
zurück.

Rohbauversicherung
schützt während der Bauphase bei Schäden durch Blitzschlag, Feuer und Explosion und ist oft in einer Wohngebäudeversicherung
enthalten.

Rücktritt
meint das Recht des Versicherers, sich binnen fünf Jahren nach
Vertragsabschluss vom Versicherungsvertrag zu lösen, wenn er
feststellt, dass der Versicherungsnehmer grob fahrlässig (grobe
Fahrlässigkeit) vorvertragliche Anzeigepflichten verletzt hat. Der
Rücktritt muss binnen eines Monats erklärt werden, nachdem der
Versicherer von der Anzeigepflichtverletzung Kenntnis erlangt hat.
Bei einem Rücktritt wird der Vertrag rückwirkend beendet, das
heißt, der Versicherungsschutz erlischt sofort und der Versicherer
darf sämtliche bis dahin gezahlten Prämien behalten. Ist der Leistungsfall eingetreten, muss der Versicherer nur dann regulieren,
wenn der verschwiegene Umstand nichts mit dem zu tun hat, wes-
wegen nun der Schadensfall eingetreten ist.

Sachverständigengutachten

ist das Ergebnis einer Untersuchung, das von einem Sachverständigen, nicht zwingend öffentlich-bestellten und vereidigten Sachverständigen erstellt wird. Nicht zu verwechseln sind Gutachten mit den schriftlichen Ausführungen eines Außen- oder Schadensregulierers, der gegebenenfalls durch die wiederholte Beschäftigung mit der Materie einige Kenntnisse hat.

Sachverständigenverfahren

ist zwischen dem Versicherer und dem Versicherungsnehmer eine Einigung über eine angemessene Schadensregulierung nicht möglich, ist in vielen Versicherungsbedingungen das Recht geregelt, ein Sachverständigenverfahren zu beantragen. Jede Partei benennt schriftlich einen Sachverständigen und die Sachverständigen einigen sich auf einen dritten Sachverständigen als Obmann, der bei Uneinigkeit der beiden von den Parteien benannten Sachverständigen entscheidet. Die Entscheidung des Sachverständigenverfahrens ist für beide Seiten verbindlich; die Kosten werden jeweils zur Hälfte zwischen den Parteien aufgeteilt.

Sachverständiger

ist ein nicht geschützter Begriff. Voraussetzung für die Tätigkeit als Sachverständiger ist fachliche Kompetenz, also eine besondere Sachkunde. Anders verhält es sich mit den öffentlich bestellten und vereidigten Sachverständigen. Hier ist nicht nur der Begriff geschützt, sondern sie sind auch im IHK-Sachverständigenverzeichnis zu finden, einem bundesweiten Verzeichnis der von Industrie- und Handelskammern, von Architekten-, Ingenieur- und Landwirtschaftskammern sowie von Landesregierungen öffentlich bestellten und vereidigten Sachverständigen.

Sachwalterurteil

So wird ein Urteil des Bundesgerichtshofs aus dem Jahr 1985 bezeichnet (Urteil v. 22.5.1985, IV ZR 190/83), das die Grundlagen der Haftung eines Versicherungsmaklers für die Folgen seiner Beratungstätigkeit geschaffen hat. Unter anderem hat das Gericht festgestellt, dass der Makler verpflichtet ist, individuell passenden Versicherungsschutz zu besorgen. Dabei muss er ausreichend viele Versicherer mit ihren Angeboten in der Auswahl berücksichtigen.

Schadensabwendungs- und minderungskosten
sind Kosten für Maßnahmen, die der Versicherungsnehmer zur Abwendung oder Minderung eines Schadens für geboten halten durfte. Das gilt auch für solche Maßnahmen, die erfolglos blieben.

Schadensanzeige
sind vorrangig schriftliche Informationen des Versicherungsnehmers an den Versicherer über einen eingetretenen Schaden.

Schadensereignistheorie
ist eine lohnenswerte Option in der Rechtsschutzversicherung, die darauf abstellt, wann sich der Schaden tatsächlich realisiert hat, und nicht wie bei der Kausalereignistheorie, wo der Zusammenhang (der sogenannte kausale Grund) für den jeweiligen Rechtsstreit gegeben war.

Schadensersatz
ist die Zahlung für Personen- oder Sachschäden, die einer anderen Person zugefügt wurden.

Schadensersatzrechtsschutz
meint, dass in der Rechtsschutzversicherung die Geltendmachung von Schadensersatzansprüchen versichert ist. Die Abwehr von Schadensersatzansprüchen ist von der Kfz- oder der Privathaftpflichtversicherung abgedeckt, sofern die Schäden nicht vorsätzlich herbeigeführt wurden.

Schadensfallberatung
ist die rechtliche Beratung in den Verbraucherzentralen zu Versicherungsschäden.

Schadensfreiheitsrabatt

meint in der Kfz-Versicherung eine Beitragsermäßigung, die sich aus der Anzahl der schadensfreien Jahre ergibt.

Schadensminderungspflicht

ergibt sich aus § 254 BGB und ist relevant im Schadensersatzrecht, das heißt, bei Verhandlungen mit dem gegnerischen Haftpflichtversicherer. Es meint die Pflicht des Geschädigten, den Schaden abzuwenden oder zu mindern oder den Schädiger auf die Gefahr eines ungewöhnlich hohen Schadens aufmerksam zu machen.

Schadensregulierer

sind verantwortlich für die Regulierung der Versicherungsschäden im Innendienst. Sie prüfen, ob Versicherungsschutz besteht, und ermitteln die Entschädigungen. Sie beauftragen Sachverständige und unterstützen die Außendienstregulierer.

Schiedsgutachterverfahren

ist in der Rechtsschutzversicherung das Verfahren, das dem Sachverständigenverfahren in anderen Versicherungszweigen entspricht.

Schlichtungsstelle

Für die Schlichtung versicherungsrechtlicher Streitigkeiten gibt es für den Verbraucher kostenfrei

- den Ombudsmann für Versicherungen (zuständig für alle Streitigkeiten mit Versicherern und Versicherungsvermittlern, außer in der Kranken- und Pflegeversicherung),
- und den Ombudsmann für die private Kranken- und Pflegeversicherung.

Schlüsselverlustversicherung

Sie trägt die Kosten für den Austausch des Schlosses und die Anfertigung dazugehöriger Schlüssel. Meistens kann diese Option in der privaten Haftpflichtversicherung dazu gebucht werden.

Schmerzensgeld
ist die finanzielle Entschädigung für erlittene Schmerzen bei körperlichen und seelischen Verletzungen.

Schutzbrief
ist ein optionaler Versicherungsschutz in der Kfz-Versicherung, mit
dem Abschlepp- und Mietwagenkosten bei Kfz-Pannen übernommen werden.

Schwacke-Liste
ist die monatlich erscheinende Übersicht über die An- und Verkaufspreise für Gebrauchtwagen.

Schwarze Liste
siehe Hinweis- und Informationssystem (HIS)

Selbstbeteiligung
Der Versicherungsnehmer trägt einen etwaigen Schaden bis zu einem gewissen Betrag selbst und zahlt dafür eine geringere Prämie
für den Versicherungsschutz.

Selbstmord
siehe Suizid

Selbstständiges Beweisverfahren
ist ein gerichtliches Verfahren, welches dem eigentlichen Zivilprozess, bei dem unabhängig vom Hauptsacheverfahren ein Antrag
gestellt wird, um in Fällen mit einer gewissen Eilbedürftigkeit eine
Beweissicherung zu gewährleisten, zum Beispiel weil beim Zuwarten die Beweise vernichtet sein könnten.

Sengschaden
ist der Schaden, der durch Hitzeeinwirkung entsteht und nur versichert ist, wenn er gesondert im Versicherungsvertrag vereinbart
oder Folgeschaden eines Brandes (einer offenen Flamme) ist.

Sozialrechtliche Rechtsstreitigkeiten
sind nach den meisten Rechtsschutzversicherungsverträgen nur im gerichtlichen Verfahren versichert; für das Widerspruchsverfahren wird kein Rechtsschutz angeboten.

Spartentrennung
Lebens-, Kranken-, Kredit- und Rechtsschutzversicherungen müssen in rechtlich selbstständigen Sparten betrieben werden.

Steinschlag
ist die Beschädigung der Windschutzscheibe durch kleine Steine, die etwa der vorausfahrende Pkw verloren oder aufgewirbelt hat. Ist das Sichtfeld beeinträchtigt, muss die Scheibe ausgewechselt werden. Die Kosten trägt die Voll- oder Teilkaskoversicherung. Manche, aber nicht jeder verzichtet auf die im Versicherungsvertrag vereinbarte Selbstbeteiligung.

Sterbegeldversicherung
ist eine andere Form der Lebensversicherung, damit die Hinterbliebenen nicht mit den Kosten der Bestattung konfrontiert werden. Manchmal werden die Versicherungsverträge mit einem Vertrag verknüpft, womit sich die Bezugsberechtigten verpflichten, im Todesfall ein bestimmtes Beerdigungsunternehmen zu beauftragen, oder aber sie in Kauf nehmen, einen erheblichen Abschlag von der Versicherungsleistung zu riskieren.

Sturmschaden
meint Schäden, die durch starken Wind (mindestens Windstärke 8, das heißt mindestens 62 km/h) am Gebäude, Hausrat oder Kfz entstanden sind.

Subvenio e. V.
ist ein gemeinnütziger Verein mit Sitz in Düsseldorf, der sich in psychologischer und rechtlicher Hinsicht um Unfallopfer kümmert.

Suizid

Grundsätzlich ist der Versicherer bei vorsätzlich herbeigeführten Schadensfällen leistungsfrei. Eine Ausnahme besteht für die Selbsttötung. Hier leistet der Lebensversicherer auch bei Suizid, wenn seit Versicherungsbeginn mehr als drei Jahre vergangen sind oder die Tat im Zustand der Unzurechnungsfähigkeit begangen worden ist.

Technische Reparaturfreigabe

meint, dass ein Sachverständiger oder ein von dem Versicherer beauftragter Schadensregulierer die Beschädigungen an einem Kfz abschließend geprüft, einen wirtschaftlichen Totalschaden verneint hat und die geplante Reparatur sinnvoll ist. Ein Anerkenntnis des Versicherers soll damit nicht verbunden sein.

Tierhalter-Haftpflicht

bietet Versicherungsschutz für Schäden, die Hunde und/oder Pferde anrichten. Katzen und Vögel sind regelmäßig über die private Haftpflichtversicherung mitversichert.

Totalschaden

meint, dass der ursprüngliche Zustand nicht wiederhergestellt werden kann (technischer Totalschaden) oder dies wirtschaftlich nicht mit vertretbarem Aufwand erfolgen kann (wirtschaftlicher Totalschaden). Einen wirtschaftlichen Totalschaden nimmt man in der Kfz-Haftpflichtversicherung an, wenn die voraussichtlichen Reparaturkosten 130 Prozent des Wiederbeschaffungswerts übersteigen.

Übergangsleistung

meint in der Unfallversicherung, dass bei schweren Unfällen, die eine vorübergehende Beeinträchtigung der Leistungsfähigkeit mit sich bringen, bis zur Fälligkeit der Invaliditätsleistung eine Zahlung des Versicherers erbracht wird.

Überschwemmung

ist Wasser, das in erheblichen Mengen sein natürliches Gelände verlässt und nicht auf normalem Wege abfließen kann, etwa wenn ein Gewässer über die Ufer tritt.

Überspannungsschäden

meint Schäden an elektrischen Geräten, die durch eine zu hohe Spannung, zum Beispiel einen Blitzeinschlag, eingetreten sind. Überspannungsschäden müssen in der Hausratversicherung gesondert versichert werden.

Überversicherung

Im Versicherungsvertrag ist eine Versicherungssumme festgelegt, also der Wert der versicherten Sache. Wenn die im Versicherungsvertrag festgelegte Versicherungssumme den Wert der versicherten Sache übersteigt, liegt eine Überversicherung vor. Mehr Geld gibt es dadurch im Schadensfall für den Versicherungsnehmer nicht.

Unfall

ist ein plötzlich von außen unfreiwillig auf den Körper einwirkendes Ereignis. Versicherungsschutz mit einer Invaliditätsleistung und eventuell weiteren Leistungen bietet die private Unfallversicherung; bei Arbeitsunfällen ist auch die gesetzliche Unfallversicherung zuständig.

Unfallrente

Eine Invaliditätsleistung wird (oft ab dem 65., 70., 75. oder 80. Lebensjahr) als Rente ausbezahlt; in jüngeren Jahren erfolgt eine Einmalzahlung.

Uniwagnis

siehe Hinweis- und Informationssystem (HIS)

Unterversicherung

Im Versicherungsvertrag ist eine Versicherungssumme festgelegt, also der Wert der versicherten Sache. Wenn die im Versicherungsvertrag festgelegte Versicherungssumme niedriger ist als der Wert der versicherten Sache, liegt eine Unterversicherung vor. Gerade bei Hausrat- und bei Wohngebäudeversicherungen gilt es, die Versicherungssumme regelmäßig zu prüfen oder aber einen Unterversicherungsverzicht zu vereinbaren, damit der Versicherer im Schadensfall nicht die Leistung kürzt.

Unterversicherungsverzicht

meint, dass der Versicherer im Schadensfall darauf verzichtet, eine mögliche Unterversicherung zu prüfen, sodass keine Kürzung vorgenommen wird. Im Regelfall bleibt aber die Entschädigung trotzdem auf die Versicherungssumme begrenzt. Diese Option muss gesondert in der Hausrat- und Wohngebäudeversicherung vereinbart sein.

Unwirksamkeit von Klauseln

Sind Versicherungsbedingungen aus Sicht eines verständigen Versicherungsnehmers überraschend oder nicht klar und verständlich formuliert oder nicht hinreichend bestimmt, kann die Klausel unwirksam sein, sodass sich der Versicherer nicht auf sie berufen kann.

Valorenversicherung

bietet im privaten und gewerblichen Bereich Versicherungsschutz für Edelsteine, Juwelen, Perlen, Silber, Gold und Platin sowie sonstige Schmucksachen und Pelze im Privatbesitz, wird bei privaten Versicherungsnehmern jedoch häufiger als Juwelen-, Schmuck- und Pelzsachenversicherung bezeichnet.

Verband der privaten Krankenversicherung e. V.

kurz PKV-Verband, ist der Verband, in dem die meisten privaten Krankenversicherer organisiert sind und der deren Interessen im nationalen und Europäischen Umfeld vertritt.

Verbundene Hausratversicherung

kurz VHB, umfasst die Versicherungsbedingungen für die Deckung zur Versicherung des Hausrats. Hier sind in einer Police diverse Risiken verbunden, etwa gegen Feuer, Leitungswasser, Sturm, Einbruchdiebstahl und andere.

Verbundene Lebensversicherung

meint eine Risiko-Lebensversicherung für zwei Personen und dient der gegenseitigen Alters- und Todesfallvorsorge. Die Versicherungsleistung wird ausgezahlt, wenn der erste der beiden versicherten Personen verstirbt.

Verbundene Wohngebäudeversicherung

kurz VGB, umfasst die Versicherungsbedingungen für die heute übliche Deckung zur Versicherung des Wohngebäudes. In einer Police sind die einzelnen Gefahren Feuer, Leitungswasser und Sturm verbunden.

Verdienstausfallschaden

meint den Anspruch eines Geschädigten gegenüber dem Schädiger oder dessen Haftpflichtversicherer für einen Verdienstausfall oder eine Verdienstminderung aufgrund des Unfalls.

Verjährung

Ansprüche aus dem Versicherungsvertrag verjähren sowohl für den Versicherungsnehmer als auch für den Versicherer nach drei Jahren. Die Verjährungsfrist beginnt mit dem Ende des Jahres, in welchem die Leistung verlangt werden kann. Ausnahmen gelten für Kündigung, Rücktritt und Anfechtung.

Verjährungshemmung

kann durch die Einleitung eines gerichtlichen Verfahrens erreicht werden, gegebenenfalls aber auch die Einschaltung des Ombudsmanns für Versicherungen, sofern ein dort als Mitglied geführter Versicherer betroffen ist. Die Einreichung einer Beschwerde beim

Ombudsmann für die private Kranken- und Pflegeversicherung hemmt die Verjährung nicht.

Verkehrsopferhilfe e. V.

kurz VOH, ist ein Verein, der Schäden reguliert, die durch ein Kraftfahrzeug verursacht werden, das nicht haftpflichtversichert ist oder nicht ermittelt werden kann.

Verkehrssicherungspflicht

Derjenige, der eine Gefahrenquelle schafft oder unterhält, ist verpflichtet, die notwendigen und zumutbaren Vorkehrungen zu treffen, um Schäden anderer zu verhindern.

Vermittlerregister

ist ein von der Deutschen Industrie- und Handelskammer (DIHK) eingerichtetes Register, in das jeder Vermittler eingetragen werden muss und das jedermann unter www. vermittlerregister.info abrufen kann. Eingetragen sind die ladungsfähige Anschrift des Versicherungsvermittlers, sein Status als gebundener Versicherungsvermittler, Versicherungsmakler oder Versicherungsberater sowie die zuständige Industrie- und Handelskammer.

Vermögenshaftpflichtversicherung

ist die Pflichtversicherung für Vermögensschäden, die durch Versicherungsvermittler, Rechtsanwälte oder andere Berufsgruppen verursacht werden.

Vermögensschaden

meint den Vermögensnachteil, der einem Geschädigten entsteht und nicht in dem Ersatz einer beschädigten Sache liegt, zum Beispiel Mietwagenkosten, Verdienstausfall und Ähnliches.

Verrentung

Eine größere Geldsumme wird nicht in einem Betrag, sondern monatlich oder quartalsweise ausgezahlt, etwa in einer Kapital-Lebensversicherung oder Rentenversicherung.

Verschulden

ist anzunehmen, wenn jemand vorsätzlich oder fahrlässig handelt.

Verschuldenshaftung

Wer schuldhaft, das heißt vorsätzlich oder fahrlässig, einen Scha-den verursacht, ist dem Geschädigten zum Schadensersatz ver-pflichtet.

Versicherer

meint das Versicherungsunternehmen, die Versicherungsgesell-schaft, die den Versicherungsschutz anbietet. Gesetzlich vor-geschrieben ist, dass die private Versicherungsgesellschaft als Rechtsform eine Aktiengesellschaft (AG) oder ein Versicherungs-verein auf Gegenseitigkeit (VVaG) ist. Die Aufsicht über die Versi-cherungsgesellschaften erfolgt nach dem Versicherungsaufsichts-gesetz durch die Bundesanstalt für Finanzdienstleistungen (BaFin).

Versicherte Person

ist die Person, auf deren Risiko der Versicherungsvertrag abge-schlossen ist. Meistens sind Versicherungsnehmer und versicherte Person identisch. Ausgenommen bei Restschuldversicherungen: Versicherungsnehmer ist fast immer die darlehensgebende Bank, versicherte Person der Darlehensnehmer.

Versicherungsantrag

Der potenzielle Versicherungsnehmer beantwortet Fragen zu dem zu versichernden Risiko auf einem ausgedruckten oder online vor-liegenden Vordruck.

Versicherungsaufsicht

ist geregelt im Gesetz über die Beaufsichtigung der Versicherungs-unternehmen, kurz VAG. Um die Belange der Versicherten zu wah-ren, werden Versicherungsunternehmen durch die Bundesanstalt für Finanzdienstleistungsaufsicht (BaFin) beaufsichtigt. Geprüft und/oder kontrolliert werden insbesondere die Voraussetzungen für die Aufnahme des Geschäftsbetriebs, die allgemeine und finan-

zielle Geschäftstätigkeit, die Unternehmen, die Versicherungsbedingungen, Geschäftsplanänderungen, die Rechnungslegung, die
Kapitalanlagen und die Solvabilität.

Versicherungsaufsichtsgesetz
kurz VAG, Gesetz über die Beaufsichtigung der Versicherungsunternehmen; siehe auch Versicherungsaufsicht

08

Versicherungsberater
beraten und betreuen Privat- und Geschäftskunden zum persönlichen Bedarf. Es werden Risikoanalysen erstellt, über den Versicherungsschutz beraten und auch im Schadensfall außergerichtlich
verhandelt (Bundesverband der Versicherungsberater e. V.).

Versicherungsbetrug
ist gegeben, wenn der Versicherungsnehmer oder ein Anspruchsteller unberechtigt eine Geld- oder Sachleistung von einem Versicherungsunternehmen in betrügerischer Absicht erhält. Im Straf-
gesetzbuch ist dies kein eigenständiger Tatbestand mehr, sondern
wird über den allgemeinen Tatbestand des Betrugs (§ 263 StGB)
umfasst. Bei Verdachtsmomenten können Versicherer dies auch
spartenbezogen an das Hinweis- und Informationssystem melden.

Versicherungsdauer
ist die Laufzeit der Versicherung, das heißt je nach Vertragskonstellation der Zeitraum zwischen Vertragsbeginn und -ablauf oder beispielsweise in der Lebensversicherung zwischen Vertragsbeginn
und Eintritt des Versicherungsfalls.

Versicherungsmakler
vermitteln Versicherungsprodukte. Anders als ein Einfirmenvertreter oder Mehrfachagent steht der Versicherungsmakler nicht im
Lager des Versicherers, sondern ist der sogenannte Sachwalter des
Versicherungsnehmers. Verletzt der Makler seine ihm obliegenden
Aufklärungs- und Beratungspflichten, wird dies dem Versicherungsunternehmen im Regelfall nicht zugerechnet, sondern et-

waige Schadensersatzansprüche müssen ihm gegenüber geltend gemacht werden.

Versicherungsnehmer
ist Vertragspartner des Versicherers, der für die Pflichten aus dem Versicherungsvertrag (Beitragszahlung, Obliegenheiten etc.) einzustehen hat.

Versicherungsombudsmann
siehe Ombudsmann Private Kranken- und Pflegeversicherung, Ombudsmann für Versicherungen

Versicherungspolice
ist der in Textform fixierte Vertrag zwischen Versicherer und Versicherungsnehmer, der auf Verlangen des Versicherungsnehmers als Urkunde ausgestellt wird.

Versicherungsschein
siehe Versicherungspolice

Versicherungssumme
ist der maximale Betrag, der nach einem Schadensfall von dem Versicherer ausgezahlt wird.

Versicherungsvermittler
Einfirmenvertreter, meist als selbstständige Handelsvertreter nach § 84 HGB tätig, die ausschließlich Versicherungsprodukte einer Gesellschaft vertreiben.

Versicherungsvertrag
ist ein Vertrag, bei dem ein bestimmtes Risiko des Versicherungsnehmers oder eines Dritten bei einem Versicherer durch eine Leistung abgesichert wird, die der Versicherer bei Eintritt des vereinbarten Versicherungsfalles zu erbringen hat. Mit dem Versicherungsvertrag werden die Rechte und Pflichten beider Parteien geregelt.

Versicherungsvertragsgesetz
kurz VVG, enthält die wichtigsten gesetzlichen Regelungen für Versicherungsverträge. Die größte Reform trat zum 1. Januar 2008 in Kraft.

Versicherungswert
ist der Wert, den das versicherte Risiko hat.

08

Vertragsanpassung/Vertragsänderung
meint das Recht des Versicherers, im Falle einer einfach fahrlässigen oder schuldlosen Anzeigeobliegenheitsverletzung den Vertrag zu ändern. Der Versicherer muss allerdings nachweisen, dass er den Vertrag bei Kenntnis der nicht angezeigten Umstände, auch nicht zu anderen Bedingungen, nicht angenommen hätte. Der Versicherer kann für das neu festgestellte Risiko entweder die Versicherungsprämie erhöhen (Risikozuschlag) oder aber einen Ausschluss vereinbaren (Risikoausschluss).

Verzug des Versicherungsnehmers
ist anzunehmen, wenn er eine Prämie zur Versicherung trotz Fälligkeit nicht zahlt.

VGB
siehe Verbundene Wohngebäudeversicherung

VHB
siehe Verbundene Hausratversicherung

Vollkaskoversicherung
ist die Versicherung für das eigene Kraftfahrzeug gegen Schäden durch Brand, Sturm, Hagel, Blitzschlag, Wildschäden, Diebstahl, mutwillige Zerstörung und Beschädigung sowie Unfallschäden.

Vorläufiger Rechtsschutz
meint die Möglichkeit, durch eine einstweilige Verfügung oder einstweilige Anordnung kurzfristig einen Anspruch bei Gericht

durchzusetzen. Da das Verfahren eine absolute Ausnahme darstellen soll, gibt es strenge Voraussetzungen.

Vorvertragliche Anzeigepflicht

Beim Ausfüllen des Antrags auf Abschluss des Versicherungsvertrags hat der Versicherungsnehmer wahrheitsgemäße Angaben über das Risiko zu machen, das versichert werden soll.

VVG

siehe Versicherungsvertragsgesetz

VVG-Informationspflichtenverordnung

ist eine mit der Reform des Versicherungsvertragsgesetzes im Jahr 2008 eingeführte Rechtsverordnung, die die Informationspflichten des Versicherers gegenüber dem Versicherungsnehmer näher bestimmt.

VVG-InfoV

siehe VVG-Informationspflichtenverordnung

Wagniswegfall

meint, dass ein versichertes Risiko dauerhaft und vollständig wegfällt. In den meisten Fällen erlischt die Versicherung mit dem Wagniswegfall, zum Beispiel dem Tod des Versicherungsnehmers in der Haftpflichtversicherung, wenn weitere Personen mitversichert sind oder beim Verkauf einer Immobilie.

Weißer Ring

ist ein gemeinnütziger Verein zur Unterstützung von Kriminalitätsopfern und ihren Familien, ferner zur Verhütung von Straftaten.

Wiederbeschaffungswert

meint Kosten, die aufzuwenden sind, um eine beschädigte Sache zu erwerben, die die gleiche Art und Güte, aber auch das gleiche Alter hat wie die beschädigte Sache.

Wildschäden

sind Schäden, die beim Zusammenstoß des Kfz mit Haarwild entstanden sind. Haarwild ist in § 2 Abs. 1 Nr. 1 Bundesjagdgesetz aufgezählt und umfasst Dachse, Murmeltiere, Rotwild, Steinwild, Wildkaninchen und andere. Einige Versicherer haben den Versicherungsschutz auf Haus- und Nutztiere ausgedehnt.

08

Wissenserklärungsvertreter

ist ein Dritter, der vom Versicherungsnehmer im Rahmen der Erfüllung von Obliegenheiten mit der Abgabe von Erklärungen für den Versicherungsnehmer betraut wird.

Wissensvertreter

Als solcher ist eine Person bezeichnet, deren Wissen sich der Geschäftsherr zurechnen lassen muss.

Wohngebäudeversicherung

versichert das eigene Gebäude sowie außen angebrachtes Zubehör und fest eingebautes Mobiliar, nicht aber den Hausrat oder das Nachbargebäude.

Zeitwert

ist der Wert der Sache zum Zeitpunkt beziehungsweise vor Eintritt des Schadens.

Zentralruf der Autoversicherer

Unter der bundesweit einheitlichen Servicenummer 0180/25026 kann der Geschädigte eines Kfz-Unfalls den Haftpflichtversicherer des Schädigers erfragen und unter Umständen mithilfe dieser Angaben seinen Anspruch direkt beim Versicherer geltend machen. Wichtig sind Angaben zum Unfall; am besten beim Anruf die polizeiliche Unfallmitteilung bereithalten.

Zinsen

Ist der Versicherer mit der zu zahlenden Entschädigung in Verzug, ist die Entschädigung nach Ablauf eines Monats seit der Anzeige des Versicherungsfalles für das Jahr mit vier Prozent zu verzinsen (soweit nicht aus einem anderen Rechtsgrund höhere Zinsen verlangt werden können).

Zuleitungsrohre

dienen der Versorgung mit Frisch- oder Brauchwasser. Der Bruch von Zuleitungsrohren ist standardmäßig versichert, unabhängig davon, ob die Rohre inner- oder außerhalb des Gebäudes sind.

ANHANG

09

ADRESSEN

AUFSICHTSBEHÖRDE

Bundesanstalt für Finanzdienstleistungsaufsicht
Graurheindorfer Straße 108
53117 Bonn
Telefon: (0228) 41 08 0
Telefax: (0228) 41 08 15 50
www.BaFin.de

SCHLICHTUNGSSTELLEN

Ombudsmann Private Kranken- und Pflegeversicherung
Postfach 06 02 22
10052 Berlin
Telefon: (01802) 55 04 44 (0,06 € pro Anruf a. d. dt. Festnetz)
Telefax: (030)20 45 89 31
www.pkv-ombudsmann.de

Versicherungsombudsmann e. V.
Postfach 08 06 32
10006 Berlin
Telefon: (0800) 36 96 00 0
Telefax: (0800) 36 99 00 0
www.versicherungsombudsmann.de

VERBÄNDE

Gesamtverband der Deutschen Versicherungswirtschaft e. V. (GDV)
Wilhelmstr. 43 / 43 G
10117 Berlin
Telefon: (0800) 33 99 399 (für Verbraucher)
Telefon: (030) 20 20 50 00
Telefax:(030) 20 20 60 00
www.gdv.de

Bund der Versicherten e. V.
Tiedenkamp 2
24558 Henstedt-Ulzburg
Telefon: (04193) 9 90 40 (für Mitglieder)
Telefon: (04193) 9 42 22
Telefax: (04193) 9 42 21
www.bundderversicherten.de

09

BVVB Bundesverband der Versicherungsberater e. V.
Rheinweg 24
53113 Bonn
Telefon: (0228) 387 29 29
Telefax: (0228) 387 29 31
www.bvvb.de

HILFEN FÜR UNFALLOPFER

Deutsches Büro Grüne Karte e. V.
Wilhelmstr. 43/43 G
10117 Berlin
Telefon: (030) 20 20 57 57
Telefax:(030) 20 20 67 57
www.gruene-karte.de

Subvenio e. V.
Kanzlerstr. 4
40472 Düsseldorf
Telefon: (0211) 91 32 97 00
Telefax:(0211) 91 32 97 09
www.subvenio-ev.de

Verkehrsopferhilfe e. V.
Wilhelmstr. 43/43 G
11117 Berlin
Telefon: (030)2 0 20 50 00
Telefax: (030) 20 20 57 22
www.verkehrsopferhilfe.de

Zentralruf der Autoversicherer
Glockengießerwall 1
20095 Hamburg
Telefon: (0800)2 50 26 00
Telefax: (040) 334 49 70 50
www.gdv-dl.de

VERBRAUCHERZENTRALEN

Verbraucherzentrale Baden-Württemberg e. V.
Paulinenstraße 47, 70178 Stuttgart
Telefon 0 18 05/50 59 99 (0,14 €/min., Mobilfunkpreis
maximal 0,42 €/min.), Telefax 07 11/66 91-50
www.vz-bawue.de

Verbraucherzentrale Bayern e. V.
Mozartstraße 9, 80336 München
Telefon 0 89/5 39 87-0, Telefax 0 89/53 75 53
www.verbraucherzentrale-bayern.de

Verbraucherzentrale Berlin e. V.
Hardenbergplatz 2, 10623 Berlin
Telefon 0 30/2 14 85-0, Telefax 0 30/2 11 72 01
www.verbraucherzentrale-berlin.de

Verbraucherzentrale Brandenburg e. V.
Templiner Straße 21, 14473 Potsdam
Telefon 03 31/2 98 71-0, Telefax 03 31/2 98 71-77
www.vzb.de

Verbraucherzentrale des Landes Bremen e. V.
Altenweg 4, 28195 Bremen
Telefon 04 21/1 60 77-7, Telefax 04 21/1 60 77-80
www.verbraucherzentrale-bremen.de

Verbraucherzentrale Hamburg e. V.
Kirchenallee 22, 20099 Hamburg
Telefon 0 40/2 48 32-0, Telefax 0 40/2 48 32-2 90
www.vzhh.de

Verbraucherzentrale Hessen e. V.
Große Friedberger Straße 13–17, 60313 Frankfurt am Main
Telefon 0 18 05/97 20 10 (0,14 €/min., Mobilfunkpreis
maximal 0,42 €/min.), Telefax 0 69/97 20 10-40
www.verbraucherzentrale-hessen.de

Verbraucherzentrale Mecklenburg-Vorpommern e. V.
Strandstraße 98, 18055 Rostock
Telefon 03 81/2 08 70 50, Telefax 03 81/2 08 70 30
www.nvzmv.de

Verbraucherzentrale Niedersachsen e. V.
Herrenstraße 14, 30159 Hannover
Telefon 05 11/9 11 96-0, Telefax 05 11/9 11 96-10
www.verbraucherzentrale-niedersachsen.de

Verbraucherzentrale Nordrhein-Westfalen e. V.
Mintropstraße 27, 40215 Düsseldorf
Telefon 02 11/38 09-0, Telefax 02 11/38 09-1 72
www.vz-nrw.de

Verbraucherzentrale Rheinland-Pfalz e. V.
Seppel-Glückert-Passage 10, 55116 Mainz
Telefon 0 61 31/28 48-0, Telefax 0 61 31/28 48-66
www.verbraucherzentrale-rlp.de

Verbraucherzentrale des Saarlandes e. V.
Trierer Straße 22, 66111 Saarbrücken
Telefon 06 81/5 88 09-0, Telefax 06 81/5 88 09 22
www.vz-saar.de

09

Verbraucherzentrale Sachsen e.V.
Katharinenstraße 17, 04109 Leipzig
Telefon 03 41/6 69 62 90, Telefax 03 41/6 89 28 26
www.verbraucherzentrale-sachsen.de

Verbraucherzentrale Sachsen-Anhalt e.V.
Steinbockgasse 1, 06108 Halle
Telefon 03 45/2 98 03-29, Telefax 03 45/2 98 03-26
www.vzsa.de

Verbraucherzentrale Schleswig-Holstein e.V.
Andreas-Gayk-Straße 15, 24103 Kiel
Telefon 04 31/5 90 99-10, Telefax 04 31/5 90 99-77
www.verbraucherzentrale-sh.de

Verbraucherzentrale Thüringen e.V.
Eugen-Richter-Straße 45, 99085 Erfurt
Telefon 03 61/5 55 14-0, Telefax 03 61/5 55 14-40
www.vzth.de

Verbraucherzentrale Bundesverband
Markgrafenstraße 66, 10969 Berlin
Telefon 0 30/2 58 00-0, Telefax 0 30/2 58 00-5 18
www.vzbv.de

STICHWORTVERZEICHNIS

Erläuterungen zu vielen wichtigen Begriffen im Rahmen der Schadensregulierung finden Sie im Glossar ab Seite 206. Verweise auf Seitenzahlen im Glossar sind nicht ins Stichwortverzeichnis aufgenommen worden.

IMPRESSUM

Herausgeber
Verbraucherzentrale Nordrhein-Westfalen e.V.
Mintropstraße 27, 40215 Düsseldorf
Telefon: 02 11/38 09-5 55
Telefax: 02 11/38 09-2 35
Internet: www.vz-nrw.de
E-Mail: ratgeber@vz-nrw.de

Autor:	Dr. Susanne Punsmann, Düsseldorf
Herausgeber:	Dr. Frank Bräutigam
Fachliche Betreuung:	Elke Weidenbach, Düsseldorf
Koordination:	Kathrin Nick
Lektorat:	Mendlewitsch + Meiser. www.mendlewitsch-meiser.de
Produktion:	bretzinger : media.production, Baden-Baden
Gestaltungskonzept:	Ute Lübbeke, Köln, www.LNT-design.de
Umschlaggestaltung:	Ute Lübbeke, Köln, www.LNT-design.de
Umschlagfoto:	gettyimages/Adam Gault
Druck/Bindung:	Kraft Druck GmbH, Ettlingen Gedruckt auf 100 Prozent Recyclingpapier

RICHTIG VERSICHERT
Wer braucht welche Versicherung?

Eine Menge Geld wird für überflüssige und zu teure Versicherungen verpulvert. Dieser Ratgeber informiert, welche Versicherungen Sie wirklich brauchen im Beruf und Privatleben, bei der Altersvorsorge, beim Immobilienbesitz oder auf Reisen und welche Sie getrost kündigen können. Außerdem nennt er für jede Versicherungssparte empfehlenswerte Anbieter.

23. Auflage 2011
216 Seiten
9,90 €
ISBN 978-3-936350-63-0

Erhältlich bei den Verbraucherzentralen und im Buchhandel

www.vz-ratgeber.de

PRIVATRENTEN UND LEBENSVERSICHERUNGEN

So profitieren Sie richtig!

Erstmals benennt ein Ratgeber die Vor- und Nachteile aller privaten Lebensversicherungsprodukte: Privatrenten, Riester- und Rürup-Renten und Kapitallebensversicherungen. Dabei werden die unterschiedlichen Renditen und die Rechte der Kunden erklärt und beurteilt.

1. Auflage 2010
176 Seiten
9,90 €
ISBN 978-3-940580-47-4

Erhältlich bei den Verbraucherzentralen und im Buchhandel

www.vz-ratgeber.de